노가타가 아닌 노동자로 만니다

노가다가 아닌 노동자로 삽니다

ⓒ 이은주, 김그루, 또뚜야, 김다솜, 박신, 최석환, 2025

초판 1쇄 인쇄 2025년 4월 18일
초판 1쇄 발행 2025년 5월 11일

기획 마창거제 산재추방운동연합
지은이 이은주, 김그루, 또뚜야, 김다솜, 박신, 최석환

펴낸이 유강문
인문사회팀 최진우 김효진
마케팅 김한성 조재성 박신영 김애린 오민정

펴낸곳 ㈜한겨레엔 www.hanibook.co.kr
등록 2006년 1월 4일 제313-2006-00003호
주소 서울시 마포구 창전로 70(신수동) 화수목빌딩 5층
전화 02-6383-1602~3
팩스 02-6383-1610
대표메일 book@hanien.co.kr
ISBN 979-11-7213-246-0 03330

※ 책값은 뒤표지에 있습니다.
※ 파본은 구입하신 서점에서 바꾸어 드립니다.
※ 이 책의 일부 또는 전부를 재사용하려면 반드시 저작권자와 ㈜한겨레엔 양측의 동의를 얻어야 합니다.
※ 본문에 수록된 모든 사진은 전국건설노동조합에서 제공하였습니다.

추천의 글

2025년 4월 4일, 윤석열 전 대통령이 최종 탄핵되었다는 소식은 온 국민에게 안도감을 주었지만 누구보다 건설 노동자들에게 감회가 새로울 것입니다. 힘없는 국민들을 증오의 표적으로 삼았던 윤석열 정부는 특히 건설 노동자들을 '건폭'으로 매도했습니다. 건설 현장의 온갖 위험을 바로잡으며 노동자 한 명 한 명의 울타리 역할을 해온 노조를 '카르텔'로 싸잡았습니다.

과거 우리 사회에는 건설 노동자들에 대한 뿌리 깊은 오해와 편견이 있었습니다. 그들의 일을 하루 벌어 하루 먹고사는, 못 배운 사람들이 하는 일로 여겨온 것입니다. 건설 노동자들에 대한 '노가다꾼'이라는 멸칭도 그 편견의 산물입니다. 윤석열 정부는 건설 노동자들의 이런 상처를 후벼 파고 짓이겼습니다.

이 책 《노가다가 아닌 노동자로 삽니다》는 '노가다꾼'이 아닌 '노동자'로 불리기를 원하는 이들의 일과 삶과 투쟁의 연대기입니다. 또 여성, 청년, 이주노동자 등 소수자들의 고난과 애환의 기록입니다. 남의 건물을 지으면서 내 마음은 무너졌던 이들의 내밀한 고백이자 생생한 고발입니다.

지금의 제 변호사 사무실에서 이 글을 쓰다 말고 주위를 둘러보았습니다. 이 방을, 집을, 공간을 지은 사람들은 누구였을까요? 어떤 마음으로 벽돌과 시멘트를 나르고, 높고 위험한 난간에 매달리고, 무겁고 복잡한 장비를 다루었을까요? 새삼 그들 노동의 숭고함을 떠올리게 됩니다. 그들은 단순히 집과 건물을 지은 것이 아니라 피, 땀, 눈물로 삶의 희망을 이어갔습니다.

가슴속 깊이 간직했던 내밀한 이야기, 고통과 상처의 기억을 꺼내어준 구술자들의 용기와 노고에 감사하고 싶습니다. 또 그들의 언어가 빚은 이 책을 통해 건설 노동자들이 잃어버렸던 긍지와 자부심을 되찾게 되기를 바랍니다. 그리고 우리 정치가 이들에 대한 예의를 되찾기를 바랍니다.

_이탄희, 제21대 국회의원

"세상이 어찌 이리되었을까요? 공사장 안에서 묵묵히 기술 하나로 먹고 살아온 이들, 정직한 노동과 기술에 대한 자부심으로 가득 찼던 건설 노동자들의 가슴에 국가는 왜 이렇게 큰 응어리를 남겼을까요? 그동안 노동 탄압의 대명사였던 억대 연봉자, 철밥통, 대공장 정규직 노동조합 소속 노동자들이 아닌, 건설 노동자에게 '건폭'이라는 낙인을 찍어야 했을까요? 일용직, 특수고용직이라는 불안정한 고용을 감내하며 살아온 게 수십 년입니다. 스스로 권리를 찾겠다는 노동조합 활동은 이제 겨우 수년 남짓인데, 이게 공권력을 동원해 42명을 구속하고 2000여 명을 소환 조사해야 할 일일까요? 양회동 열사의 죽음마저도 모욕했어야 할까요?"

지난 2년 동안 건설노동조합의 안녕을 묻는 주변 지인들의 물음에 이렇게 되물었습니다. 그리고 자책하였습니다. '우리가 뭘 잘못한 걸까? 이 책의 증언자들이 한결같이 꿈꾸었던 좀 더 안전한 현장, 일한 임금만큼은 떼이지 않는 현장, 사람대접을 받는 현장을 다시 꿈꿀 수 있을까?'

윤석열 정부의 탄압이 집중되었던 부산·울산·경남 지역 12명 동지들의 증언 기록을 읽으며, 윤석열은 대통령직에서 쫓겨났지만 건폭 몰이의 후과를 극복하는 것은 새삼 우리 몫임을 알게 되었습니다. 이 증언자들은 파렴치한 죄목으로 재판정에 설 때마다 모멸감에 치를 떨었지만, 결국 생존을 위한 건설 노동자들의 싸움에 함께하겠다는 각성으로 이어졌습니다. 이는 지난 2년간의 당사자들의 고통을 전하는 것뿐 아니라 우리 사회에서 건설 노동이 얼마나 외면당했는지를 고발하고 자성을 촉구하는 목소리이기도 합니다. '함께 싸우면 더 좋지 않을까요?' 동료들의 고통과 바람이 모두 담긴 형틀 목공 응우엔 반린(가명)의 말은 그래서 더 와 닿습니다. 이 고통이 반복되지 않으려면 함께 연대하는 길밖에 없습니다. 부디 많은 이들이 이 기록을 접하기를 바랍니다.

_이영철, 민주노총 전국건설산업노동조합연맹 위원장

머리말

건설 노동자의 목소리로 듣는 노동, 삶, 투쟁

존경하고 사랑하는 동지 여러분,
저는 자랑스러운 민주노총 강원건설지부 3지대장 양회동입니다.
제가 오늘 분신을 하게 된 건 죄 없이 정당하게 노조 활동을 했는데 집시법 위반도 아니고 업무방해 및 공갈이랍니다.
제 자존심이 허락되지 않네요. (…)
함께해서 기쁘고 행복했습니다.
사랑합니다. 영원히 동지들 옆에 있겠습니다.
항상 동지분들 옆에서 힘찬 팔뚝질과 강한 투쟁의 목소리를 높이겠습니다. (…)
윤석열의 검찰 독재 정치, 노동자를 자기 앞길에 걸림돌로 생각하는 못된 놈 꼭 퇴진시키고, 노동자가 주인이 되는 세상을 꼭 만들어주세요.
동지 여러분, 사랑합니다. 투쟁!

2023년 5월 1일 노동절 집회장에 건설 노동자 양회동 열사의 분신 소식이 전해졌다. "동지들 함께해서 행복했습니다. 영원히 동지들 곁에 있겠습니다"라며 남긴 유서에서 노가다라 천대받던 인생에서 노동조합을 만나 얼마나 행복하고 뿌듯해했는지 절절하게 느껴졌다. 그리고 짓밟힌 자부심이 선명하게 드러났다.

나는 노동자의 죽음을 마주할 때 마음의 몸살을 앓는다. 몸을 움직여 죽음에 답하는 시간을 보내야 마음의 몸살도 잦아든다. 양회동 열사의 죽음 뒤에도 그 몸살이 시작되었다. 그러나 당시 나는 움직일 수 없었다. 오랜 시간 스스로를 돌보지 않았다며 몸이 내게 신호를 보낸 터였다. 수술대 위에 오르고 회복하여 8월 일터로 복귀하였다.

부산·경남 지역에서만 200여 명의 노동자가 소환되는 등 탄압이 계속되고 있었다. 〈경남도민일보〉 기자 몇 분에게 부산·울산·경남 건설 노동자의 탄압 실태를 조사하고 노동자의 일상과 현장이 어떻게 파괴되고 있는지를 기획 기사로 담자고 제안했다. 기획 기사는 7회 연재되었다. 기획 기사를 준비하면서부터 노동자들의 목소리를 기록하자는 뜻을 모았다. 인권 활동가, 이주 활동가, 기자들이 함께했다.

아버지는 포클레인 굴착기와 특수 장비 운전을 하셨다. 대형 중장비로 길을 닦고 건물을 짓는 아버지는 어린 시절 나에게 한없이 큰 존재였다. 아버지께서 닦은 대둔산 앞 도로는 어린 시절 내게 자랑거리였다. 세상을 짓는 그 수고로운 노동 없이는 편안하게 쉴 수 있는 집도 없으며, 배움의 공간인 학교도 없고, 도로를 달리며 살아갈 수도 없다는 것을 깨닫게 된 것은 갓 스무 살이 넘을 때였다. 세상을 짓는 이들을 노가다라 부르며 천대한다는 것도 그즈음에 알았다. 그리고 수십 년이 흐르고 나서야 건설 노동자들의 삶으로 발걸음을 내딛게 되었다.

**기형적 구조로 이윤을 남기는 건설 산업 vs
인간으로서의 존엄성을 지켜온 건설노조**

건설 산업은 주문을 받아 생산하는 대표적인 수주 산업이다. 일정 기간 내에 완성을 목표로 하는 프로젝트 방식으로 운영된다. 이로 인해 대다수 건설 노동자는 목적물의 시공이 완성되면 고용관계가 종료될 뿐 아니라, 해당 공정에 따라 수시로 들고나며 일한다. 한국의 건설 산업은 로비와 임금 착취와 저가 하도급을 통해 건설사의 이윤을 보장하는 형태로 고착되었다.

그중 발주-원청-1차 하청-2차 하청(불법 하도급)-오야지·팀장-건설 노동자로 이어지는 중층 하도급은 부당한 이익을 확보하기 위한 대표적인 착취 구조로 작동하고 있다. 이러한 구조는 취업과 실업을 반복해야 하는 불안정한 노동자들을 치열한 일자리 경쟁으로 내몰았다. 또한 건설 노동자에게 장시간 저임금 노동을 강제했고 노동자의 당연한 법적 권리를 박탈했다.

하도급 구조의 아래로 갈수록 노동자의 권리는 멀어지고 위험은 증가한다. 산업 재해로 사망하는 노동자가 가장 많은 업종 또한 건설업이다. 2023년 한 해 전체 산재 사고 사망자 812명 중 건설업 종사자가 356명이다. 대형 건설사의 산재 피해자는 90%가 하청 노동자이다. 이주 노동자의 죽음도 증가하고 있다. 2017~2021년 5년 동안 건설업에서 241명의 이주 노동자가 사망했다. 여기에 더하여 건설 산업의 임금 체불 문제는 수십 년 동안 반복되고 있다. 매해 9만여 명의 건설 노동자가 임금 체불 피해를 당하고 있다. 정책 당국조차도 건설업 임금 체불은 중층적인 원청·하도급 구조에서 비롯된 것으로 분석하며, 이를 인정하고 있다.

고용노동부 자료에 따르면 건설업계 임금 체불 규모는 2019년부터 2023년까지 총 1조 5850억 원에 달하며 이 기간 동안 임금 체불을 경험한 피해자 수는 40만 2584명에 이른다. 경제정의실천시민연합(경실련) 분석에 따르면 전체 산업 노동자의 월평균 임금 체불액 대비 건설 노동자의 임금 체불액 비중은 2020년 18%에서 2023~2024년 24%로 늘어나는 추세다. 노동자의 임금을 착취하고, 노동자의 인권을 짓밟고, 노동자의 목숨을 담보로 도로를 닦고 건축물이 세워지고 건설사의 이윤이 채워진다.

건설 노동자들은 값싼 노임이라도 불러주는 곳이 있으면 감지덕지해야 했고, 10시간을 넘어서는 장시간 노동을 견디며 주말도 없이 소처럼 일해야 했다. 일이 있다면 어디든 집과 가족을 떠나 일하며 지내야 했다. 체불된 임금의 반쪽이라도 주겠다는 사장에게 고맙다고 해야 했다. 그렇게 견뎌오던 노동자들이 노조를 만나 8시간 노동으로 저녁이 있는 삶을 살게 되고, 흠뻑 젖은 몸을 쉴 수 있는 휴게실을 설치하고, 목소리를 내며 인간으로 대우받게 되었다. 조합원들이 웃는 것만 봐도 배가 불렀다.

건설노조는 건설 산업의 오래된 악습과 관행을 바꾸어가면서 건설 현장을 사람다운 일터로 만들기 위해 노력해왔다. 건설 노동자에게 노조 활동은 인간의 존엄성을 지키는 투쟁이었다. 노동조합은 노가다가 아닌 노동자의 이름으로 스스로 인간임을 선언했던 건설 노동자의 자부심이었다.

우리의 이야기를 듣지 않고 우리를 보지 않아요

"일 안 하고 돈만 받아가는 가짜 근로자를 건설 현장에서 퇴출시키겠습니다." (2023년 2월 26일 국토교통부 현수막)

"건설 현장 채용 강요 등 조직적 불법 행위 정부 합동 특별단속 실시" (전국 건설 현장 곳곳 현수막)

'건폭(건설노조+폭력배)' 몰이 혐오 정치의 시작은 대통령 윤석열의 입이었다. 2023년 2월 21일 국무회의에서 윤석열은 폭력과 불법을 보고서도 이를 방치한다면 국가라고 할 수 없다며 건설 현장의 폭력을 '건폭'이라 명명했다. 경찰청, 국토교통부, 법무부, 고용노동부가 '건설 현장 불법·부당 행위 근절 대책'을 발표하며 전방위적 탄압을 시작했다. 민주노총 건설노조에 대해 총 22차례의 압수수색이 진행되었고, 2250여 명의 건설 노동자가 소환 조사를 받았으며 그중 42명이 구속되었다. 경찰은 '1계급 특진'을 목표로 노동자들을 범죄자로 만들어갔다. 언론은 편향적 보도를 쏟아냈다. 윤석열 정부의 혐오 정치에 노동자들은 자부심이 짓밟혔고 삶을 부정당했다.

혐오 정치는 모욕당하고, 낙인찍히고, 박해받으며 위협당한 이들의 말(언어)을 막는다. 매 인터뷰가 진행될 때마다 "언론조차 우리 이야기를 듣지 않아요. 들어도 맥락 없이 자기들 의도대로 왜곡해서 소모했어요." "사회가 우리를 알아주지 않아요"라며 노동자들은 눈물을 쏟아냈다. 침묵당했던 말이 눈물이 되어 흘러내렸다. 피해 노동자들의 재판도 여러 차례 방청했다. 노동자들의 말은 묵살되었고 유죄 선고가 이어졌다.

두 해 동안 건설 노동자의 목소리를 기록하며 아주 오래전 읽었던 베르톨트 브레히트의 〈어느 책 읽는 노동자의 의문〉이라는 시를 떠올렸다.

성문이 일곱 개인 테베를 누가 건설했던가?
책에는 왕들의 이름만 적혀 있다
왕들이 바윗덩어리들을 끌고 왔을까?

페이지를 넘길 때마다 승리가 하나씩 나온다
승리의 향연을 위해 누가 요리했던가?

그렇게 많은 이야기들
그렇게 많은 의문들

우리가 만난 이들은 그 의문을 품고 저항했던 이들이었다. 우리 사회에 오랜 시간 견고하게 세워진 낙인 중 하나는 노동에 대한 차별이다. 특히나 땀 흘려 일하는 육체노동을 천한 것으로 여기는 뿌리 깊은 차별이 존재하고, 이에 저항하는 노동자는 불온한 존재로 내몰려왔다. 노동자의 목소리를 통해, '노가다'라 천대하는 뿌리 깊은 차별에 저항했던 건설 노동자에게 범죄자라 낙인찍는 혐오 정치의 실체가 선명해졌다.

철학자 주디스 버틀러는 혐오 표현은 침묵시키고자 하는 행위이지만 침묵당한 자의 어휘 내에서 예상치 못한 응수로서 회복된다고 했다. 우리가 침묵당한 건설 노동자의 목소리를 오롯하게 기록한 이유도 여기에 있지 않을까?

저항의 연대를 부르는 목소리가 되길

이 기록에는 세상을 짓는 기술자로서 자부심을 가진 건설 노동자의 목소리, 투쟁하는 노동자이자 삶의 행위자로 일궈온 저항의 이야기가 담겨 있다. 일하다 죽지 않는 현장을 위해, 힘든 일 한다고 천대받지 않고 내일을 걱정하지 않아도 되는 건설 현장을 위해 투쟁의 최전선에 서 있는 노동자들의 이야기이다. 또한 자본과 권력의 탄압으로 단가 경쟁과 임금 체불이 보편이 되고, 조합원 채용을 노골적으로 거부하는 현장에서 사투를 벌이는 노동자들의 분투기이기도 하다.

굴착기, 덤프, 레미콘, 철근, 형틀, 알폼, 갱폼, 비계, 타설, 내장 공정 건설 노동자들이 자기 목소리로 건설 현장의 생생한 이야기를 들려준다. 쉬운 일 하면서 돈 벌어간다며 차별받는 여성 건설 노동자의 시선으로, 차별과 배제를 견디며 살아가는 이주 노동자의 시선으로, 가족 부양의 의무를 기본값으로 여겨야 했던 남성 노동자의 시선으로 건설 노동자의 노동과 삶을 말한다.

기록 활동은 차별과 혐오의 언어가 만들어낸 질서 아래, 존재했으나 기억되지 못한 사람들의 세상과 나를 잇는 과정이다. 몇 해 전부터 도로를 달리는 레미콘, 덤프 차량 유리창에 붙은 건설노조 마크를 볼 수 있었다. 이제 그 차량들이 지날 때면 그들의 일터, 그들의 삶을 떠올린다. 집 주변 공사 현장에 아파트가 한 층씩 올라갈 때면 고된 노동에 지친 몸을 달콤한 캔 커피로 위로할 노동자들이 떠오른다. 구술 기록이 진행되는 동안 노동자들의 소중한 이야기를 들을 수 있도록 지원해주고, 세심한 조언을 해준 전국건설노동조합, 부산울산경남건설지부, 경남건설기계지부, 부산건설기계지부 활동가들에게 고마움을 전한다.

12명 건설 노동자의 목소리를 통해 세상을 짓는 건설 노동이 얼마나 가치 있는 일인지, 건설 노동자의 노동과 나의 삶이 어떻게 연결되어 있는지를 깨닫는 계기가 되기를 바란다. 또한 폭력적인 통치, 차별과 혐오의 언어로 짓밟힌 노동자들의 자부심을 다시 세워내는 저항의 연대가 이어지길 희망한다.

건설 노동자의 인간다운 삶을 위해 투쟁하다 경찰 폭력에, 과로에, 탄압에 맞서 분신으로 저항하며 쓰러진 노동자들을 잊지 않으려 한다. 레미콘 노동자 안동근·하재승, 플랜트 건설 노동자 주민칠·하중근, 전기 노동자 정해진·하태훈, 건설 노동자 조현식·이기수, 그리고 민주노총 건설노조 강원건설지부 3지대장 양회동 열사 영전에 국화꽃을 대신해 이 책을 바친다.

부산 기장 호텔 신축 공사 현장과, 안성 고속도로 건설 현장에서 사고로 사망한 10명의 노동자와 건설 자본의 이윤 추구에 희생

되어 산업 재해로 세상을 떠난 수많은 노동자에게도….

2025년 노동절, 양회동 열사 2주기
저자들을 대신하여 이은주

차례

추천의 글   4
머리말   건설 노동자의 목소리로 듣는 노동, 삶, 투쟁   7

1부   우리가 흔들리지 않을 용기

같이 좀 먹고삽시다 | 김용기   24

제 별명은 소입니다
하루 벌어 하루 먹고사는 삶
더디지만 확실한 변화
인간다운 삶을 찾아 노동운동의 길로
안전한 일터를 향한 투쟁
갈취·협박범이 된 노동운동가
구치소에 날아든 부고
노동자가 할 말은 하는 세상
청년 유입 없는 건설 현장
계속 저항하고 소리쳐야죠

나는 여성 철근 노동자입니다 | 이도연   48

멈추지 않기, 살아남기
빗자루로 연습했던 초보 시절
철근과 철근을 단단하게 묶는 결속
하루하루 온전히 감당하기
여자들은 쉽게 돈 벌어간다는 오해
비 오는 날이면 병원을 찾는 이유
노조가 있어 가능한 것들
노동자 탄압과 줄어드는 일자리
10년 후에는 몸도 마음도 편해지길

이주 노동자가 꿈꾸는 미래 | 응우옌반린(가명) 68
혹독한 뱃일로 시작한 한국 생활
알폼, 집의 뼈대를 세우는 일
캔 커피로 버텨온 날들
욕설과 체불이 만연한 현장
함께 싸우면 더 좋지 않을까요
불법이고 싶은 사람은 없어요
존재하는 노동을 인정해주기를
가족, 지금껏 버틸 수 있었던 힘
핑크빛 코리안드림은 없다

정당한 노조 활동으로 되찾을 명예 | 정정길 90
학교 졸업 후 입문한 중장비 세계
숙련공이 되어 맞은 개발 호황기
중장비 노동 시장의 불안정성
경비 절감에 내몰린 노동 안전
먹고살기 어려워서 가입한 노조
졸지에 개인 사업자가 된 노동자
노동자이면서 사용자라고요?
탄압 후 심각해진 현장 갑질
멈추지 않고 그 길을 가렵니다

2부 행복을 짓는 노동

우연히 만나 삶이 된 노동조합 | 김부생　　　　　　　110

　　힘든 시절을 건너 건설 현장으로
　　건물 구조를 잡아주는 형틀 작업
　　50여 공사 현장을 경험하다
　　투쟁 끝에 들어선 휴게실과 샤워실
　　삶에 활기가 되어준 노동조합
　　공기 압박이 불러오는 위험
　　수사기관의 범죄자 몰이
　　권리 포기가 당연한 세상
　　세상 앞에 떳떳하고 당당하게

노동으로 일으켜 세운 삶 | 김태훈　　　　　　　132

　　농구공 대신 잡은 콘크리트 그라인더
　　작은 오차도 용납할 수 없어요
　　조합원과 함께 만들어가는 행복
　　고맙다는 인사가 '공동 협박'으로
　　25년 전으로 돌아간 현장 처우
　　때가 오면 다시 싸울 겁니다
　　꺾이지 않을 우리의 꿈

한 평 남짓 운전석에서 세상과 맞서다 | 이현호 150

여섯 직업을 거쳐 덤프 노동자로
목숨을 담보로 현장을 달리는 사람들
차별을 부르는 특수고용 노동자 신분
만연한 시공사 갑질에 맞서다
우리의 조건은 일자리 지키기와 체불 방지
그들이 말하는 '업무방해'의 진실
답이 정해진 경찰 수사
탄압 와중에 들려온 그날의 비보
"덤프차 몰면 돈 많이 번다면서요?"
11년 차 건설 노동자의 바람

탄압의 현장이 일깨운 것들 | 김중근 174

자부심을 지켜주는 정직한 노동
공안탄압 후 퇴행하는 건설 현장
경찰 조사만 여섯 번을 받다
아버지도, 아들도 노동조합으로
우리는 노가다도 폭력배도 아니다

3부 연대를 향한 한 걸음

정직한 노동이 존중받는 사회 | 김준영　　　190

'열정 페이' 청년 노동자로 시작한 비계 일
허공에 계단을 놓다
사고가 속출하는 고공 작업
노동조합이 바꿔놓은 삶의 질
잘못된 관행들과의 싸움
밑도 끝도 없는 피의자 조사
덤핑이 판치던 과거로 회귀하다
이대로 끝나지 않을 거예요
불법과 편법을 양산하는 하도급 구조
20년 차 비계 노동자가 꾸는 꿈

92년생 청년 노동자가 사는 법 | 김강락　　　216

용돈벌이에서 직업이 된 철근 노동
공안탄압이 무너뜨린 꿈
끊이지 않는 임금 체불의 이면
그래도 해답은 노동조합뿐
다시 10년 앞을 내다보며

한국에서 건설 노동자로 10년 넘게 일했어요 | 아웅(가명)　　230
　　외국인 고용허가제로 한국에 오다
　　건강 문제로 그만둔 첫 직장
　　계속된 비난과 괴롭힘
　　불법 미등록 노동자로 내몰리다
　　눈앞에서 목격한 대형 사고
　　노동법 사각지대에서 살아가기
　　노동자에게 꼭 필요한 노동조합
　　삶을 위협하는 출입국 단속
　　차별과 배제의 일상 속에서
　　계속 건설 일을 하고 싶어요

세상을 바꿀 우리의 연대 | 정연창　　250
　　기사에서 특수고용 노동자로
　　골조를 완성하는 레미콘 작업
　　이렇게 살아서 되겠나?
　　체불금 해결 요구가 불법인가
　　계속되는 압박과 긴장
　　노동자도 당당하게 목소리 낼 수 있는 사회

후기　　당신에게 우리 이야기를 들려주고 싶습니다　　267

1부

우리가 흔들리지
않을   용기

¶

김용기 님은 잘 우는 사람이었습니다. 양회동 열사 이야기를 할 때, 구치소에서 가족을 면회한 날을 떠올릴 때, 조합원들이 돈을 못 받았다는 이야기를 할 때마다 울먹였습니다. 그는 눈물을 쏟아내지 않고 억지로 삼켰습니다. 반대로 노동조합이 무엇을 했는지, 건설 현장에 노동조합이 왜 필요한지를 이야기할 때는 인터뷰하던 사무실이 울릴 정도로 목소리가 쩌렁쩌렁 커졌습니다. 잠시나마 웃음을 보이기도 했습니다. 온갖 음해와 모욕의 언어를 대체 어떻게 견디고 있는지에 대한 의문은 그렇게 풀렸습니다. 하지만 그가 얼마나 더 버텨낼 수 있을지 모르겠습니다. 건설 노동자가 죽지 않고 사람답게 일할 수 있는 세상을 바라는 그의 진심이 번번이 짓밟히는 요즘입니다. 상식이, 정의가 기어코 승리한다는 진리가 세상 물정 모른다는 핀잔으로 돌아오는 시절입니다. 그럼에도 김용기 님은 희망을 주장하는 쪽에 섰습니다. 때때로 냉소하지만 끝끝내 긍정합니다.

(기록 박신)

같이 좀
먹고삽시다

김용기 (부울경건설지부 부지부장)

열여섯 살 때 집을 나와서 방황을 좀 했어요. 중학교 졸업장도 검정고시로 받았어요. 구두닦이부터 신문 배달, 중국집 배달까지 안 해본 일이 없었습니다. 말 그대로 도둑질 빼고 다 했던 것 같아요. 건설 쪽 일은 군대 갔다 와서 시작했어요. 작은아버지가 아는 곳을 소개해줘서 창원에서 펌프카[1]를 시작했습니다. 그때가 1993년도 4월쯤 됐던 것 같아요. 처음에는 휴일이 뭔지도 모르고 일했습니다. 보통 새벽 5시에 차고지에서 출발하는데, 그러면 새벽 3시에 일어나 4시에는 나와야 하죠. 그때는 퇴근도 늦었어요. 거의 밤 9시쯤은 돼야 일이 마무리되는데 펌프카에 이상이라도 생기면 그날 잠은 다 잔 겁니다. 다음 날 일 가기 전까지 밤새 직접 고쳐야 돼요. 제가 차량 정비를 전문적으로 하는 사람이 아니잖아요. 무작정 해체해서 어디가 문제인지 하나하나 찾아야 했죠.

---

[1] 시멘트나 콘크리트 타설을 할 수 있게 해주는 건설기계 차량.

제 별명은 소입니다

그 바쁜 와중에 연애도 하고 결혼까지 했어요. 사실 연애라고 할 수 있을지는 모르겠는데, 대여섯 번 만나고 결혼했거든요. 그때만 해도 삐삐로 연락을 주고받았던 때라 데이트라도 하려면 미리 언제 어디서 보자고 약속해요. 제 일이 퇴근 시간이 정해져 있지 않잖아요. 그래서 매번 늦었어요. 허겁지겁 약속 장소에 가면 아무도 없어요. 아쉽고 미안한 마음에 집 앞에 가서 얼굴이라도 보고 왔어요. 그러고 집에 오면 밤 12시 정도 돼요. 두세 시간 자고 바로 출근한 거죠. 그 시절 제 별명이 '소'였습니다. 소처럼 일했거든요. 열심히 하는 거 하나는 자신 있었는데 펌프카 일은 고돼도 너무 고됐어요. 도저히 못 버티겠더라고요. 그즈음에 타설로 넘어왔어요. 근데 타설이라고 쉬웠겠습니까? 힘들기는 했지만, 그래도 제 별명처럼 무대뽀로 일했죠.

타설(打設)은 건설 공정에서 기초 공사에 해당합니다. 건물을 지을 때 거푸집 같은 빈 공간에 콘크리트 등을 부어 채우는 게 타설입니다. 타설로 건물 바닥부터 벽, 기둥을 다 만드는 거죠. 콘크리트, 시멘트는 아시다시피 금방 굳어버리는 성질이 있습니다. 정해진 시간 안에 작업을 신속하게 끝내야 한다는 말이죠. 그래서 타설은 작업자들이 팀을 이루어서 일합니다. 보통 여섯 명이 한 팀인데 개개인의 역할이 정해져 있어요. 한 명이라도 빠지면 작업이 안 되는 거죠. 펌프카에서 나오는 시멘트를 뿌리는 작업자와 뿌려진 시멘트가 골고루 내려갈 수 있게 하는 평탄화 작업자의 호흡이 중요해요. 그러려면 흔히 말하듯 '일머리'가 있어야 합니다. 저희는 작업을 시작하면 화장실도 못 갑니다. 작업이 너무 길어져서도 안 돼요. 레미콘이 일단 들어왔다 하면 작업 끝날 때까지 못 움직인다고 봐야죠. 점심시간도 따로 없어요. 1시간 식사 시간은 저희한테 꿈같은 이야기죠. 건설노조 탄압 이후로는 5분, 10분 안에 먹고 오라고 하는 상황입니다.

하루 벌어 하루 먹고사는 삶

정신없이 일만 할 때는 내가 일을 잘해서 사장이 돈을 잘 벌면 서로 좋은 거라고 믿었어요. 10 정도만 해도 되는 일도 항상 14, 15까지 했어요. 나중에 제가 반장이 되고 팀장이 됐을 때는 같이 일하는 식구들이 많이 힘들어했죠. 그렇게 누구보다 열심히 일했다고 자부했는데, 돌아온 거는 회사가 망했다는 소식이었어요. 17년 동안 멀쩡히 돌아가던 회사가 하루아침에 망한 겁니다. 퇴직금이랑 6개월 치 임금은 구경도 못 했죠. 나중에 알고 보니 사장 부부가 도박에 빠져 있었습니다. 그 사장님 돈 하나는 잘 벌었거든요. 근데 강원도 카지노 가서 싹 다 날리고 온 거예요. 아파트만 네 채를 잃고 타고 간 차까지 공중분해 됐습니다. 그런 상황에서도 제가 사장님을 강원도까지 가서 모시고 왔어요.

엎친 데 덮친 격이라고 사장님이 뇌출혈로 쓰러졌어요. 현장 공사 대금이 다 중환자실로 들어갔어요. 한 집안이 완전히 풍비박산된 거죠. 월급 줄 상황도 아니었고 달라고 하기도 어려웠어요. 저랑 일한 직원들도 다 돈을 못 받았습니다. 그래도 제가 명색이 팀장이라고 식구들 일당을 조금 챙겨줬어요. 저는 받아야 할 돈 못 받고 생돈 2000만 원만 들어갔죠. 그때 건설 일을 계속해야 할지 고민 많이 했어요. 당장 먹고살아야 하니 일자리가 있던 부산으로 갔어요. 그때가 2009년이었어요.

부산에서 처음으로 노동조합에 대해 들었어요. 석현수[2], 강한수[3] 동지를 만난 것도 그 무렵이에요. 억울한 일을 당한 입장이라 솔깃하기는 했어요. 그런데 어렸을 때부터 사장이 잘살아야 우리가 일하기 편하다고 생각했거든요. 우리 일자리는 결국 사장하기 달려 있다고 본 거죠. 사장에게 무언가를 요구하고 투쟁을 통해 쟁취한다는 게 와닿지 않았어요. 당장 먹고살려면 일을 해야 하는 사람들한테는 현실과 동떨어진 이야기 같았죠. 노동조합은 그저 빛 좋은 개살구라고 생각했습니다.

그랬던 제가 노조에 발을 들인 게 2011년입니다. 당시 김해시 장유동 현장에서 일하고 있었는데, 그 건설사가 부도났습니다. 원청이 부도났던 거라 당장 월급부터 끊겼어요. 제 월급도 문제지만 저를 믿고 현장에 온 팀원들 월급도 밀려버린 겁니다. 그 건설사 본사가 대구에 있었어요. 바로 찾아갔죠. 아직도 기억나요. 9층 건물인데 1층, 2층에는 연합뉴스가 있었어요. 사무실은 8층에 있었는데, 제가 거기서 난동을 피웠죠. 근데 사람들이 불쌍하게만 보지 달라지는 거는 없더라고요. 그래서 팬티만 입고 회사 앞 왕복 10차로 도로에 누워버렸어요. 경찰들이 와서 저를 끌고 갔어요. 연행되면서도 "구속시켜도 상관없다. 돈만 달라"고 했어요. 돈만 주면 어

---

2 전국건설노동조합 부울경건설지부 전 지부장.
3 전국건설노동조합 현 사무처장.

떤 처벌이든 달게 받겠다고 했어요. 희한하게 그 난리를 치고 나니까 딱 하루 만에 해결됐어요. 떼인 돈 받고 벌금으로 500만 원을 냈어요. 거기다 기물 파손으로 1000만 원을 게워냈어요. 남는 게 없는 장사를 했습니다.

그때 느꼈어요. 억울한 일을 당했을 때 혼자서는 한계가 있겠구나. 그 간단한 사실을 깨닫는 데 참 오래 걸렸죠. 적어도 노조 가입하면 억울한 일 당할 일은 없겠다 싶었어요. 어떻게 보면 이기적인 마음으로 노조 문을 두드린 겁니다.

더디지만 확실한 변화

2011년 노조에 가입한 뒤로도 특별하게 활동한 거는 없었어요. 그러다가 2013년도에 저희가 처음으로 총파업을 했어요. 요구는 간단했어요. 일요일에 쉬게 해달라. 타설 노동자와 펌프카 사장을 분리해달라. 딱 두 개였어요. 그때만 해도 펌프카 사장들이 타설 노동자들을 고용해 데리고 다녔거든요. 펌프카 사장이 시공사한테 돈 받아오면 타설 노동자들한테 지급하는 구조였죠. 문제는 펌프카 사장들이 자기들 이윤을 조금이라도 더 남기려고 타설 노동자들 단가를 후려친다는 거예요. 타설 노동자끼리 경쟁을 붙여서 "누구는 이 돈에 한다는데 당신도 단가 좀 깎아라. 아니면 같이 안 하겠다" 이런 식이죠. 노동자 처지에서는 당장 일감이 끊기게 생겼는데 어쩝니까? 그거라도 할 수밖에요.

저는 지금도 그 요구가 절대 과하지 않았다 생각해요. 근데 그 당시에는 조합원이 많지 않았어요. 우리가 파업을 해도 큰 효과가 없더라고요. 제가 팀장이었는데, 식구들한테 욕을 엄청 먹었어요. 왜 멀쩡하게 잘하고 있는데 노동조합이니 뭐니 이런데 가입해서 우리 일자리를 없애느냐고요. 자기들은 하루 벌어서 하루 먹고사는 사람들인데, 노조의 주장은 현실과 너무 동떨어진 이야기라고 했어요.

저는 양쪽 말 다 공감이 갔어요. 까놓고 말해서 팀장들은 굳이 노조 활동 안 해도 돼요. 자기들 먹고사는 거만 생각하면 오히려 안 하는 게 낫죠. 제가 그런 마음을 털어놓을 때마다 석현수 동지와 함께 노조 시작했던 팀장들이 늘 하는 말이 있었어요. 먹고사는 게 다가 아니라고요. 그 말을 듣고도 반신반의했지만 어쨌든 노조에는 남았어요.

2015년에는 처음으로 연대 파업이라는 거를 했어요. 부산 한 아파트 건설 현장이었는데, 회사가 불법적으로 이주민들을 싸게 고용해서 기존 사람들을 다 내보내려고 한다는 거예요. 그래서 저희가 현장에서 3일 정도 노숙 투쟁을 했어요. 그때도 요구는 너무 간단했어요. 합법적으로 노동자를 고용하라는 거였어요. 이 당연한 문제를 자꾸 안 지키니까 우리는 답답한 거예요. 그래도 그때는 원청에서 일찍 잘못을 인정하고 백기 들었어요. 그때 처음으로 연대 투쟁에서 승리했어요. 소문이 참 빠르데요. 우리가 투쟁해서 이겼다고 하니까 순식간에 조합원들이 늘었어요. 타설 조합원은 150명 정도 늘었고 형틀은 순식간에 1000명까지 늘었고 2년도 안 돼서 3000명까지 불어났어요. 실감이 안 났어요.

2017년부터는 아예 노조 상근자로 활동하게 됐어요. 저를 이끈 석현수 동지가 항상 했던 말이 있어요. 조직을 확대해야 한다. 현장 장악력, 우리가 파업을 했을 때 영향력을 가지려면 여러 직종에 조합원 수도 많아야 된다는 거였죠. 근데 기존 상근자만으로는 그 일을 다 할 수 없으니 함께하자고 한 거예요. 조직을 확대하려면 기본적으로 신뢰가 중요했어요. 그래서 조합원들이 가장 걱정하는 고용 불안을 해소하려고 많이 노력했죠. 예를 들어서 A 조합원이 일이 없고 B 조합원이 일이 있는 상황이라면 새 일은 우선적으로 A에게 주려고 했어요. 상부상조인 거죠. 이런 조율 과정을 거치면서 고용 불안은 많이 해소됐어요. 그러다 보니 조합원들도 자기들이 내는 노동조합비가 헛돈이 아니라는 거를 차츰 깨달은 것 같아요.

임금 같은 경우도 업체 사장 마음대로였죠. 노동조합이 없었던 때는 일이 몰릴 때 올리고 일이 줄면 다시 낮추는 식이었어요. 근데 노조가 생긴 뒤로는 매년 조금이라도 임금이 오르고 있어요. 일이 없다고 갑자기 임금이 낮아지는 일은 안 생기게 된 거죠.

인간다운 삶을 찾아 노동운동의 길로

노조 덩치는 커지는데 상근자가 몇 명 없었어요. 석현수, 류경동, 강한수 동지 정도였는데, 당시에 이 사람들은 건설 현장을 100% 이해한다고 보기는 어려웠어요. 평생 학생운동, 노동운동만 하던 사람들이었거든요. 근데 노조를 확장하려면 현장 노동자들한테 노조가 왜 필요한지 설명하고 설득해야 해요. 직종별 특징이나 현장 상황도 어느 정도 알고 있어야 합니다. 그렇다 보니 석현수 동지가 현장에서 오래 구른 저한테 상근자로 같이 일해보자고 제안

한 겁니다. 근데 그때 제가 팀장으로 맡아 일하던 현장만 네 개였어요. 상근자로 가면 이거 다 포기해야 돼요. 상근자가 현장 일을 병행하면 자기 아는 사람 꽂아줄 수도 있다고 해서 병행하지 못하게 했거든요.

고민이 좀 됐지만 한번 해보기로 했어요. 워낙 절실하게 부탁하기도 했고요. 현장은 제 밑에 있던 새끼 반장한테 다 넘겨줬어요. 저 때문에 고생했으니까 이제 직접 맡아서 한번 해보라고 했죠. 근데 막상 그만두니까 수입이 딱 3분의 1로 줄더라고요. 와이프가 반대한 것도 그 때문입니다. 애들 한창 키울 때 그래도 되겠냐고요. 저도 수입이 확 주니까 걱정이 되기는 했어요. 근데 희한하게 생활비가 부족하지는 않았어요. 팀장으로 현장 몇 개씩 굴릴 때는 수입은 많았는데, 그만큼 들어가는 돈도 많았어요. 팀원들 고생했다고 밥 사주고 술 사주고, 또 현장 관리소장들한테 접대도 해야 하니 남는 게 없었어요. 노조 간부들이 어디 비싼 데서 소고기 사 먹겠습니까? 대패 삼겹살에 소주 먹거나 국밥집 가서 한잔하는 거죠. 술자리도 금방 끝나요. 어떻게 보면 생활이 더 안정적으로 바뀌었습니다. 이제는 와이프도 노조 활동에 대해서 별말 안 해요.

상근자로 일하면서는 조금 더 체계적으로 노조 활동을 했어요. 조합원 수도 제가 처음 들어왔던 2011년보다는 많이 늘었어요. 투쟁이나 파업을 하면 효과가 있었죠. 노조가 딱 버티고 있으니까 현장에서도 우리 조합원을 함부로 못 하는 거예요. 매년 임금도 조금씩 올렸어요. 노조가 일을 하니까 조합비를 왜 내야 하느냐며 따지는 조합원도 줄더라고요. 제가 상근 시작할 때 타설 분회에 400명 정도 있었는데, 800명까지 늘었어요.

　타설이 안정되고 나서는 건설노조 차원에서 진행된 건설기계 쪽 노조 조직 활동에 나섰어요. 타설하고 직접적으로 관계된 게 펌프카, 레미콘 쪽이거든요. 레미콘 기사들이 시멘트를 싣고 오면 펌프카가 그걸 받아서 현장에 부어요. 타설 노동자들은 시멘트 타설량을 잘 측정해서 건물 구조에 맞게 다지는 거고요. 떼려야 뗄 수 없는 관계죠. 레미콘, 펌프카 기사들 돈 많이 받는다고 하는데, 그거 다 잠 안 자면서 번 돈입니다. 그리고 유지비가 많이 들어가요. 보험료, 기름값 빼면 남는 것도 얼마 없어요. 밖에서는 자기 차 가지고 일하니 개인 사업자다 사장이다 하는데 그냥 특수고용 노동자로 보는 게 맞아요. 레미콘 기사 같은 경우는 한번 왔다 갔다 할 때마다 받는 운임이 2010년 초에 4만 원 정도였어요. 제가 건설 일 처음 시작하던 1993년도가 3만 원이었어요. 20년 동안 1만 원 오른 겁니다.

　그래서 저희가 찾아가서 노조 한번 같이 해보자고 했어요. 20년 전 단가에서 1만 원 올랐는데 그걸로 살 수 있겠느냐, 불안하지 않으냐고요. 같이 조직 만들어보자고 했죠. 다행히 레미콘 기사들도 공감하고 같이 해보자고 했어요. 그런데 레미콘 기사들이 노조에 가입하고 그동안 쌓였던 불만을 터트리니까 레미콘 회사에서 가만히 있지 않았어요. 한번은 레미콘 기사들이 파업 투쟁하는데 회사에서 비노조원 레미콘 차를 무작정 현장에 보내더라고요. 시멘트는 시간이 지나면 굳기 때문에 정해진 시간 안에는 무조건 타설을 해야 돼요. 근데 저희가 작업을 거부했어요. 우리가 타설해버리면 투쟁 동력을 완전히 잃잖아요. 그때 제가 타설 노동자들한테 당부했어요. 지금 레미콘 노조에서 투쟁 중인데 다른 데서 들어온 차를 가지고 작업할 수 없다. 같은 민주노총 조합원끼리 단결해야 한다. 힘 빠지게 해서는 안 된다고요.

레미콘은 물론이고 건설 현장의 문제라는 게 결국은 원청사가 시공사한테, 시공사가 하청업체에 적은 돈으로 일을 떠넘기면서 생기잖아요. 시공사나 하청은 자기들도 돈이 부족해서 어쩔 수 없다는 식이고요. 조삼모사처럼 한정된 자금을 나눠 먹던 상황에서 처음으로 최저층에서 목소리를 낸 거예요. 우리가 나서니까 다른 레미콘 기사들도 자본이 던져주는 대로 받아먹어서는 안 된다고 깨달은 거 같아요. 우리가 투쟁하고 나서 부산 인근 62개 레미콘 회사 소속 기사들이 전부 한꺼번에 노조에 가입했어요.

안전한 일터를 향한 투쟁

사실 저는 스스로 노동운동가라고 생각 안 해요. 그저 건설 노동자들이 조금이라도 더 안전하고 사람답게 일할 수 있는 환경을 만들려고 했을 뿐이에요. CPB(콘크리트 플레이싱 붐)라는 콘크리트 타설 장비가 있어요. 거대한 로봇 손처럼 생겼죠. 우리가 볼 때 더 안전하고 효율적으로 일할 수 있는 기계였어요. 기존 고층 건물 콘크리트 타설은 타워크레인에 콘크리트를 담는 큰 용기인 호퍼(hopper)를 매달고 작업했어요. 그런데 이게 무겁기도 하고 흔들려서 조절이 쉽지 않아요. 여기 비하면 CPB가 훨씬 안전하죠. 또 CPB는 비 오는 날에도 타설이 가능해요. 타워크레인은 날씨가 조

현장에 설치된 CPB 타설 장비.

금만 안 좋아도 운행을 안 해요. 날씨 영향을 안 받으니 공기(工期) 단축에도 좋은 거죠.

　문제는 대개 건설 장비가 그렇듯 비싸다는 거예요. 현장 관리자들도 이 장비가 좋다는 거는 다 알고 있어요. 근데 시공사에서 돈을 안 주니 도입을 못 한다고 해요. 건설노조가 나서서 이 기계 도입해 달라고 요구했어요. 이게 'CPB 투쟁'입니다. 이유는 안전하게 일하고 싶다는 것 딱 한 가지입니다. 타워크레인을 이용한 호퍼 작업은 정말 위험해요. 3~4톤 되는 쇳덩어리에 깔린다고 생각해보세요. 사람이 그냥 형체가 없어져요. CPB를 쓰면 호퍼 작업을 안 해도 되거든요. 고층까지도 커버 가능하니까 그걸로 하면 되는 겁니다.

　그래서 "CPB 좀 도입해달라. 기존 현장 너무 위험하다. 이런 식이면 일 못 한다"고 말했어요. 근데 그리해서 우리 말이 통하겠습니까? 안 듣죠. 현장 관리자들도 필요성은 인정한다면서 언제까지

답을 주면 되느냐고 되묻더라고요. 본사를 설득할 시간을 달라는 거였죠. 이 투쟁하면서 우리가 어디 점거한 것도 아니고요. 그냥 현장에서 오전 9시부터 11시까지 2시간 딱 한 달 집회했어요. 심지어 이미 공사가 시작한 현장은 요구하지도 않았어요. 저도 건설 밥 1, 2년 먹은 것도 아니고 공사 도중에 추가로 공사비를 늘리기 어렵다는 거 정도는 알고 있었죠. 그러니까 아직 공사 시작 안 한 현장 중심으로 요구했어요. 2020년 3월부터 그해 말까지 홍보했습니다. 2021년도 1월부터 공사 들어가는 현장에는 CPB를 꼭 좀 도입해달라고.

당시 집회 관리했던 경찰이나, 건설사 직원도 CPB가 더 안전한 장비라는 것을 인정했기에 이야기가 어렵지 않았어요. 파업까지 갈 필요도 없었죠. 그 결과 2023년 3월까지 CPB를 도입하겠다는 현장이 22곳이나 됐어요. 근데 실질적으로 도입된 곳은 세 곳뿐이었습니다. 한창 도입을 준비하던 시기에 갑자기 정부와 경찰이 나서서 건설노조를 폭력배라고 하면서 잡아가는데 누가 우리 말을 들어주겠습니까? 건설노조의 CPB 설치 요구가 순식간에 강요와 협박이 되어버렸어요.

갈취·협박범이 된 노동운동가

2023년 3월 13일 제가 증거인멸 우려가 있다며 구속됐어요. 경찰에 잡혀서 유치장에 있을 때는 오히려 덤덤했어요. 제가 노동 투사도 아니고 노동운동을 하려고 노조 시작했던 사람도 아니잖아요. 그저 너무 억울하고 부당한 일을 당하면서 이거는 아니지 않느냐고 외쳤을 뿐이란 말이에요. 스스로 떳떳하니 잘못이 있어 봐야 얼마나 있겠나 싶었어요. 근데 금품 갈취라니요. 공갈·협박이라니요. 귀를 의심했지요.

정말 백번 양보해서 업무방해 혐의까지는 인정할 수 있어요. 극히 일부겠지만 법만 따졌을 때, 우리가 파업하고 투쟁하면서 업무가 지연되기는 했으니까요. 보통 다른 업종은 파업을 마무리할 때 사측에 투쟁 기간 동안 일 못 한 부분과 관련해 협의를 합니다. 그런데 건설 현장은 그런 게 없어요. 사측은 작업한 게 없으니까 돈을 줄 근거가 없다고 합니다. 결국 현장 파업은 우리 같은 일용직 노동자에게 큰 피해고 출혈이에요. 그런데도 사람들은 회사 쪽 피해만 이야기합니다. 일용직들 사정은 아무도 신경 안 씁니다. 하루 벌어 하루 먹고사는 사람들이 그런 불이익을 감수하면서 절박하게 답답한 현실을 바꾸었으면 좋겠다고 목소리를 내는데도, 이 부분은 전혀 초점이 안 잡혀요. 외려 노동조합에서 물리력을 행사해서 현장을 멈췄네, 노동조합이 나쁘네, 하는 이야기만 들리는 현실이 정말 안타깝습니다.

노조가 탄압을 당하면서 제가 뒤집어쓴 혐의는 조사할 때 처음 들었어요. 경찰이 말하기를 노조가 무슨 권한으로 CPB 기계를 도입하라고 했느냐는 거예요. 제가 한참 설명했어요. 그거는 노동자들이 더 안전하게 일할 수 있게 하는 기계라고요. 근데도 매번 도돌이표예요. 했던 말 또 하고 또 하고…. 아무리 얘기해도 업무방해래요. 법이 그렇대요. 우리 조합원 중에 이 장비 다루는 기사는 한 명도 없었거든요. 누구 좋으라고 도입하자는 게 아니라 단지 안전을 위한 건데 이 당연한 사실을 받아주지 않으니까 답답했죠. 우습게도 이 사건은 아직 검찰이 기소도 못 하고 있어요. 몇 번이나 보완 수사를 하고 저를 오라 가라 하더니 결론도 못 내고 있는 꼴입니다.[4]

게다가 경찰·검찰은 단체 협상에서 합의한 노조 전임비를 금품 갈취라고 하더라고요. 노조 간부들이 일도 안 하면서 건설사 협박해서 돈 뜯어갔다는 식이었어요. 수사받을 때부터 프레임이 이미 그렇게 짜여 있었어요. 근데 건설 현장 구조를 보면 전혀 그렇지 않거든요. 노조가 들어오기 전에는 각 분야 팀장이 건설사한테 물량을 받아서 자기들 사람을 데려다 썼어요. 그러다 보니까 어떤 팀장은 일은 하나도 안 하면서 돈을 많이 남겨 먹기도 했어요. 이런 구조는 사실 건설사가 만든 거죠. 자기들은 그냥 물량이랑 돈만 던져주면 되니까요. 그 밑에 사람들끼리 물고 뜯고 하든 어쨌든 자기들은 상관없다는 식이죠.

건설노조는 이런 악습을 없애려고 했어요. 건설사와 직접 교섭해서 현장에 우리 조합원 몇 명을 쓰겠다고 미리 합의를 하는 거에요. 교섭 때 노조 전임자, 즉 팀장급한테는 타임오프제(노동조합 간부에게 합법적으로 근무 시간 중 노동조합 활동에 종사할 수 있도록 하되, 그 한도를 규정하는 제도)를 적용한다고 단체협약까지 맺어요. 팀장이 현장에 조합원 딱딱 보내주면 건설사도 좋거든요. 그만큼 팀장 역할이 중요하다는 것을 아니까 전임비 지급도 합의한 거죠. 근데 경찰·검찰은 이런 사정을 모르고 또 알려고 하지도 않아요. 그냥 결론을 정해놓고 수사하는 거죠.

---

4 CPB 관련 업무 방해 혐의는 2025년 2월 불기소 처분으로 사건이 종결됐다.

건설사 관계자들도 마찬가지입니다. 우리와 교섭할 때는 그러자고 해놓고는 법원에서는 그런 적 없다며 협박으로 느꼈다는 겁니다. 앞뒤 내용 다 자르고 우리가 강요해서 어쩔 수 없이 전임비를 줬다고 하니까 진짜 그런 사람이 됐어요. 그렇게 기소된 사건이 다섯 건이나 됩니다. 판사도 똑같습니다. 수사기관이야 자기들 정해놓은 방향대로 답변을 유도한다지만, 최소한 판사라면 우리가 왜 전임비를 요구했는지는 물어야 할 것 아닙니까? 그런데 아무 말도 없어요. 법정에서 발언할 기회도 안 주더라고요. 선고 나던 날에는 마지막에 한마디라도 하게 해줄 줄 알았는데, 빨리 나가라는 말에 기가 찼어요.

우리가 한 일에 대해 욕 먹어도 좋다 이거예요. 대신에 왜 그랬는지를 자세히 설명하고 싶어요. 전체 과정을 듣고 나서도 과연 우리 욕을 할까 싶어요. 사람들은 자기가 받은 피해에만 집중해요. 우리가 서울 올라가서 길 막고 데모하면 욕해요. 노조 놈들 때문에 맨날 도로가 막힌다고요. 왜 그러는지, 이유가 뭔지 하는 고민이 없는 거죠.

구치소에 날아든 부고

113일. 제가 구치소에서 지낸 일수입니다. 그 안에 있으면서 우리 막둥이 얼굴 한번 못 봤어요. 평일에 학교 빼먹고 올 수는 없잖아요. 일주일에 딱 하루, 토요일에 미성년자 면회가 가능하다고 했는데, 제가 애들 보고 오지 말라고 했어요. 근데 와이프가 큰애를 데려온 거예요. 저는 사실 노동자들 위해서, 조합원들 위해서 일했다고 자부하거든요? 근데 막상 안에 갇혀 있으니까 애들한테 뭐라고 해야 할지 모르겠는 거예요. 철장을 사이에 두고 아빠는 잘 있다, 괜찮다고 이야기하는데… 그 참담한 기분을 지금도 잊을 수 없어요.

제가 구치소 있는 거는 제 형제한테도 비밀로 했어요. 그런데 어쩌다 들킨 거예요. 난리 났겠구나 싶었죠. 가족들은 제 노조 활동을 안 좋게 생각했거든요. 형들이 빨갱이 아니냐고 할 정도였으니까요. 3년 정도 인연을 끊고 살기도 했어요. 그러니 또 무슨 소리를 들을까 걱정부터 했던 것 같아요. 근데 그 완고하던 형님이 면회 와서는 대뜸 미안하다고 그러더라고요. 그러면서 너만 당당하면 됐다면서 지금 갇힌 게 무슨 상관이냐고, 너는 죄인 아니라고 이야기해주는데….

제가 먼저 구속돼 구치소에 들어오고 두 달 뒤에 석현수 동지가 잡혀 들어왔어요. 원래 같은 조합원은 같은 사동에 둘 수 없다고 하더라고요. 여기 와 있어도 마주치기는 어렵구나 싶었죠. 그런데 참 이게 하늘의 뜻인지는 모르겠는데… 저랑 같은 방에 있던 미결수가 기결수로 신분이 바뀌면서 석현수 동지가 지내고 있는 방으로 갔어요. 30분 정도 운동하는 시간에 이 친구가 저한테 석현수 동지 소식을 들려주더라고요. 석현수 동지가 오후 2시쯤에 운동하러 가는데, 제 방 창문에서 지나가는 석현수 동지 얼굴이 잠시 보일 거라는 겁니다. 그 얘기를 듣고 나서는 매일 오후 2시만 되면 창문만 바라봤어요. 혹시나 동지 얼굴 한번 볼 수 있을까 하면서요. 지금도 기억에 생생하네요.

2023년도 5월 2일. 아마 제 평생 잊지 못할 날일 겁니다. 이날 오전 10시에 면회를 갔어요. 그때 처음 들었죠. 양회동 열사가 분신했대요. 양회동 열사는 강원건설지부에 연대 투쟁 갔을 때 처음 봤어요. 대화를 오래 나누지는 못했지만, 양회동 열사가 저희 보고 "선배님들 정말 대단하시다"는 말을 했어요. 그랬던 사람이었는데….

탄압을 받으면서 참 억울하다 생각했거든요. 그렇다고 제가 뭔가를 하지는 않았어요. 그저 법원 판결만 바라보고 있었죠. 근데 그 사람은 자기 목숨을 바쳐 목소리를 낸 거고… 저는 그럴 용기가 없었어요. 한동안 건폭, 건폭 소리만 듣다가 건설 노동자, 건설노조 이야기로 관심이 옮겨간 것도 열사 덕분인 거죠. 출소하자마자 양회동 열사 묘소에 찾아갔어요. 그때는 묘비명도 없었어요. 저랑 와이프는 아무 말도 못 하고 10분 넘게 울기만 했어요. 끝내 한마디도 못 했어요. 미안해서 입이 안 떨어지더라고요.

노동자가 할 말은 하는 세상

제 인생에서 그렇게 열심히 살았던 적이 없었어요. 노조 전임으로 활동하던 2017년부터 구속되기 전인 2023년 3월까지 밤낮없이 일했어요. 그 이전에는 나와 내 가족을 위해서 일했다면 노조 전임자가 되면서는 개인보다는 '우리'가 먼저였어요. 우리 조합원들, 우리 건설 노동자들이 조금이라도 안전하게 일했으면 좋겠다는 생각만 했죠. 그래서 나와 같은 일을 하는 노동자들, 같은 생각을 하는 조합원들이 늘어날 때마다 너무 좋았어요. 현장에 그늘막 하나

없는데 노조가 찾아가서 요구하면 설치해줬거든요. 그런 거 하나하나가 너무 소중했어요. 내 존재 이유처럼 느껴졌어요.

근데 '건폭' 프레임에 갇힌 뒤로는 노조의 목소리는 깡그리 무시됐죠. 이제 현장에 찾아가면 만나주지도 않아요. 노조라는 게 개인이 말하기 어려운 부분 대신 말해주는 거잖아요. 업체 관계자 만나서 인상도 좀 쓰고 요구할 건 또 요구해야 하는데, 어느 순간부터는 말 꺼내기조차 조심스러웠어요. 좌절감이 많이 들었죠. 그때 현장으로 다시 돌아가고 싶은 마음이 들었어요.

제가 해야 할 일을 했는데 협박이고 강요가 됐잖아요. 평소에 가볼 일 없는 경찰서, 법원 들락거리고 구치소까지 들어갔어요. 구치소 있을 때 해만 넘어가면 가족들 보고 싶었거든요. 노조 안 했으면 겪지 않아도 되는 일들이잖아요. 하루에도 몇 번씩 흔들렸어요. 그래, 다시 잘해보자 했다가 이젠 못 하겠다고 했다가, 그랬어요. 그때 제 마음을 잡아준 사람이 석현수 동지예요. 저를 노동조합의 길로 이끌어준 사람이죠.

제가 노조 못 하겠다고 하니까 이런 말을 하더라고요. "사측이나 자본은 운다고 주지 않는다. 달라고 목소리 내고 외쳐야 한다. 김용기 동지가 몸소 겪은 일 아니냐. 지금 주저앉으면 그다음에 누가 이 일을 할 수 있겠느냐" 그러면서 제 손을 잡고 "형님, 같이합시다. 옥살이까지 했는데 우리 억울한 거 풀어야죠. 노동자가 할 말은 하는 세상 만들어봅시다" 했어요. 그 이야기 들으면서 '그래, 내가 이런 사람 보고 노조 시작한 거지' 싶었어요. 제 노력을 인정해줬다는 사실도 큰 울림을 주기도 했고요. 부정당한 줄 알았던 제 노조 간부 생활을 조금은 인정받은 것 같았어요.

　그렇게 현장으로 복귀해서 처음 노조 시작할 때의 마음으로 열심히 해보려는데 쉽지는 않았어요. 현장에 가면 첫 대화가 "협박하러 왔나?" 딱 그거예요. 평소대로라면 집회도 하고 파업도 해서 우리 요구를 강하게 밀어붙였겠지만 그럴 환경이 안 되는 거죠. 제가 지금 받고 있는 재판만 다섯 개예요. 이 상황에 누구하고 멱살잡이라도 했다가는 바로 구속될 겁니다. 저로서도 위축되는 거죠. 현장은 노조 없던 시절로 되돌아갔어요. 노조의 핵심 역할 중 하나가 조합원 일자리 보장이거든요. 지금은 그런 게 전혀 안 되고 있죠. 오히려 건설노조 조합원이라고 하면 안 써버리니까요. 그래서 탈퇴하는 조합원도 많이 나오고 있어요.

　작년 여름 폭염 때 저희가 현장에 파라솔이랑 얼음물 좀 가져다 달라고 했는데, 그거 하나도 안 들어주더라고요. 파라솔 하나에 10만 원도 안 합니다. 일하다 잠깐이라도 그늘에서 쉬고 물도 마시고 해야 하는데, 그조차 보장 안 해주는 겁니다. 노조가 그래도 힘이 좀 있었을 때는 달랐어요. 미리 6월, 7월에 공문을 보내요. 곧 한여름 다가오니까 열사병 환자 안 생기게 그늘막 좀 설치해달라고요. 그러면 회사에서 그늘막 옆에 아이스박스까지 가져다 놨어요. 이게 과도한 요구고 협박입니까? 돈을 더 달라는 것도 아니고 더워서 쓰러질 거 같으니 그늘막을 설치하라는 거잖아요. 그조차 안 해주는 상황까지 왔습니다. 이렇게 따지고 들 거면 내일부터 나오지 말라고 해요. 너희 아니어도 일할 사람 많다고요. 노조가 제 역할을 할 때는 상상도 못 하던 일이죠.

청년 유입 없는 건설 현장

요즘은 현장에 나이 든 사람뿐이에요. 청년들이 뭐 때문에 건설 현장 와서 고생하겠습니까? 제가 생각해도 그래요. 10년, 20년 고생해서 기능공이 되면 사정이 나아질지 모르지만 그때까지는 고생해야 하잖아요. 젊은이들로선 그럴 이유가 없는 겁니다. 당장 위험과 고생에 상응하는 돈은 안 주면서 청년들이 들어오기를 바라는 거는 앞뒤가 안 맞죠. 청년들의 건설 현장 기피는 다른 무엇보다 그에 걸맞은 대우를 안 해주기 때문이에요. 단순히 우리가 세대교체만 외쳐서는 해결될 일이 아니에요.

기본적으로 건설 현장 임금 구조 자체가 잘못되어 있어요. 처음 건설 현장에 들어오면 팀장이 단가를 딱 정해줘요. 애초에 팀장도 업체한테 정해진 돈을 받습니다. 그 안에서 팀장이 알아서 책임지고 기능공, 조공, 일용직들 뽑아서 공사를 해내라는 거죠. 팀장 입장에서 한 푼이라도 더 남기려면 싸게 고용하는 수밖에 없죠. 일용직이나 초보자가 그렇습니다. 건설 일 시작하는 청년들은 남들보다 2~3만 원을 덜 받게 되는 거죠. 물론 자기 몫을 줄여서라도 젊은 애들 챙겨주는 좋은 팀장도 많아요. 문제는 기본적인 구조 자체가 그렇다는 겁니다. 팀장이 임금을 마음대로 정하는 상황이 계속 이어지는 거죠. 건설 현장은 불법 하도급으로 짜여 있어요. 원청사에서 시공사로, 다시 크고 작은 건설업체들로, 그 밑에 각 공정별 팀장들로 이어지는 구조에서 정작 일하는 사람들의 임금은 계속해서 줄어들 수밖에 없어요. 구조 자체가 부조리한 거죠.

원청사가 전문 건설업체와 계약을 맺었다면 그 업체가 책임지고 공사를 해야 하는데, 이걸 공정별로 떼어내서 하청을 주잖아요. 그 안에서 자꾸만 임금 체불이 생기고 불법이 생기는 겁니다. 건설사 입장에서는 편하죠. 딱 정해준 돈만 던져주면 그 아래에서 노동자들끼리 지지고 볶든 신경 쓸 일이 없으니까요. 너희끼리 알아서 정해진 일자에 공사만 마무리하라는 겁니다. 건설사가 만든 이 불합리한 구조 안에서 애꿎은 노동자들만 갈등하고 싸우고 있어요. 이 불법 재하도급 구조를 깨지 않는 이상 이런 일은 반복될 수밖에 없습니다.

사실 노동조합이 생긴 이유도 이런 구조를 최대한 타파하기 위함이거든요. 우리가 단체교섭에 들어가서 공정별로 하청 주지 말고 건설사 너희들이 직접 고용해서 관리하라고 요구했어요. 그래서 이런 부조리를 많이 없앴어요. 근데 탄압 때문에 과거로 되돌아가게 된 거죠. 예를 들면, 과거에는 펌프카 사장들이 타설공들을 데리고 다니면서 물량을 받았어요. 타설공들은 일은 회사를 위해 하면서, 월급은 아무런 권한도 없는 펌프카 사장한테 받습니다. 펌프카 사장들은 조금이라도 더 많이 남기려고 단가를 후려칩니다. 항의하면 다음부터 일 안 준다고 하죠. 요즘에는 협박이다, 강요다 하면서 경찰에 고소해버립니다.

계속 저항하고 소리쳐야죠

건설 일 두 번은 못 해요. 처음 시작할 때로 돌아갈 수 있다면 다른 일을 선택할 것 같아요. 저 정말 힘들게 일했거든요. 새벽에 출근해서 밤늦도록 일하는 건 기본이고요. 밤을 새운 적도 많아요. 그렇다고 월급이 제때 나옵니까? 현장 하나 끝나면 바로 실업자 되는 거고요. 건설 노동자들이 왜 돈 못 받는 거에 그렇게 화를 내는지 당사자 아니면 이해하기 힘들어요. 그래서 노조에서도 임금 체불이랑 조합원 고용 보장에 중점을 두죠. 지금 건설업 구조에서 노동자 개인이 할 수 있는 건 아무것도 없어요. 단가를 후려치든 월급을 떼이든 그대로 당할 수밖에 없고요. 현장에서 사고라도 나서 잘 못되면 꼼짝없이 죽기도 해요. 건설 현장이 그런 곳입니다. 노조에서 주야장천 하는 말이 그런 거예요. 우리 상황이 이렇다, 우리가 왜 드러눕고 투쟁하는지 좀 알아달라는 겁니다. 안 그러면 들은 척도 안 하잖아요. 건설 노동자들 요구는 복잡할 게 없어요. "내가 일한 만큼 돈 받고, 죽지 않고 일할 수 있는 노동 환경 만들어달라" 이거예요. 그런 사람들을 두고 폭력배니 갈취범이니 빨갱이니 하니까 속이 터져나가는 겁니다.

건설업은 다른 산업군과 달리 사업장이 딱 정해져 있지 않아요. 자주 이동해야 하죠. 문제는 새로운 사업장에서는 모든 것을 다시 시작해야 한다는 겁니다. 고용은 물론이고 임금 협상까지도요. 이 과정에서 노동조합이 없으면 우리는 늘 '을'의 위치에서 '갑'에게 끌려다닐 수밖에 없어요. 당장 고용도 보장이 안 되니까요. 적은 임금이라도 일단 받아들일 수밖에 없고요. 제가 두 번은 건설 일 안 하고 싶다고 하기는 했지만, 사실 이 일을 정말 사랑하는 사람이기도 해요. 그러니까 30년 넘게 버텼겠죠. 제가 하도급 오야지[5]도 하

---

5 건설 현장에서 현장 노동자들을 지휘, 작업 진행을 관리하는 역할을 하는 사람. 하도급 구조의 마지막 단계로 보통 10명 단위를 중심으로 운영되는 작업팀의 책임자다. '오야지' 또는 '십장'으로 불린다.

고 건설 회사 관리자로도 일했어요. 건설 현장 내에서 안 맡아본 직책이 없어요. 그렇게 일하면서 딱 느낀 게 건설 일만큼 깔끔하고 깨끗한 일이 없다는 겁니다. 물론 여러 구조적 문제가 있기는 하지만 적어도 이 일은 자기가 땀 흘려서 일한 만큼 대가가 돌아와요. 남들은 노가다라고 무시할 수 있겠지만 건설 일이라는 게 기술이기 때문에 잘 배워놓으면 평생 써먹거든요. 큰애한테 권유할 정도로 저는 건설 일이 괜찮다고 생각해요. 그래서 더 좋은 환경을 만들고 싶은 것이기도 하고요. 제 아들이나 우리 다음 세대가 들어와서 일해야 하는 곳이니까요.

제가 몇 살까지 노조에 있을지는 모르겠지만, 우리 조합원을 위한 일이나 건설 현장 바꾸는 일은 힘닿는 데까지 해보려고 해요. 열흘 이상 붉은 꽃은 없다는 말이 있잖아요. 이 정권은 오래 못 갈 겁니다. 우리가 지금은 공권력에 탄압당하고 위축돼 있지만 다시 목소리를 낼 수 있을 때가 올 거라 믿어요. 내 새끼들한테 이런 세상을 물려줄 수는 없잖아요. 계속 저항하고 소리쳐야죠. 그게 제 역할이고 일이니까요.

¶

이도연 님은 서른다섯 살에 건설 현장 철근 결속 일을 시작한다. 건물의 뼈대가 되는 철근을 단단하게 결속하는 일이 그가 20년 동안 해온 일이다. 어디 가도 철근 일 한다며 당당하게 말하는 그는 건설 현장의 편견과 차별에 당당하게 맞서는 건설 노동자 철근 여성팀장이다. 여성 노동자로서, 세 아이를 홀로 키우는 엄마의 삶은 외줄 철근을 타듯 힘겨운 일상의 연속이었다. 철근 사이에 다리가 빠지고, 살갗이 찢어지고, 여자가 왜 이런 일을 하느냐는 비난에도 죽기 살기로 일수 찍듯이 살아왔다며 덤덤하게 이야기를 이어가던 그의 목소리가 오래도록 기억에 남는다. 20년 경력 건설 노동은 그의 온몸에 상처와 골병을 남겼다. 인터뷰 마지막에 열심히 살아온 스스로에게 해주고 싶은 말이 있느냐고 물었다. 그는 자신의 몸에게 고맙다고, 애썼다고 말하고 싶다며 웃었다. 자신의 몸에 안부를 묻는 그에게 우리의 응원이 필요하지 않을까.

(기록 이은주, 공동 인터뷰 김영숙)

나는
여성 철근 노동자입니다

이도연 (부울경건설지부 철근분회)

초등학교 다니는 두 아이 머리를 묶어놓고 재웠어요. 제가 새벽 일찍 일 나가야 했으니까요. 먼저 일어난 애가 다른 사람 깨워주고 세수하고, 제가 챙겨둔 아침 대충 먹고 나갔어요. 유치원생 하나, 초등학생 둘, 셋을 혼자 키워가며 죽기 살기로 살아왔어요.

저는 어릴 적 부산진구 전포동 꼭대기 판자촌에 살았어요. 초등학교 때부터 엄마랑 밤새도록 마늘을 까서 부전시장에 가져다줬어요. 연탄 영업소에서 연탄 배달 일도 했어요. 연탄을 몇 장씩 이고 꼭대기 비탈길을 다녔어요. 밤새도록 마늘을 까면 씻고 자도 아침이면 손가락에서 마늘 냄새가 올라와요. 학교에 가면 친구들이 냄새나니 옆에 오지 말라고 해서 저는 완전 왕따였어요. 아버지가 술 취해 들어오면 맞을까 싶어서 겨울에도 맨발로 밖으로 도망가고 그랬어요. 새벽에 아버지가 고함지르고 하면 숨어 있다가 아버지가 방에 들어갔을 때 집 밖으로 튀어 나가는 거예요. 엄마한테도 구박을 많이 받았어요. 그래서 소심하게 내내 혼자 놀고, 내성적이었어요. 외롭게 자랐어요. 고등학교 졸업하고는 결혼하기 전까지 끊임없이 일했어요. 부모님이 돈을 벌지 않으니 쉬지 않고 일해야 했어요.

멈추지 않기, 살아남기

　스물두 살에 중매로 결혼했어요. 사회생활 하다가 능력 있는 남자를 만나서 결혼하고 싶었어요. 남편 옷 깨끗하게 다림질하고 아이들 옷 예쁘게 입혀서 학교 보내는 삶을 꿈꾸었죠. 제가 예쁘게 자라지 못했기 때문에 그렇게 살고 싶었죠. 좋아하는 남자도 아니었고 느낌이 별로였어요. "시집을 안 가고 싶어요. 저 남자는 아닌 것 같아요" 했는데 엄마가 억지를 부려서 시집을 가게 됐어요. 육지에서 배 타고 들어가야 되는 통영 섬으로요. 남편은 형제가 6남매라 했는데 가 보니 9남매였고, 그 밖에도 속인 게 한두 가지가 아니었어요. 여자 문제도 있었고요. 시집가서도 일을 엄청 하다가 결국 이혼했어요. 아이 둘을 데리고 나왔죠. 뱃속에 셋째 가진 줄도 몰랐어요. 그때 제 나이 스물아홉이었어요.

　아이들 키우며 먹고살아야 하니 식당 서빙에, 설거지에, 불판 일에 안 해본 일이 없을 정도예요. 식당 일을 몇 년 했어요. 11시간 일해도 꼬물꼬물하는 어린아이 셋 키우기 어려웠어요. 애들 한창 먹을 때라 식비도 그렇고 너무 힘들게 살았어요. 제가 한식, 양식 조리사 자격증도 땄어요. 식당 주방에서 찬모라도 하면 월급이 오르니까요. 그러다 한번 좌절했던 순간이 있어요. 이웃 언니한테 제가 신용카드를 몇 장 빌려줬어요. 순진해서 그게 카드깡인 줄도 몰랐어요. 멋모르고 그랬다가 제가 쓰지도 않은 돈 2300만 원을 물어내야 하는 상황이 되었죠. 집달관이 집에 찾아와서 빨간 딱지 붙이고 난리가 나고 저는 신용 불량자가 됐어요. 그때도 좌절하기보다 더 열심히 살아야겠다는 생각밖에 없었습니다. 아이들 때문이라도 항상 뛰자, 멈추면 안 된다, 이런 생각으로 살았어요. 그게 저를 지탱시켜준 원동력이죠.

2005년 즈음 친구가 식당 일로는 애 세 명 키우기 힘드니 철근 일 한번 배워보라고 이야기하더라고요. 친구 신랑이 철근 일을 했거든요. 그래서 두말하지 않고 하겠다고 덤볐죠. 지금은 건설에서 철근 일 한 지 20년째예요.

빗자루로 연습했던 초보 시절

친구 집에 가서 철근 묶는 방법을 배웠어요. 빗자루를 바닥에 눕혀놓고 묶는 연습 했어요. 집에 와서도 혼자서 연습했어요. 바로 뒷날 현장 실습에 들어갔죠. 그러고 일을 나갔는데 정말 죽는 줄 알았어요. 이틀 했는데 왼쪽 다리에 힘이 다 빠지더라고요. 팀 언니들이 "원래 다리 절뚝거린 거 아니야?" 할 정도였어요. 병원에 가보라 해서 갔더니 의사 선생님이 주사를 놓고는 한 번 더 오라고 해요. 그때 주사비가 10만 원인가 했어요. 너무 비싸서 더는 안 갔어요. 20일쯤 지나니 차츰 힘이 올라와서 제대로 움직이더라고요. 아픈 다리를 질질 끌고는 쉬지 않고 나갔어요.

초보라 속도를 못 따라가니 사장한테도 많이 혼났죠. 집에서 밥이나 하지 뭐 하러 왔느냐는 소리도 많이 들었어요. 노래방 도우

미나 하지 이런 거 왜 하냐고 말하는 사장도 있었죠. 일하지 말고 함께 술이나 마시러 가자고도 했어요. 팀으로 움직이니까 제가 잘 못하면 그 팀이 잘릴 수도 있거든요. 그래서 대꾸도 못 하고 수없이 참으며 억척같이 살아남았어요. 팀 언니들도 초보 데리고 다니기 싫으니까, 젊은 애가 할 일 많을 텐데 뭐 하러 여기 왔느냐고 했어요. 서러움도 많이 당했죠. 한 달 정도 보조 기술자인 조공(助工)으로 일하며 연습을 계속했어요.

일한 지 1년 조금 넘었을 때 백화점 공사에 투입됐어요. 지하 6층 공사라 공기도 안 좋고 힘들어서 사람들이 안 들어가려 했어요. 저는 하루라도 일 시켜주는 게 어디냐 싶을 때니까 갔죠. 서러워서 눈물도 났지만 '내가 당신들보다 잘하리라' 하고 독한 마음 품고 일했어요. 제가 팀장이었어요. 남들보다 엄청 일찍 팀장을 단 거예요. 지하에는 전기로 지지는 일도 있고 불일(용접)도 많거든요. 일하다 보니 기관지가 안 좋아지고 목소리도 걸걸해졌어요. 그래도 애들 통닭 시켜주고 맛있는 거 사주는 게 너무 좋고 매달 돈 들어오는 게 너무 행복했어요.

제가 원래 고소 공포증이 심해요. 도로 육교에 올라가도 가운데로 걸어야 할 정도였어요. 근데 높이가 2미터도 넘는 곳에서 외줄 철근을 타며 일해야 했습니다. 정말 죽기 살기로 올라갔어요. 지금은 철근 위에서 날아다녀요. 제가 초보를 데려다가 한 40여 명을 숙련공으로 키웠어요. 그중에는 저처럼 혼자서 아이 키우며 일하는 사람이 많아요. 제가 없이 살아 봐서 그 절박함을 아니까 열심히 가르쳤죠. 지금은 다들 잘 살아요.

철근과 철근을 단단하게 묶는 결속

건물의 철근은 우리 몸에 비하면 뼈대예요. 저희는 뼈대를 단단하게 묶어주는 일을 해요. 철근 다발들이 올라오면 남자들이 도면을 보고 벽, 기둥 자리에 철근을 설치하는 배근 작업을 해요. 철근을 메고 들고 옮겨서 눕히거나 세우며 조립하는 거죠. 배근된 철근을 결속하는 일을 여성들이 해요. 지금 부산울산경남건설지부에 결속팀이 여섯인데 전체 인원이 150명 정도 되어요. 한 팀에 25~40명이 있어요. 저희는 김매듯이 앉아서 철근을 묶어요. 쪼그리고 앉았다가 종종걸음으로 옮겨 다녀요. 그것도 평평한 바닥이 아니고 철근 위를 착착 밟고 다녀야 하니까 엄청 힘들어요. 딱딱한 철근 위로 다니니 일 끝나고 나면 발바닥이 화닥화닥 하거든요. 두꺼운 안전화를 신어도 그래요. 쪼그리고 앉았다가 무릎을 세우고 오리걸음으로 다니니 무릎도 안 좋죠.

기초 바닥은 높이가 2미터짜리가 있고 80센티미터짜리도 있어요. 단단하게 하려고 항상 이중으로 합니다. 밑에 하부 철근 위에 상부 철근을 또 깔아서 두 바닥으로 겹치는 거죠. 그런 건 상하부 따로 해서 두 번씩 결속해요. 건물의 보 단면에는 전단력(剪斷力), 즉 양쪽에서 미는 힘이 발생해요. 그래서 보(beam)가 없이 올라가는 건물은 휘거나 틀어지는 것을 방지하기 위해 기둥과 바닥이 만나는 지점에 보강 철근을 착착 감아서 단단하게 해줍니다. 그런데 이 '전단 보강근' 작업을 하면 맨 밑에 남는 철근 발이 있어요. 거기도 덜렁거리지 않게 묶어줘야 해요. 이때 철근 높이가 50~60센티미터 정도면 쭈그리고 앉아 아래쪽으로 손을 내려 작업할 수 있는데, 높이가 80센티미터쯤 되면 팔이 안 닿아서 엎드리든지 무릎을 꿇든지 해야 돼요.

길이가 짧은 철근은 여자들이 직접 나르기도 해요. 전단 보강용으로 쓰는 철근이나 철근에 씌우는 캡, 클립 같은 것도 그렇고요. 쉬엄쉬엄 적게 들고 나르면 이 팀은 일 못한다 소리 들으니, 악바리처럼 한꺼번에 20개씩 들고 가요. 안듯이 배에 딱 붙여서 팔 힘으로 들고 나르죠. 일 마치고 나면 옷이 엉망이에요. 철근이라 녹물도 묻어나고요.

철근 결속하는 방법도 사람 성격 따라 다 달라요. 꼼꼼한 사람은 예쁘게 묶고요. 일단 철근을 묶는 게 목적이잖아요. 저는 공구로 철근을 감고 탁 돌려서 조이면 끝이에요. 현장에서는 속도가 중요하거든요. "마감 시간 안에 이만큼 묶었네. 잘하네." 그럼 인정이 되는 거죠. 모양보다 튼튼하게 고정하는 게 중요해요. 그래야 건물이 튼튼하니까요.

하루하루 온전히 감당하기

온종일 야외에서 일해요. 건설 일이 탁 트인 야외 공간에서 하는 거잖아요. 여름에는 덥고 겨울에는 얼어 죽을 지경이에요. 그냥 지옥이라고 보면 돼요. 그걸 견디고 하는 거죠. 건물은 한자리에 고정되어 있고 가릴 게 없잖아요. 그냥 햇볕을 받으면서 일하는 수밖에 없어요. 체감 온도가 38도까지 올라갈 때는 뜨거워서 온몸이 땀으로 범벅이거든요. 비 맞은 것처럼 옷이 흠뻑 젖어요. 오후에는 더 덥잖아요. 점심 먹고 2시 반쯤 되면 10분 정도 쉽니다. 회사도 한

번 정도는 봐주더라고요. 그때는 일하다 중간에 물 마시러 가도 말을 안 해요. 우리가 안 쓰러지고 계속 일해야 사장들에게는 이익이 잖아요. 아파트 단지 같은 큰 현장은 제빙기를 갖다 놓더라고요. 천막 그늘 군데군데 만들어놓고요. 거기서 10분이라도 쉬었다 하면 수월하잖아요.

일은 보통 "현장 들어가는데 인력 대줄 거요?" 하고 물어오면 저희가 수락하는 식이에요. 그렇게 구두로 계약해요. 현장에서 안 불러주면 그냥 쉬어야 해요. 일요일은 의무적으로 쉬는데, 예전엔 안 그랬어요. 그것만 해도 지금 많이 바뀐 거죠. 큰 현장은 빨간 날도 쉬더라고요. 만약에 공휴일과 주말이 이어지면 작업을 오래 쉬어야 하고요. 그러면 돈을 못 버니 일용직인 우리는 그게 좀 아쉽더라고요.

작업 환경은 열악하죠. 예전에는 샤워실이나 휴게실이 없었어요. 화장실도 부족해서 큰 현장은 옛날에 한두 개였는데 지금은 서너 개 정도 있긴 하더라고요. 큰 현장은 화장실이 깨끗한 편이지만 아직도 이동형 재래식 화장실을 쓰는 데가 더 많아요. 깨끗한 화장실을 곳곳에, 특히 고층일 경우는 중간층에 하나씩 배치해줬으면 좋겠어요.

작업 중에는 화장실 자주 못 가요. 그래서 철근 일 하는 여자들 방광염 많이 걸려요. 저도 그랬어요. 보통 화장실은 1층에 있어요. 13층, 18층 이런 데서 일하다 볼일을 보려면 공사용 리프트(호이스트카)를 타고 거기까지 내려가야 해요. 왔다 갔다 시간이 걸리니까 눈치가 보이는 거에요. 그러면 아무 데나 사람 안 보는 데 가서 해결해야 돼요. 남자도 여자도 다 그렇게 해요. 제가 아파트 입주했을 때 '이 아파트도 안방 구석 어디에 누군가 급해서 또 볼일을 봤겠지' 그런 생각이 자꾸 나는 거예요. 침대에 누워서 혼자 상상하다가 한 번씩 웃을 때도 있어요. 그래도 큰 볼일은 꼭 1층 화장실에 가서 해결해야 하죠. 속이 불편해서 자꾸 내려갔다가는 찍혀서 저 사람은 현장에 넣지 말라는 말 들어요. 옛날부터 내려오는 갑질은 그대로 남아 있어요.

휴게실이 있긴 하지만 이용할 시간이 없어요. 점심시간이 30~40분이라 식당에서 밥 먹고 나면 10분 정도 쉴 수 있거든요. 근데 휴게실이 머니까 현장 아무 데나 찾아가서 쉬는 거예요. 목수들 작업하는 나무 조각을 의자 삼아 그늘이 있는 곳에서 쉬어요. 휴게 시간이 10분인데 3분, 5분 정도면 끝이에요. 잠깐 있다가 "일어나세요" 하면 다시 일 시작합니다. 요즘 아파트 건설 현장에는 여성 휴게실, 남성 휴게실이 따로 있더라고요. 옛날에는 거의 없었는데, 요즘은 10군데 중에 네다섯 군데는 있는 것 같아요. 에어컨이 설치된 곳도 있지만 선풍기만 돌아가는 데는 너무 더워서 그냥 밖에서 쉬어요. 그늘도 시원하니까요. 컨테이너로 만들어서 안이 뜨겁거든요. 좋아지는 게 조금 보이는 듯해도 여전히 열악하죠. 사장들이야 휴게 시설 설치했다고 말하겠지만, 실상은 이용을 못 하는 거예요.

날씨 영향도 많이 받습니다. 바쁠 때는 비 오는 날도 일해요. 당장 내일 시멘트를 부어야 되는데 너희들 안 나오면 안 된다고 협박을 하죠. 그러면 해야 돼요. 일회용 비옷을 주지만 어차피 다 젖어요. 철근 밭에서 일하니까 비닐이 걸려서 쭉쭉 찢어져요. 그래도 이를 악물고 해야죠. 하루 벌이로 살잖아요. 일수 찍듯이 열심히 해야 한 달 생계비가 되니까요. 그냥 앞만 보고 달리는 거죠. 진짜 힘들어서 혼자 노래방 가서 1시간 동안 노래 틀어놓고 울다 나온 적도 있어요. 사람들 앞에서 울고 싶지 않더라고요. 그런다고 내 마음 알아줄 사람도 없고, 어차피 오롯이 감당해야 하는 내 삶이니까요. 한 5년에 한 번은 그랬던 거 같아요.

여자들은 쉽게 돈 벌어간다는 오해

2024년 기준으로 남자들 일당은 24만 5000원이에요. 여자는 그보다 적게 받죠. 6~7년 전에는 4만 원 차이가 났거든요. 남자들 몇 번 오를 때 우리는 그대로여서 지금은 6만 5000원 차이가 나요. 여자들 철근 일은 쉽다고 생각해서 안 올려주더라고요. 그때는 제가 민주노총 조합원이 아닐 때였어요. 여자들은 남자들처럼 장철을 메고 나르지는 않으니까 그러려니 했어요. 적게 받는 게 당연하다, 어쩔 수 없다고 생각했죠. 그래도 차이는 줄어야 한다고 보지만 입 밖으로 내뱉지는 못해요. 노조 회의 가서도 허심탄회하게 다 풀어놓지는 못해요.

여자들은 현장에서 눈치를 많이 봐요. 남자들 부를 때 "아저씨" 안 하고 "반장님, 이것 좀 해주세요" 이렇게 해요. 남자들이 철근을 깔아줘야지 우리가 묶거든요. 다들 힘드니까 가급적 비위를 건드리지 않으려고 해요. 옛날에는 남녀 차별이 많았죠. "너희들은 없어도 된다. 여자들 뭐 하러 나오나." 아직도 그런 남자들이 있어요. "그게 뭐 어렵나" 하며 대놓고 무시하는 남자들도 있고요. 다들 몰라서 하는 말이에요. 하루 종일 앉아서 철근 묶어보세요. 무릎이 나가요. 막상 해보라고 하면 자기들은 못 한다면서도 말은 함부로 하더라고요. 물론 여자들 입장 이해하는 남자들도 있어요.

요즘은 여자들도 남자들이 욕지거리하면 같이 욕하고 덤벼요. 저도 그래요. 부당한 걸 보면 못 참아요. 죽을 때 죽더라도 싸워야죠. 당하고 있을 이유는 없잖아요. 나도 힘든 일 하는데, 여자라고 하대하면 못 참아요. 저는 같이 일하는 언니나 동생들한테 다 이야기해요. "저들이 내 생활비 주는 것도 아닌데, 같이 힘든 일 하러 왔으면 서로 이해하고 도와야지. 자기들이 뭔데 여자들한테 화풀이를 해!" 그러면서 참지 말라고 하죠. "우리 하는 일이 노가다지 사람이 노가다가 되면 안 된다. 그 사람들이 노가다처럼 나오면 맞서 싸워라. 참으면 우습게 보니 덤벼라. 뒤에 나도 있고 다른 괜찮은 남자들도 있으니 걱정하지 마라" 해요. 여자들이 안전하게 일할 수 있는 현장이 되면 얼마나 좋겠어요. 그런 세상이 왔으면 좋겠어요.

철근 일 할 때는 가랑이 사이로 거치식 안전 벨트를 매거든요. 추락이나 빠질 위험이 있는 곳에서는 착용해야 합니다. 그런데 이게 쪼그리고 앉아 결속할 때는 무겁고 걸리적거려서 힘들거든요. 안전이 우선이니까 참고 일하기는 하는데, 남녀 공용이다 보니 술·담배 냄새가 나기도 하고 무겁고 커서 불편하죠. 여성용은 좀 가벼운 걸로 따로 있었으면 좋겠어요.

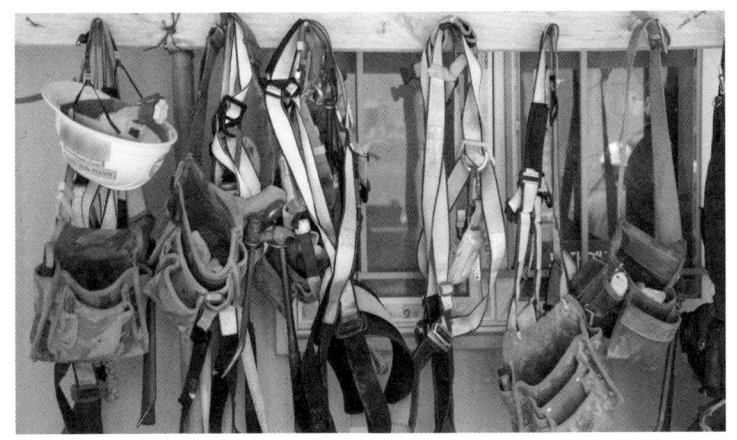
건설 현장의 안전 장비. 여성 노동자가 사용하기에 턱없이 크고 무겁다.

비 오는 날이면 병원을 찾는 이유

너무 열심히 산 대가로 온몸이 '종합 병원'이에요. 무거운 것 들고 나르다 보니 팔목이 아프더라고요. 몇 년을 견디다 수술했어요. 손목 터널 증후군이라고 해서 손목 인대가 두꺼워져서 신경이 눌리는 증상이에요. 밤에 아파서 잠을 못 잤거든요. 누우면 수십 명이 팔을 누르는 것 같더라고요. 그러면 앉아서 벽에 기대서 자고 일하러 가고는 했어요. 수술하고 실밥도 안 뽑고 일하러 갔어요. 꿰맨 데가 공구에 닿아서 계속 아프더라고요. 보통 이 수술 하면 두세 달 쉬라고 하는데 저는 그러지 못했어요.

무릎 연골도 파열돼서 시술도 했어요. 바닥 철근 고정시키는 작업을 하다가 무릎이 나갔거든요. 며칠 지나면 나아지겠지 했다가 심해져서 두 달 지나고 MRI를 찍었더니 양쪽 연골이 파열되었더라고요. 의사 선생님이 무릎 꿇는 자세가 제일 안 좋다며 재발할 수 있으니 조심하라고 하더라고요. 근데 철근 일을 하려면 어쩔 수 없거든요. 쪼그려 앉아서 종종걸음으로 움직이잖아요. 주변에 안 아픈 사람이 없어요. 비 오는 날은 보통 일을 쉬니까 그때 함께 '병원 투어'를 해요. 하루라도 일을 더 해야 하니까, 아파도 참다가 쉬는 날 가는 거죠.

한번은 철근 있는 데 빠져서 다친 적도 있어요. 철근 끝이 날카롭잖아요. 닿으면 그냥 찢어져버려요. 작년에도 허벅지를 다쳐서 다섯 바늘 꿰맸어요. 그래도 19년 넘게 일하면서 한 번도 산재 신청을 해본 적이 없어요. 그냥 내 돈 주고 치료했죠. 어디 부러지지 않는 이상 참을 만하면 넘어가요. 한번은 혓바닥이 찢어진 적이 있어요. 옹벽 받쳐놓은 봉에 부딪혔는데 안전모를 쓰기는 했어도 혓바닥이 찢어져서 한두 달 그러고 지냈어요. 나중에 다 아물더라고요.

저희는 다쳐도 하소연할 데가 없어요. 사업주들이 다치는 것 자체를 싫어하기 때문이에요. 다쳤다고 치료비 달라고 하면 현장에서 잘라버려요. 옛날이나 지금이나 똑같아요. 사업주가 갑이니 저희는 "불러주는 것만 해도 감사합니다" 해야 하는 입장인 거예요. 다치면 벌써 사장님들 인상이 확 일그러지거든요. 사람이 신이 아닌 이상 다칠 수밖에 없잖아요. 다쳤으면 당연히 치료를 해줘야 되고요. 그런데 아직도 다치면 우리 잘못으로 돌리고 안 좋게 얘기하는 사업주들이 많죠. 그나마 큰 회사는 공상(公傷) 처리를 해요. 자기들이 치료비는 대지만, 산재 처리는 안 하는 거예요. 대부분이 다 그래요. 산재 처리는 진짜 심하게 다쳤을 때 어쩔 수 없이 하죠. 회삿돈이 너무 많이 나갈 것 같으면 하는 거예요.

노조가 있어 가능한 것들

저는 한국노총에 있다가 민주노총으로 온 케이스예요. 제가 일하던 현장에 민주노총 조직이 커지면서 한국노총이 빠지더라고요. 저는 여기저기 움직이는 성격이 아니거든요. 그래서 끝까지 남아 있다가 5년 전에 민주노총으로 옮겨왔어요. 노조가 없을 때는 물가가 올라도 임금 인상이 어려웠어요. 3년에 한 번 올리는 것도 엄청 힘들었어요. 그때는 사장님들이 곧 법이던 시절이죠. 그러다 노조로 단합하여 움직이니까 1, 2년에 한 번은 인상할 수 있었죠.

현장에서 사장이나 반장이 우리에게 하는 말이나 행동도 많이 유해졌어요. 복지도 나아졌죠. 우리가 요구하니까 현장에 화장실도 설치하고 여자들 쉼터나 휴게실처럼 없던 게 생겼어요. 우리가 건의하면 노조가 현장을 돌면서 사측에 요구할 것들을 하나씩 챙겼어요. 옛날에는 그런 것도 없었죠. 노조가 있어서 그런 거 좋더라고요.

조그마한 현장은 임금 체불이 많아요. 저도 5년 전에 2000만 원 떼인 적이 있어요. 큰 아파트 건설 현장에서는 600만 원 넘게 떼인 것도 있는데 한 10년 넘었어요. 법적으로 어떻게 해볼 방법이 없어 포기했죠. 임금 체불로 진정서 내고 조사받으러 다니고 하면 그동안 일을 못 하잖아요. 소송하면 보통 몇 년이 걸린다는데, 그러면 배보다 배꼽이 더 커지는 격이에요. 차라리 포기하고 일이나 더 열심히 하자고 생각하죠. 돈 떼이면 속상하죠. 몸이 부서져라 일해서 번 돈이잖아요. 게다가 제가 소개한 현장이면 일한 사람들 임금을 대신 책임져야 하거든요. 한번은 사업장에서 2000만 원 정도 떼였는데 제가 대출해서 다 나눠주고 나중에 벌어서 갚았어요. 사람 임금이 중요한 거잖아요. 그나마 옛날보다는 줄었어요. 노조가 대신 해줄 때도 있고요. 제가 3년 전에 1600만 원을 못 받은 적이 있어요. 노조에서 나서서 체불 임금 당장 안 내놓으면 현장 작업 정지시킨다고 하면서 받아주더라고요. 제가 너무 감사해서 저녁을 사겠다 하니까 조합에서 "당연한 권리를 요구한 거고 할 일을 한 거다. 그런 소리 절대 하지 마라" 하더라고요.

노동자 탄압과 줄어드는 일자리

2023년도에 양회동 열사 돌아가셨을 때 추모제 집회는 다 갔어요. 마음이 너무 아팠어요. 우리를 위해서 일하다 그랬다는 게 더 안타깝죠. 업체 사장들 갑질이 심해지고 있어요. 윤석열 정권의 노조 탄압 이후로 심해졌어요. 지금은 솔직히 바른말도 못 하고 살아요. 하고 싶은 말이 정말 목구멍까지 올라와도 못 해요. 다들 눈치 보고 일자리 끊길까 봐 할 말 참아가면서 지내고 있어요. 지금 상황은 각박해요. 한 달에 못해도 25일은 일했는데 요즘은 16일밖에 못 하거든요. 경기가 너무 안 좋아요.

2021년에 노조가 투쟁해서 토요일 근무 시간을 바꾸었어요.[6] 토요일은 오후 3시까지로 정했어요. 그전보다 1시간 일찍 마치는 게 보너스 받는 것처럼 즐거웠어요. 2023년까지 그랬다가 요새는 토요일도 오후 4시까지 일 시켜요. 사장들이 노조와 합의된 사항을

---

6 2021년 전국건설노조가 전국 임단협을 통해 토요일 근무 시간을 15시까지로 통일하고, 15시 이후에 일하면 연장근로수당으로 일당의 1.5배를 지급하게 했다.

싹 다 없앴어요. 다시 옛날로 돌아간 거죠. 그것도 말 못 해요. "그러면 너희들 토요일 날 안 부른다. 오지 마라" 이렇게 되어버리니까요. 약자니까 끌려가는 수밖에 없어요. 노조가 업체에 정당한 요구를 해도 정부가 나서서 규제하니까요. 탄압 전까지는 임금도 1년에 만 원씩 올라갔어요. 노동조합의 힘이 있으니까 사장들이 안 올려줄 수 없는 상황이었던 거죠. 근데 지금은 노조가 옛날만큼 목소리를 못 냅니다. 애쓰고 있는데도 전보다는 힘이 빠졌어요.

그전에는 노조가 일자리를 교섭하고 팀들을 배정했거든요. 근데 이제는 사장들이 "이 팀을 쓰고 싶은데 왜 저 팀을 밀어 넣느냐"고 반발해요. 이제는 사장이 어떤 팀을 쓰고 싶다고 하면 그 팀이 들어가요. 옛날 같으면 노조랑 대화도 했는데 요즘에는 말도 안 들어요. 사업주들은 자기 이익만 챙기거든요. 윤석열 정권이 노조 사람들 잡아가서 고용 강요했다며 취조하고, 대대적으로 한번 뒤집었잖아요. 현장 사장들도 그걸 이용하더라고요. 그러다 보니 가뜩이나 일자리도 없는데 굳이 왜 노조에 남아 있어야 하냐며 탈퇴하는 사람들도 있어요.

게다가 정부에서 외국인 노동자들을 너무 많이 받아들여서 우리가 먹고살 수가 없어요. 외국인 노동자들이 한 아파트 단지 건설 현장에 60~70명씩 들어가 있어요. 옛날에는 전체 인력의 3분의 1이었다면 지금은 4분의 3을 차지해요. 우리가 들어갈 일자리가 자꾸 줄어들고 있어요. 외국인 노동자들이 단가가 싸거든요. 그쪽은 철근 메고, 묶고 하면 18~19만 원이고, 우리는 철근 묶는 것만 해도 18~19만 원이거든요. 사업주들은 외국인 쓰면 하루에 몇백을 더 버는데 미쳤다고 한국 사람들 쓰겠냐는 식이에요.

외국인 노동자들은 일도 30분씩 더 하는 것 같더라고요. 말이 30분이지, 수십 명이 그러면 하루 한 사람 물량이 나오거든요. 외국인 노동자들은 우리 예전처럼 죽기 살기로 일해요. 사장들이 그 점을 노리더라고요. 나이도 20~30대 초반으로 젊잖아요. 철근 메고 뛰어다녀요. 우리는 나이가 많으니까 경쟁력이 없어요. 보통 대형 아파트 단지 건설 현장에서는 한 달에 일요일 제하고 보름씩은 불러줬는데 요즘은 그렇지도 못해요. 한 달에 두세 번, 서너 번이면 끝이에요. 빨리 결속을 마무리해야 공구리(타설) 칠 수 있을 때처럼 자기들 급할 때만 부르는 거예요.

우리나라 젊은이들은 철근 일을 기피해요. 솔직히 일이 힘들긴 힘들잖아요. 젊은 사람은 안 하려고 하고, 나이 든 사람은 버겁고, 그렇게 현장에는 외국인 노동자가 늘어가는 현실이에요. 하루 벌어 하루 먹고사는 제 입장에서 정권이 바뀌면 그나마 낫지 않겠느냐는 생각이 들더라고요. 정치에 대해 아무것도 몰라요. 그래도 노동조합이 힘을 써야 우리 먹고살 길이 열리지 않겠나 싶은 거죠. 정권이 바뀌었으면 좋겠어요.

10년 후에는 몸도 마음도 편해지길

일하며 생활이 조금씩 나아질 때 성취감을 느끼죠. 내 생활이 업그레이드되고 또 애들 커가는 모습 보면서 힘을 내고요. 내가 일했던 현장에서 아파트가 완성될 때 만족감도 있어요. 철근이 건물의 뼈대라고 이야기했잖아요. 그게 빠지면 저렇게 높이 올라갈 수가 없어요. 그래서 다 짓고 나면 뿌듯하죠. 내 손길이 닿았다는 느낌 있잖아요. 열심히 돈 벌려고 일했지만 '나도 저 건물 짓는 데 일조했다' 이런 자부심도 생기죠.

건설 일에 대한 선입견이 옛날부터 있던데 나는 자부심과 긍지가 있으니까 괜찮아요. 이 힘든 일을 내가 안 하면 누가 하겠어요? 누군가는 일을 해야 건물이 올라가잖아요. 선입견을 버려줬으면 좋겠지만 안 그래도 할 수 없죠. 그 사람들 생각을 내가 어떻게 할 수 없는 거니까요. 사람 인식이라는 게 한 번에 고쳐지지는 않는다고 생각해요. 노조가 우리를 대변하니까 그나마 인식도 조금씩 나아졌죠. 그래도 갈 길이 멀기는 해요. 아직도 노가다라는 말 쓰잖아요. 누가 "노가다 하나?" 하면 우리는 "노가다가 아니고 건설업"이라고 웃으며 말하죠. 부끄러울 일이 아니잖아요. 저는 옷이나 화장품 사러 갔을 때 상대가 "무슨 일 하세요?" 하고 물으면 "철근 일 합니다"라고 해요. 우리 애들은 옆에서 창피하다며 "다른 거 한다고 하면 안 되나?" 이러는데 저는 싫다고 하거든요. 저는 이 일이 부끄럽지 않아요. 남 등쳐 먹는 것도 아니고 떳떳하잖아요.

그러다 보니 아이들도 생각이 달라지더라고요. 지금은 우리 엄마 대단하다고 해요. 4년 전에 내 집을 마련했을 때도 큰딸이 "엄마, 우리가 아파트에 살게 될 줄 몰랐어" 하는 거예요. 조용히 그 말뜻을 헤아려보니 마음이 아프더라고요. 우리는 맨날 반지하 방에 살고 그랬거든요. 집이 추워서 파카 입고 그 위에 이불 덮고 잤어요. 엄마가 혼자 버니까 저것도 자포자기로 살았나 싶어 마음이 좀 그렇더라고요. 애들은 일 좀 줄이라고 하죠. 제가 전에 무릎 시술하고 4일 만에 실밥도 빼지 않고 일 나갔거든요. 아파트 장만할 때 대출을 많이 받아서 어쩔 수 없어요. 그때 못 쉬어서 지금도 무릎이 안 좋아요. 그러니 애들이 걱정하죠.

아이들은 이제 다 커서 제 앞가림은 하며 살아요. 자식 키우는 일은 어느 정도 끝났지만, 부모님이라는 과제가 남았어요. 제 엄마가 수술을 여러 번 할 정도로 허리가 안 좋아요. 아예 일어나지를 못하니까, 일주일에 서너 번씩 반찬하고 국 끓여서 가져다드려요. 기저귀도 챙기고 청소도 해드려야 해요. 부모님도 챙겨야 하니 돈을 계속 벌어야 한다고 생각하죠. 집 대출금도 그렇고 10년은 더 해야 할 것 같아요. 체력만 되면 일흔 살까지는 하고 싶어요. 우리 팀에도 일흔 넘은 분이 있어요. 기술은 안 썩잖아요. 몸이 늙어서 속도는 떨어져도 일은 잘하거든요. 우리가 작은 현장을 '쫄대기'라 하는데요, 한 달에 많이는 못 해도 열흘 정도까지는 쫄대기 일은 할 수 있겠죠.

지금은 고생스럽지만 10년 후에는 달라지지 않겠나 싶어요. 내 몸도 마음도 더 편해지겠죠. 항상 긍정적으로 생각하려고 합니다. 스스로 마법을 거는 거죠. '참 많이 애썼다. 지금은 무릎도 아프고 몸이 힘들지만 10년 후나 60이 넘었을 때는 사는 게 좀 편해지지 않겠나. 조금만 참자. 조금 더 노력하자' 다짐하면서 당근과 채찍을 써요.

"열심히 살아줘서 너무 고맙고, 미안하다. 애썼다." 저에게 해주고 싶은 말이에요.

¶

우리 집은 누가 지었을까? 누군가 새벽부터 저녁까지 어깨, 허리, 손목, 무릎 상해가며 점심밥도 편하게 먹지 못하고, 대소변도 참아가며 소처럼 일해 지어진 집이라면 어떨까? 누군가의 노고로 지어진 집과 건물들이 많다. 그중에서도 더욱 고되고 힘든 일은 이주 노동자의 몫이다. 그들 다수는 미등록 노동자로, 우리 사회는 그들의 노동에 '불법' 딱지를 붙이면서도 그들의 노동에 기대어 산다. 한국에 입국해 목포에서 어선원으로 일하던 응우옌(응웬)반린은 노예처럼 부림을 당하고 죽을 만큼 힘들게 일하다 친구들이 있는 육지는 딴 세상이라는 걸 깨닫는다. 그것은 정해진 시간 일하고, 매일 집에서 발 뻗고 잠잘 수 있으며, 주말에 장을 보러 나갈 수 있고 친구를 만날 수도 있는 지극히 평범한 세계였다. 그는 이 한 줌의 자유를 '합법'을 포기한 뒤에야 누릴 수 있었다. 고된 노동을 달콤한 캔 커피로 달래며 버텨온 응우옌반린은 많은 미등록 이주 노동자들의 존재가 송출 비리로 인한 거액의 입국 비용과 가혹한 노동 환경, 차별로 인한 것임을 알려준다. 또한 건설 현장의 다단계 하청과 중간 착취가 건설 노동자들에 대한 정당한 대가를 가로막는다고 말한다. 19년 전 자신의 한국행을 후회한다 했지만, 지금 한국에 오는 베트남 젊은이들이 미래를 꿈꾸며 살기를 간절히 바란다. 이 글을 통해 독자들에게 그의 진심이 전해졌으면 한다.

(기록 김그루, 인터뷰 통번역 김나현)

이주 노동자가
꿈꾸는 미래

응우옌반린(가명)

제 나이는 올해 마흔이에요. 스물한 살에 한국에 왔으니까 벌써 19년 됐네요. 고향은 베트남 중부의 하띵(Hà Tĩnh)이에요. 당시 관리 업체를 통해 2005년 인천에 왔어요. 한국의 겨울바람은 매서웠지만 너무 좋았어요. 모든 게 다 이루어질 것 같았거든요. 고용허가제 어업 분야로 배정된 저는 목포에서 선원으로 일하게 됐어요.

사실 저는 베트남에서 배를 타본 적이 없어요. 한국에 오기 전에 아침에 나가서 저녁에 들어오는 배에서 선원으로 일한다고 들었어요. 하지만 실제로는 배에 고기가 가득 차기 전까지는 돌아올 수 없었죠. 보통 한번 바다에 나가면 열흘 정도 조업하곤 했어요. 처음 배 타고 바다로 나갈 때는 너무 겁이 났어요. 배에는 선장과 한국인 선원 네 명, 저 이렇게 여섯이었어요. 고등어, 조기, 우럭, 꽃게, 낙지 등 그물에 걸리는 것은 모조리 잡는 저인망 어선이었는데요. 한창 조업할 때는 24시간 동안 잠을 못 자며 일해야 했어요. 너무 피곤해서 생선 더미 위에 쓰러져 잠깐씩 잠들었다가 선장이 깨우는 소리에 다시 일어나 일하곤 했죠.

혹독한 뱃일로 시작한 한국 생활

물고기를 많이 잡지 못하면 선장과 한국인 선원들의 심한 욕설이 돌아왔어요. 배에는 생선과 오물이 뒤섞여 역한 냄새가 진동했어요. 잡은 생선을 선별하고 그물에 걸린 생선들도 하나하나 제거하는 일을 쉴 새 없이 하느라 비린내와 땀에 절었지만 배에서는 제대로 씻을 수 없었어요. 그게 너무 힘든 일이었죠.

한국인 선원들은 계속 술을 마시며 일했어요. 너무 힘드니까 그러는 것 같았어요. 그나마 한국인 선원들은 김치찌개, 된장찌개를 끓여 식사를 했지만 저는 그 음식들이 도저히 입에 맞질 않아서 맨밥에 간장을 넣고 비벼 먹으며 몇 개월을 버텼어요.

어마어마하게 고된 일이었고, 잠도 못 자며 일해야 했지만 제가 받아든 월급은 최저임금뿐이었어요. 한국인 선장과 선원들은 저에게 밥해라, 라면 끓여라, 커피 타라, 물 가져와라 하면서 노예 부리듯이 자기들이 하기 싫은 일을 다 시키니 잠시도 쉴 틈이 없었죠. 그런데도 험한 욕을 들어야 했고요. 그때 기억은 지금도 마음 한편에 두려움으로 자리 잡고 있습니다.

그때는 선주가 제 여권과 외국인 등록증을 압수했어요. 그걸 받으려고 한번은 휴대폰 개통해야 돼서 신분증 필요하다고 말했어요. 하지만 선주가 신분증을 주는 대신 자기가 개통해주더라고요. 결국 당연히 내가 갖고 있어야 할 신분증은 받지 못했어요.

너무 힘들어서 양식장이나 좀 더 나은 곳으로 가고 싶었어요.

근데 고용허가제는 일하는 곳을 바꾸려면 고용주인 선주가 허락해야 되거든요. 다른 선주들이 자기 배로 와서 일하라는 얘기 많이 했지만, 목포항에서 일 잘하기로 소문난 저를 선주는 놓아주지 않았어요. 그래서 지금 젊은 베트남 친구들한테 저는 말해요. 너무 열심히 일하면 회사 바꾸고 싶어도 사장이 절대 놓아주지 않으니까 적당히 하라고요.

그렇게 9개월쯤 지나 추석 연휴가 되어 고향 친구들을 만나러 평택에 들렀다가 부산으로 갔어요. 육지에 사는 친구들 이야기를 들어보니 완전히 다른 세상이었어요. 일하는 시간이 정해져 있고 일을 많이 하면 돈을 더 받고요. 잠도 제대로 잘 수 있고 주말에 친구들이 같이 모여 놀기도 하고요. 그렇게 부러울 수가 없었죠. 연휴가 끝났지만 목포로 돌아가지 않았어요. 여권과 외국인 등록증, 그리고 옷가지와 물건들은 목포에 그대로 둔 채로요. 선주가 전화를 많이 했어요. 다시 와서 일하라고요. 보통은 외국인 선원이 그렇게 나가버리면 선주는 출입국 사무소에 이탈 신고를 하거든요. 그런데 선주가 1년 동안 신고를 안 했어요. 제가 배에서 엄청 열심히 일했기 때문에 돌아오기를 바랐던 거예요.

알폼, 집의 뼈대를 세우는 일

목포로 돌아가지 않으면서 저는 '불법 체류자'가 됐어요. 경찰과 출입국의 단속이 불안했지만 노예 같은 생활에서 벗어날 수 있었죠. 무엇보다도 베트남 친구들과 같이 지낼 수 있었고 밤이 되면 집에서 발 뻗고 잘 수 있으니 나쁜 선택은 아니었어요. 한국에 먼저 온 고향 친구들을 따라 부산과 경남 지역 건설 현장에서 일을 시작했어요. 처음엔 잘 모르니까 친구들이 많이 가르쳐주었죠. 1~2주 지나니까 어느 정도 익숙해져서 알폼 일을 하기 시작했어요.

'알폼'은 골조 공사인데요. 건물 1층부터 꼭대기 층까지 건물의 뼈대를 만드는 일이에요. 철근 콘크리트로 기둥, 보, 바닥 등을 만들어요. 건물 벽을 세우려면 우선 철근을 심고 그다음 형틀을 만들고 '공구리'를 쳐요. 틀 안에 콘크리트를 부어서 굳히는 걸 말하는데 이때 쓰는 틀을 '알루미늄 폼(aluminium form)', 줄여서 알폼이라고 불러요. 우리는 알폼을 붙이고 떼는 일을 하는 거죠.

알폼은 무척 커요. 폭은 600밀리미터쯤이고 높이는 2450, 2650 밀리미터짜리도 있고 2700밀리미터 정도로 더 긴 것도 있고요. 이걸 설치하려면 알폼 구멍에 핀을 꽂고 나사를 박아야 해요. 망치질을 엄청 해야 해요. 그런 다음 시멘트를 붓고 굳으면 알폼을 다시 떼어내게 돼요. 이걸 '바라시'라고 해요. 떼어낸 알폼은 다음 층인 위로 올려보내는데 천장 구멍 난 곳을 통해 힘으로 밀어 올려야 해요. 아파트 건물은 1층부터 꼭대기 층까지 구조가 같아서 아래층에 사용한 알폼을 위층에 올려서 같은 위치에 붙이면 되거든요. 하루 종일 이걸 하다 보면 너무 힘이 들죠. 알폼 하나에 무거운 건 25~30킬로그램 정도 해요.

보통 네 명이 한 팀으로 작업해요. 두 명은 아래층에서 밀어 올리고 나머지 두 명은 위에서 받아서 또다시 틀을 만들어요. 그다음은 반복이에요. 완성되면 또 폼을 해체해서 위층으로 보내요. 알폼 하고 공구리 치고 바라시 하고 또 올리고 똑같이 계속 반복하는 일

알폼 작업 중인 노동자.

이에요. 15층 아파트라고 하면 1층부터 15층까지 그 일을 해요. 알폼 자체가 무겁기 때문에 건설 일 중에서도 특히 힘들어요.

알폼 일이 주 업무지만 가끔 유로폼도 해요. 유로폼 일은 알폼에 비하면 덜 힘들어요. 유로폼은 거의 지하층에 설치하고 대부분 한국 사람이 하고요. 알폼 일은 전부 이주 노동자들이 해요. 한국인들은 너무 무거워서 할 수가 없대요. 건설 현장에서 뭐든 위험하고 힘든 일은 이주 노동자들이 맡아요.

우리가 일하는 현장은 아파트가 많고 주택도 있긴 해요. 지금은 아파트 건설 현장에 있어요. 일하는 사람이 전체 3000~4000명은 될 거예요. 제가 일하는 현장에는 300~400명 정도인데 그중 베트남인으로 구성된 알폼 팀은 20명 정도 있어요. 아파트 건설은 2년 넘게 걸리지만 제가 하는 알폼 공정은 보통 6개월 정도 걸려요. 아파트 층이 높거나 맡은 동이 많으면 공정이 길어질 때도 있는데 1년 반까지 걸리기도 해요.

캔 커피로 버텨온 날들

저는 일요일 빼고는 거의 매일 새벽 4시에 집에서 출발해요. 베트남 사람들을 태워 현장에 도착하면 5시가 되고 그때부터 일을 시작하죠. 일요일은 오전 7시부터 시작해요. 휴일은 새벽부터 일하면 소음 때문에 주변에서 민원이 많이 들어오니까 늦게 시작하는 거예요. 우리 팀은 고정적으로 쉬는 날은 없어요. 비가 내리거나 태풍 올 때, 아니면 건설 자재가 준비 안 됐을 때는 일을 못 하니까 쉬어요. 그래서 한 달에 열흘에서 보름간 쉬게 될 때도 있거든요. 쉬게 되면 월급이 안 나오니까 일할 수 있는 날에는 다 일해야 돼요.

어떤 이주 노동자는 새벽 3시부터 저녁 8시까지 일하기도 해요. 지금 20대 초반으로 젊다고 해도, 그 친구들 한 5년 일하고 나면 머리부터 발끝까지 다 고장 나 있을 거예요. 허리, 어깨 등 온몸이 다 아프게 되죠. 저도 많이 아파요. 가족이 있어서 지금까지 버티는 거지 안 그랬으면 벌써 그만두었을 거예요. 여기 일 진짜 힘들어요.

여름엔 너무 뜨겁고 겨울엔 추운 데서 엄청 힘들게 하는 건설일이지만 다른 일로는 생활 유지가 안 되니까 그래도 하는 거예요. 지난여름도 많이 더웠잖아요. 아침 5시 반부터 12시까지 일하고 점심 먹고 오후 1시에 다시 시작해서 저녁 6, 7시까지 했어요. 쉬는 시간이 있어도 못 쉬어요. 오늘 하기로 한 걸 다 끝내야 하니까 안 쉬고 계속 일하게 되는 거예요. 하루에 정해진 물량을 못 채우면 그만두라고 하고 욕하고, 스트레스 많이 주고 돈도 제대로 안 주기 때문이에요. 너무 더운 날에는 오후 2시에 관리자가 큰 소리로 쉬라고 하면 15분 정도 쉬고 일했어요. 날씨가 덥고 일이 힘들다 보니까 중간에 쓰러지는 사람도 있어요. 그러면 동료들이 마사지하고 주물러서 정신 차리게 해요. 심하면 응급차에 실려 가기도 하고요.

저는 캔 커피를 많이 마셔요. 커피를 그리 좋아하지 않는데 일이 힘들어서 계속 마시게 됐어요. 예전엔 하루에 13~14개 마실 정도였죠. 물 대신 마셨어요. 담배도 많이 피웠죠. 일하다 욕 들을 때 많잖아요. 그러면 내려가서 커피 마시고 담배 한 대 피우고는 다시 올라와서 일했어요. 요즘 나이도 어느 정도 있고 경력도 쌓이고 그래서 욕은 좀 덜 먹어요. 커피도 지금은 하루에 네다섯 캔 정도만 마셔요.

욕설과 체불이 만연한 현장

최근 부도나는 건설사들이 많아요. 부도나면 땀 흘려 일한 돈을 날리는 경우가 있어요. 도와줄 지인들이 있는 사람은 어느 정도 받아내기도 하고요. 부도 때문이 아니라도 건설 현장에서 임금 체불은 자주 일어나요. 공정이 완료되는 마지막 달에 도망가는 팀장이 많아요. 최근에도 부산의 한 건설 현장에서 3개월 동안 월급을 못 받은 베트남 노동자들 이야기를 들었어요. 저도 체불당하는 일이 많았는데, 부산 현장의 어떤 소장님은 원청에서 돈을 못 받아서 그런다며 일 잘해줘서 고마운데 미안하다고, 조금만 봐달라고 사정했어요. 말없이 돈 안 주는 사람도 많은데, 그나마 상황을 설명하고 안심시켜주면 다행이죠. 사정이 많이 어렵다고 미안하다고 하시는데 어쩌겠어요. 일단은 믿고 기다리는 거죠. 우리도 어느 회사가 돈 잘 주는지, 돈 안 주는 회사가 어딘지, 그런 정보들을 다 알고 있어요.

요즘은 일당이 높아요. 하루에 13~14만 원 주면 일 안 하거든요. 벌이가 좋으니까 무리해서 일하는 경우도 있어요. 예를 들어 방 한 칸 단가가 120만 원이라면 무리하게 쉬지도 않고 늦게까지 일해서 하루 만에 그 일을 해버리는 거예요. 몸이 상하는 대신 돈을 많이 받는 거죠. 이걸 네 명이 하면 한 사람당 30만 원 정도 받으니까. 그런데 이러다 임금 체불 당하면 손해 볼 수 있어요. 노동부 가서 일당이 30만이었고 하루에 그만큼 일했다고 주장해봤자, 회사에서는 물량 기준이 아니라 하루 일당으로 고용한 것처럼 계산해버려요. 결국 본인이 일한 것의 절반도 안 되는 돈만 받게 되는 거예요.

예전에는 이렇게 물량 단위로 일하지 않았어요. 정해진 시간 동안 일하고 일당으로 받았어요. 오늘 다 못 끝내면 내일 이어서 하는 식이었죠. 그러다 회사에서 빨리 끝내라고 압박하고 욕하고 그러니까 노동자들이 그렇게 못 하겠다고 하면서 물량으로 간 거예요. 이거 하루 만에 다 해주면 얼마 줄게, 그렇게 된 거죠. 어쨌든 물량으로 하면 돈을 더 받으니까 그만큼 강도 높게 일하게 되는 거예요. 일당으로 할 때는 8시간 하면 되는 일을 물량으로 하면 12시간, 14시간씩 해야 돼요. 하청업체도 그러면 돈을 더 버니까 노동자들한테 일을 빨리 끝내 기간을 단축하도록 요구하는 거예요.

현장에서 일하다 보면 작업자가 잘못하거나 실수하는 경우도 생기거든요. 그러면 사무실 사람이 화내고 소리 지르고 욕하는 일도 많아요. ○○ 놈, ○○ 새끼 같은 욕을 지금도 들어요. 월급만이라도 제때 받으면 괜찮아요. 일 힘든데 돈도 적고 사무실에서 욕하고 월급도 늦게 나오면 힘들어요. 게다가 돈 안 주고 도망가기까지 하잖아요. 그래도 욕 계속하면 제가 참고만 있지 않아요. 건설 회사 사무실에서 원청, 하청, 팀장들이 모여 회의할 때 제가 말했어요. 우리한테 욕하지 말라고요. 다 똑같은 사람이고 우리가 없으면 당신들도 일할 수 없지 않냐고 했어요. 그랬더니 사무실 사람이 미안하다고 하더라고요. 자기도 위에서 욕먹어서 화나서 그랬다고요.

제가 알폼 현장 일을 하면서 베트남 노동자들 관리하는 역할도 해요. 몇 년 전 팀장이 임금 6000만 원 정도를 안 주고 도망갔어요. 그때 베트남 공동체 활동하는 친구랑 함께 노동부에 여러 번 갔는데 잘 안 됐어요. 팀장 집이 부산이었는데 알아보니 이미 경기도로 이사를 가버렸더라고요. 팀장은 노동부에 거짓말을 하고, 원청은 팀장한테 대금을 모두 줬다고만 했어요. 팀장이 중간에서 돈을 가로채 도망친 거예요. 결국 해결이 안 되더라고요. 그 돈은 베트남 사람들 마지막 달 월급이었어요. 그래서 결국 제가 마련해서 월급 다 줬어요. 분하고 억울했지만 다른 방법이 없었죠. 우리 팀 노동자들 가족이 베트남에 있잖아요. 그들이 베트남 고향에 계신 제 부모님 집에 찾아가서 돈 달라고 하면서 힘들게 했어요. 제가 책임을 져야 했죠. 친구와 동생들한테 급하게 돈 빌려서 해결했어요.

그 당시 정말 힘들었어요. 마침 첫째를 출산했을 때였거든요. 아내는 혼자 병원에서 아이를 낳고 집에 있을 때였는데, 저는 밤에 잠깐 들렀다가 다음 날 새벽 4시에 또 일하러 나갔어요. 그동안 몸이 망가지도록 열심히 일했는데, 그 팀장이 돈을 떼먹고 도망가버리자 내 꿈과 미래가 모두 날아간 것만 같았어요. 그때 팀장을 만났으면 제가 무슨 일을 저질렀을지 몰라요. 갓난아기가 있는데 손에 쥔 돈은 없고, 아내도 힘드니까 원망 섞인 소리를 하고요. 돈 때문에 아내랑 많이 싸웠어요. 돈 나갈 데는 많은데 빚만 쌓여버렸으니까요.

그래서 건설 현장 일이 없는 날에는 동사무소에서 일하는 친구 소개로 담배꽁초랑 쓰레기를 주우면서 일당 6만 원 정도를 받았어요. 김해에 있는 양파 농장, 토마토 농장에서도 일했고요. 악착같이 살았어요. 그렇게 해서 빌린 돈은 다 갚았고요. 가족이 살 집도 구하고 차도 사려면 열심히 일할 수밖에 없죠. 한국에 와서 몸을 돌볼 겨를도 없이 젊음을 바쳐가며 살아왔네요.

함께 싸우면 더 좋지 않을까요

건설 현장에서 일하는 이주 노동자들은 위험하고, 힘들고, 더러운 일을 맡아서 하고 있어요. 한국말이 익숙지 않다 보니까 많이 당해요. 이주 노동자가 속한 나라의 팀장이 있고 그 위로 회사가 고용한 팀장이 또 있어요. 이 사람들이 중간에 수수료를 챙기는 구조에요. 그러다 보니 정작 우리 같은 사람들은 일한 만큼 대가를 받지 못해요. 내가 보기에 원청 회사에서 내려보내는 인건비는 적은 돈이 아니에요. 그런데 하청에 하청을 거듭하고 중간에 팀장급들이 이 돈을 가져가니, 맨 마지막에 있는 이주 노동자들 임금은 얼마 안 되는 거죠. 하지만 제 입장에서는 원청에서 다 고용해야 한다고 말하기도 어려워요. 건설 현장에 미등록 노동자들이 많기 때문이에요. 미등록 노동자들은 어디에서건 합법적으로 고용되기가 어렵잖아요.

부산 지역 건설노조는 활발하게 활동하고 힘이 강한 편이에요. 최근 2년 노조의 힘이 많이 약화되기는 했지만 다른 지역에 비하면 그래도 나은 편이라고 해요. 예전에 노조가 힘이 있었을 때는 노조 팀장과 같이 일하면 월급이 조금 적어도 안심할 수 있었어요. 요즘은 현장에서 노조 힘이 약해졌어요. 노조가 집회하면 회사에서 경찰을 부른다든지 신고를 해요. 그러다 보니까 현장 소장들이 자기 마음대로 하죠. 그 밑의 팀장들이 일을 제대로 못 하면 바로 잘리는 거예요. 예전보다 일도 훨씬 더 많이 시키고요. 노조 힘이 강했을 때는 무조건 노동조합 조합원이어야 현장 일을 할 수 있었어요. 근데 지금은 반 정도만 그렇게 하고 있는 것 같아요. 옛날에는 소장이 일을 더 시키면 돈을 더 줬는데, 지금은 안 그래요. 예전엔 노조가 작업 구역을 정했는데, 요즘은 소장이 자기 마음에 드는 사람한테, 이거 해라 저거 해라 하면서 일을 줘요. 노조 위원장이랑 노조의 높은 사람들이 많이 잡혀가고 구속되더니 그래요. 건설 회사는 노조를 안 좋아해요.

한국노총 같은 경우에는 외국인은 안 받았어요. 민주노총은 이주 노동자도 가입할 수 있는데 조건이 있어요. 한국인 조합원이 반 이상은 되어야 가입이 된다고 들었어요. 노조에서는 회사와 문제가 생기면 집회를 해요. 그러면서 우리에게 "내일 집회 있으니까 너희는 나오지 마라" 하고 통보하죠. 한국인들이 집회하는 동안 우리는 일을 못 하게 되니까 일당이 없잖아요. 건설노조에서 집회하면서 회사한테 임금도 올려달라고 하고 노동자 권리를 요구하지만 이주 노동자한테는 아무것도 없죠. 노조가 투쟁해서 얻어내더라도 그것은 노조원들 몫이고 우리는 일도 못 하고 임금도 못 받으니까 별로 안 좋아요.

다른 지역에서는 노조가 건설 회사에 들어가서 미등록 몇 명 있는지 찾아보고 불법 체류로 신고를 해요. 노조에서 건설 현장 출입구에 지키고 서서 이주 노동자들 신분증 검사하고 미등록이면 신고하고 잡으러 가기도 하고요. 단속하라고 집회도 합니다. 대구랑 서울 쪽에 그런 일이 많다고 들었어요. 그래서 대부분 건설 현장 미등록 노동자들은 노조를 안 좋아하고 두려워해요. 하지만 노동조합은 노동자 편이잖아요. 회사가 이주 노동자들에게 안 좋게 대우하고, 임금 떼먹고, 욕하고 차별하는 것들을 노조가 막고 힘이 되어주면 좋겠어요. 그러면 건설 현장 이주 노동자들도 노조에 많이 가입할 것 같아요. 다 같이 싸우면 힘이 더 세지지 않을까요.

불법이고 싶은 사람은 없어요

건설 현장 일이 위험하고 고달프다는 건 누구나 다 알죠. 그중에서 베트남 사람은 대개 비자 없는 미등록 노동자들이거든요. 그런데 이 사람들 돈 많이 내고 한국에 왔어요. 몇백만 원 정도로 생각하지만 보통 3000만 원 이상 들어요. 돈을 많이 들여서 한국에 왔기 때문에 건설 현장이 위험하지만, 그래도 돈을 더 벌 수 있으니까 알면서도 일하는 거예요.

미등록 이주 노동자들은 건강보험이 안 되니까 병원비 많이 들어도 어쩔 수 없어요. 조금 다치면 그냥 약 먹고 심할 때나 병원에 가요. 심하게 다치면 회사에 얘기하는데, 치료와 보상이 안 된다면서 일부만 지원해주는 경우가 있고요. 일하다 사고 났을 때 받는 보상은 어떤 회사, 어떤 소장을 만나느냐에 따라 달라져요. 사망 사고라면 그나마 산재 보상을 받을 수 있고요. 제일 운이 나쁜 사람들이 의식 불명 상태에 있는 이들이에요. 제가 들어서 알고 있는 베트남 사람만 20~30명이나 돼요. 그런 경우 병원비가 엄청 들어가요. 회복도 안 돼서 나중에는 베트남 가족들이 있는 곳으로 보내지는데 2~3년 있다가 그곳에서 사망하는 경우가 대부분이죠.

건설 일 하다 사고 났다는 소식은 지금도 계속 듣고 있어요. 아는 동생이 일하다가 다쳐서 손가락 봉합 수술을 했는데 회사에서 수술비 정도는 줬대요. 두 달 정도 일을 못 했는데 어쨌든 식대는 대주고 그랬대요. 다행이죠. 다른 친구도 일하다 다리를 다쳤는데 소장이 병원비에다 100만 원 정도 더 얹어 줬다고 해요. 미등록이라 산재보험으로 보상 못 받아요.[7] 미등록은 안 받아주는 병원도

---

7   현행법상 미등록 이주 노동자라고 하더라도 산재보험 처리가 가능하나 이주 노동자가 해당 사실을 모르는 경우가 많고, 알더라도 자신의 신분을 드러내는 것에 대한 부담으로 산재보험을 요구하지 않는 경우가 많다. 건설 회사 입장에서는 산재 사고 자체를 공식화하기를 원치 않을뿐더러 미등록 노동자 고용에 따른 처벌을 우려하여 산재보험 처리를 기피한다.

있고, 꼬치꼬치 캐묻는 데도 있고요. 요즘은 신분증 검사를 하니까, 그런 것 때문에도 상당히 어려워졌어요. 병원비가 너무 많이 나와 어려운 친구가 있으면 공동체에서 모금도 하고 성당에 있는 노동상담부에 가서 도움을 요청하기도 하고요.

나도 결혼 전까지 미등록으로 오래 살았어요. 다시 비자를 받기 위해 등록할 때는 서류비와 미등록 기간의 벌금 약 3000만 원 정도를 출입국 사무소 가서 냈어요. 건설 현장에서 일하는 이주 노동자는 대부분 비자가 없어요. 그래서 단속이 나오면 도망가야 하죠. 옛날에는 출입국에서 바로 현장을 단속했어요. 근데 그렇게 하면 사람들 뛰어내리려서 다치고, 죽고 해서 이제 금지했죠. 지금은 문 밖에서 출입국 단속반이 기다리거나 아니면 식당에서 밥 먹을 때 단속해요.

아는 형님은 머물던 곳에 단속 팀이 들이닥쳐서 피하려고 3층에서 뛰어내렸다가 다리 하나가 다 부서졌어요. 이웃에서 시끄럽다는 신고를 받고 경찰이 출동해서 형님이 있는 숙소 방마다 노크하고 다녔는데, 겁을 먹고 뛰어내렸던 거예요. 천만다행으로 다리만 그렇게 됐어요. 공사 현장에서 추락해서 뇌사 상태가 되는 경우도 많이 봤어요. 형님이 수술하고 치료 중인데, 앞으로 어떻게 해야 할지 막막한 상황이에요. 내가 우리 집 근처에 방 하나 얻어줬어요. 병원비 보태라고 돈도 빌려주었고요. 고향에 있을 때도 이웃이어서 가깝게 지낸 형이에요. 일단 형님 다리가 잘 회복되는 게 우선이니까 외래 치료하고 있어요. 보름에 한 번씩 병원 가서 검사하고 치료하고 약 타고요. 아직 휠체어 타고 이동하는데 한 4개월 후에는 재활 치료할 수 있다고 해요. 고향 사람들이 한국에 많이 왔는데, 외면할 수 없어요.

존재하는 노동을 인정해주기를

많은 사람이 불법 체류라고 불리는 삶을 살고 싶어 하지 않아요. 고향에도 왔다 갔다 하고 싶죠. 하지만 한국에 올 때 브로커한테 주는 돈이 너무 많고요. 월급은 적고 일은 힘들고 해서 이탈하는 사람이 많이 생겨요. 지금 한국하고 베트남은 정부 차원에서 미등록 노동자 수를 줄일 방법을 찾고 있어요. 베트남 방송에서도 이런 이야기가 나와요. 특히 베트남은 오려는 사람이 많아서 브로커들이 중간에 끼다 보니 문제가 심각해요. 제 생각에 민간 알선 업체가 아니라 노동부를 통해서 정식으로 입국하게 하면 될 것 같아요. 비행기 표 사고 처음 와서 생활할 돈 정도만 있어도 그렇게 많은 사람이 이탈하지는 않을 거라고 생각해요. 알선 업체나 민간 센터들 통해서 오니까 문제가 많이 생겨요.

요즘 유학생도 많이 오잖아요. 유학생도 한국 돈으로 2000~3000만 원을 들여서 오거든요. 그 돈이 어디 있겠어요. 다 빌려서 오는 거고 그 돈 갚아야 하니까 돈을 더 벌려고 이탈하고, 그렇게 미등록이 되는 거예요. '불법 체류'로 숨어 지내고 도망 다녀야 하는 미등록 노동자들이지만, 지금 한국에서는 그 노동자들 없이 집, 사무실, 아파트 지을 수 없어요. 정부에서 이들의 노동을 인정하고, 합법적으로 체류할 수 있게 해주면 좋겠어요. 세금이라든지 보험료 같은 것들을 납부하라고 하면 많은 사람이 성실히 따를 거예요.

그런 방법도 시도해볼 수 있는 거잖아요.

한국에 일하러 오는 사람들에게 돈만 받아 챙기는 브로커들 없애고 건설 현장에서 일도 안 하고 중간에서 돈만 떼 가는 사람들도 없애야 해요. 위험하고 힘든 건설 현장에서 몇 년째 열심히 일하고 있는 미등록 이주 노동자들에게 비자 주고 일한 만큼 월급 받을 수 있게 해주면 좋겠어요.

가족, 지금껏 버틸 수 있었던 힘

베트남 내 고향은 자연환경이 척박한 편이고 중부에서는 제일 가난한 동네거든요. 집안 형편이 너무 안 좋으니까 부모님 부양하고 동생들 교육시키려고 한국에 왔어요. 내가 장남인데 동생들이 여섯이나 있어서요. 5년 전 한국에서 베트남 여성과 결혼했고 아이 둘이 있어요. 장모님도 같이 살고 계시고요. 가족이 있으니 돈이 많이 필요하고 공장에서 일하는 걸로는 부족하니 계속 건설 일을 해왔던 거예요.

한국 사람들이 그동안 돈도 많이 벌었을 텐데 나보고 왜 힘들게 계속 일하냐고 물어요. 아내와 아이들 위해서 일해야 하니 쉴 수가 없어요. 베트남에 계신 노부모 생각도 안 할 수 없고요. 끊임없이 돈 들어가는 일이 많아요. 사람들이 사정을 몰라서 그렇게 얘기하는데, 일해도 일해도 돈이 부족하네요. 한국에서 태어났으면 모르겠는데 베트남에 살다가 여기 온 거니까 돈을 벌려면 그만큼 피와 눈물을 흘려야 되는 거죠. 젊었을 때는 그래도 아무 생각 없이 일할 수 있었는데 지금은 가족이 있잖아요. 견딜 수 있는 그 힘이 있으니까 버티는 거예요. 아직은 괜찮지만 3~4년 후에는 일을 바꿔야 할 것 같아요. 아이가 초등학교 들어가면 함께 시간을 많이 보내야 할 것 같아서요.

애들은 한국어도 하고 베트남어도 해요. 첫째가 두 살 됐을 때 베트남에 보냈다가 한국으로 데려온 지 얼마 안 됐어요. 고향에서 베트남 문화와 언어를 배우도록 했어요. 한국에 오고 난 뒤에는 선생님이 일주일에 한 번 와서 한국어 가르쳐주고 있어요. 나하고는 베트남말도 하고 한국어도 하고 그래요. 일 마치고 집에 와서 내가 한국어로 "아들, 밥 먹었어?" 말하면 아들이 베트남어로 "또이 안껌 Tôi chưa ăn cơm(아직 안 먹었어요)" 이렇게 답하는 거죠. 한국어로 말하면 척하니 알아듣고 베트남어로 대답하고 그 반대로도 하고 그래요. 나는 일할 때 쓰는 전문 용어들은 잘 알지만 한국어로 쓰인 글은 읽기 힘들어요. 그동안 공부할 시간이 없었어요.

약 18년 동안 부산에 계속 있다 보니 친구도 많고 베트남 사람들 간의 네트워크도 있어요. 베트남 공동체나 고향 친구들과 가깝게 지내고 있고요. 일요일마다 사상구에 있는 성당에 가는데 거기서도 베트남 사람들을 많이 만나요. 베트남 중부 지역에서 온 이주 노동자들이 워낙 많기 때문에 명절에 같이 모여서 놀고 얘기해요. 어떻게 지내는지, 별일 없고 건강은 괜찮은지 안부를 나누고, 베트남 음식 해 먹고 커피 마시고 술도 마시고요. 명절에 몇백 명씩 모이니까 준비를 잘해야 해요. 숙소를 잡아야 되고 먹고 마실 것도 준비해야 하니 만만한 일이 아니에요. 제가 주도하고 대여섯 명 정도가 함께 준비해요. 쉽지는 않지만, 그래도 사람들이 좋아하니까 계속하고 있어요.

핑크빛 코리안드림은 없다

지난여름 많이 더울 때 2주 정도 쉬었어요. 공사하던 현장 일도 다 끝났고 날씨도 많이 더웠고요. 그때 아이 둘 데리고 베트남에 2주 다녀왔어요. 3년 만에 간 거였는데 역시 고향이 좋더라고요. 여동생하고 친척들이 고향 마을 근처에 다들 살고 있으니까 만나서 놀고, 집에서 부모님과 시간을 많이 보냈고요.

저는 7남매 중 장남이에요. 가정 형편이 어려워서 어렸을 때부터 일을 많이 했어요. 초등학생 때도 오전에 학교 다녀와서 오후에는 아이스크림 통을 등에 지고 팔러 다녔고, 중학생 때는 장작을 구해오면 어머니가 군불을 때어 술을 만드셨어요. 술을 만들고 남은 거는 돼지 먹이고요. 당시 가난한 우리 마을 아이들은 다들 그렇게 집안일 도우며 일찍 철이 들었지요. 나중에 커서 이런 사람이 되어야지, 하는 그런 장래 희망을 꿈꿀 틈도 없이 먹고살기 위해 바쁘게 어린 시절을 보냈어요. 그러다 스무 살이 넘어 뒤늦은 꿈을 꾸며 한국에 왔던 거예요.

저는 나중에 고향에서 살고 싶어요. 한국에서 오래 살았는데도 여전히 힘들어요. 베트남에서는 일을 적게 하는 편이니 몸이 덜 힘들 거고요. 부모님과 동생들, 친척들도 같이 얼굴 보며 살 수 있으니까 좋죠. 그렇지만 아내는 한국에서 살고 싶대요. 저도 아이들 미래를 생각하면 한국이 더 좋은 것 같아요. 교육도 그렇고 의료랑 복지도 더 좋으니까요. 사회가 더 안전한 것 같고요.

베트남 있을 때는 한국에서의 삶을 핑크빛으로 꿈꿨는데 와 보니까 그렇지 않았죠. 나는 고향 친구라든지 친척들한테는 솔직하게 얘기해요. 많은 빚을 내서 한국에 오면 3년 정도 뼈 빠지게 일해야 갚을 수 있다, 그 후로는 몸이 망가지기 시작한다, 근데 벌어놓은 돈이 없으니 일을 계속해야 해서 너무 고달프다는 얘기를 합니다. 베트남 사람들은 이걸 잘 몰라요. 인력 알선 업체들이 한국에 가면 돈 많이 벌 수 있다고 유혹해서 그래요. 베트남 사람들은 한국 가려면 큰돈이 들지만 1년 정도 일하면 갚을 수 있겠다고 계산해요. 근데 막상 와 보면 아닌 거죠. 건설 현장에서 한 달에 많아야 22일 정도 일하거든요. 비 오면 일 안 하고 공사 하나 끝나면 쉬는 기간이 생겨요. 몇 달 동안 일이 없는 경우도 있어요. 그런 상황을 모른 채 그저 엄청 좋다고만 생각하고 한국에 오는 거죠.

제일 안타까운 게 베트남에서 온 젊은이들이에요. 그들 역시 핑크빛 미래를 꿈꾸며 한국에 왔는데 현실은 다르잖아요. 그 친구들은 나 젊을 때하고는 또 다르잖아요. 제조업이나 건설업 일은 힘들어서 못 하고 쉽게 나쁜 길로 빠지는 경우가 있어요. 보이스피싱이라든지, 도박이나 마약 같은 것 말이에요. 같은 베트남 사람에게 사기를 치는 일도 벌어지고요. 이를 계속 내버려두면 5년, 10년 후에는 진짜 더 힘들어질 거예요. 사람들이 한국에 오는 목적은 다들 잘살려는 거잖아요. 그래서 한국에 먼저 와서 고생한 내가 도움을 주고 싶어요. 문제가 생기거나 어려움이 있다면 연락해주세요. 내가 할 수 있는 일이 있다면 도울 거예요.

저는 한국에서 미래를 꿈꾸기 어려웠어요. 한국에서 일하며 살

앉던 19년간 저는 그냥 소처럼 일했어요. 새벽 4시에 일어나 5시에 현장 올라가요. 일하다 12시에 밥 먹고 10분 쉬고 다시 저녁 7시까지 일해요. 집에 가서 8시 반에 밥 먹고 샤워하고 밤 10시에 잠자고 다음 날 같은 시간에 일어나죠. 다음 날도 그다음 날도 똑같이 그랬어요. 새벽같이 일어나 어두워질 때까지 일했죠. 그리고 5, 6년이 지나니까 안 아픈 데가 없게 됐어요. 돈은 조금 벌었지만, 건강을 팔고 젊음을 판 대가인 것 같아요. 다시 선택하라고 하면 아마 한국에 오지 않을 것 같아요. 지금 한국에 오는 젊은이들은 달랐으면 좋겠어요. 미래를 꿈꾸며 살 수 있었으면 해요.

¶

고교 선배 제안으로 중장비 기사가 된 정정길 님은 여느 건설 노동자처럼 과거 긴 근무 시간과 임금 체불 문제에 시달렸다. 그러다 노동조합이 생기고 나서 삶이 달라졌다. 이전보다 근무 시간도 줄고 체불도 적어지고 남들 쉴 때 쉴 수 있게 됐다. 그러나 윤석열 정부가 들어서면서 어렵게 쌓아 올린 성과가 무너져내렸다. 불과 3년 사이에 벌어진 일이다. 다른 곳도 아닌 정부가 건설노조를 범죄자 집단으로 매도했다. 그는 건설업체를 상대로 한 협박 등 혐의로 구속되기까지 했다. 끝내 재판에서 유죄 판단을 받았다. 그를 범죄자로 만든 정부에 희망이 있을 리 없다. 새 정권에서 그간 노조가 공들였던 탑을 복구하고 다시 제대로 쌓아나갈 수 있기를 바랄 뿐이다.

(기록 최석환)

정당한 노조 활동으로
되찾을 명예

정정길(부산울산경남지역본부 본부장)

저는 경상남도 하동군 진교면에서 나고 자랐어요. 형제는 누나 둘, 여동생 둘, 이렇게 다섯이에요. 제가 딱 중간인 셋째죠. 식구가 많은 데다 다들 넉넉하지 못한 환경에서 자랐어요. 집안 형편이 좋지 않아 늘 부족함이 많았어요. 그때는 여느 집이나 여유 있게 살던 시대가 아니었으니까요. 바다와 접한 고향에서 어려우면 어려운 대로 초등학교부터 고등학교까지 쭉 다녔어요.

학창 시절 꿈이랄 게 딱히 없었어요. 공부에는 관심이 없었고 놀러 다니기 바빴어요. 무언가에 관심을 두거나 딱히 흥미를 느껴 본 적도 없었어요. 다만 언젠가 무언가를 잘 해내는 사람이 돼야겠다는 생각만큼은 늘 마음속에 품고 지냈어요. 어려서부터 성격이 유쾌하고 활동적이라는 말을 자주 들었어요. 단체 활동을 좋아했고, 여럿이 모이면 자리를 주도하는 편이었어요. 친구나 가족들은 저를 강직한 사람으로 봐주기도 했던 것 같아요.

부모님은 농부였어요. 벼농사, 논농사, 밭농사를 지으셨죠. 저는 농사일을 이어서 해야겠다는 생각은 하지 않았어요. 공부도 안 하고 놀기 좋아하는 학생이 농사에 관심이 있었겠어요? 그래도 집에 아들이 하나뿐이라 안 도울 수는 없었어요. 그래도 돌이켜보면 일하기 싫어서 밖으로 나돈 때가 훨씬 많았어요. 학교에 안 갈 때면 친구들이랑 물놀이도 하고, 멀리 진주에 나가서 영화도 보고 그랬어요. 주말에 남해에 가서 친구들과 뱃놀이도 했었죠. 그때는 철이 없었어요. 놀기 바쁜 학생이었어요.

학교 졸업 후 입문한 중장비 세계

고교 졸업 후에는 잠깐 건설 현장에서 아르바이트한 적이 있었어요. 그때 같이 일하던 고교 4년 선배이자 같은 마을에서 자란 친한 형이 그러더라고요. "굴착기 한번 해봐"라고요. 어차피 할 일도 없었고, 도와주겠다고 하니까 한번 해보기로 마음을 굳혔어요. 그러고서 부산 범내골 로터리 맞은편에 있던 한 중장비 학원을 끊었어요. 하동을 떠나 부산으로 다니면서 두세 달 만에 굴착기 자격증을 땄어요. 그 후로 다시 고향으로 돌아와서 진주, 남해, 사천 등 서부 경남 지역 현장을 쫓아다녔어요. 하동 집에서 오전 5시 반, 6시면 나왔어요.

경력이 없다 보니 현장에서 직접 장비를 몬 건 아니고 옆에서 단순 작업만 배웠어요. 남해 쪽은 피조개 양식장에서 쓰는 황토를 굴착기로 퍼다가 뿌리는 객토 작업 현장에도 갔었어요. 그걸 해야 피조개가 잘 자란다고 하더라고요. 사천 공단 현장도 가고 그랬지만, 보수는 거의 없다시피 했어요. 한 달에 담뱃값과 소주 한잔 마실 정도의 용돈만 받았어요. 현장에서 밥을 먹여줬어도 사실상 무급으로 일한 거나 다름없죠. 하동 본가에서 일터까지 6~7개월을 왔다 갔다 했으니까 힘들었지만, 재밌게 일한 편이었어요.

고교 졸업 후 1년쯤 뒤에 입대했어요. 그 당시 군 복무 기간이 36개월 정도였는데요. 육군 논산훈련소에 있다가 경기도 포천으로 자대 배치를 받았어요. 중장비를 다루는 공병 부대였습니다. 복무 중에 굴착기, 불도저, 페이로더[8], 이렇게 세 가지를 다뤘어요. 장비로 흙을 덤프에 실어주고, 또 그걸 도로에 까는 게 주된 업무였어요. 일이 정말 많았어요. 포천 말고도 강원도 철원 일대까지 출장 다닐 정도였으니까요. 장비를 오래 타면서도 사고가 난 적은 없었고, 다친 적도 없었어요. 공병대 생활이 마음에 들었어요. 보통 군대는 통제선 안에서 생활하잖아요. 그런데 저는 밖에 다닐 수 있었잖아요. 다른 병과에 비해 생활이 자유로웠던 셈이죠. 그래서인지 이 일에 거부감도 전혀 없었어요.

숙련공이 되어 맞은 개발 호황기

군 제대할 무렵부터 무얼 하면서 살지 고민이 깊어지기 시작하더라고요. 고민 끝에 굴착기를 계속해보자고 마음먹었어요. 본격적으로 기사 일을 시작한 게 1989년 9월인데 그때는 굴착기 기사가 현장 안팎에서 예우가 좋던 때였어요. 다른 직장인에 비해 돈도 많이 받았습니다. 한 달에 많게는 30~40만 원 정도씩 벌었어요. 당시 현대자동차 직원 월급이 20만 원이었던 걸로 기억해요. 집에서

---

[8] 앞에 달린 큰 버킷으로 흙이나 자갈을 트럭에 싣는 장비. 현장에서 '페로다'로 불린다.

도 반대가 크게 없었고요. 다만 누나는 저보고 막노동하지 말라며 현대자동차 인사과에 입사를 추천했다고 하더라고요. 결과적으로 잘되지는 않았죠.

중장비 업계는 임대업 사업자 밑에서 일을 시작하는 구조예요. 처음엔 직접 장비를 사서 시작하지 않고요. 돈 있는 사람들이야 3~5대씩 갖고 하지만, 처음부터 그렇게 하는 사람은 드물어요. 장비를 여럿 가진 사람이 월급 주고 사람을 고용해서 현장에서 기사로 부리는데, 저 역시 그랬습니다. 하동을 떠나 울산에서 일을 본격적으로 시작했고, 알음알음 선배들과 연결됐어요. 난도 높은 업무도 많았지만 자연스럽게 실력이 늘었어요. 야간까지 일해야 할 만큼 바빴기에 그만큼 업무 능력을 키울 기회가 많았습니다. 아르바이트식으로 용돈 받는다 생각하고 일했는데, 어느 날부터 월급제로 임금을 받았어요. 그때부터는 스스로에 대한 책임감이 커졌어요. 그러다 1993년부터는 부산으로 근거지를 옮겼어요.

굴착기 숙련공이 되기까지 2년 정도 걸려요. 저도 그 정도 일해서 숙련공이 됐어요. 과거에는 주야로 일을 돌리는 경우가 많았어요. 장비 한 대에 기사 한 명, 부기사 한 명씩 붙이기도 하고요. 일이 많으면 초보 한 명 끼어서 두세 명씩 같이 다닐 수 있는 여건이 됐어요. 지금은 숙련공 한 명만 일하는 구조예요. 부기사를 현장에 못 둬요. 같이 있으면 돈이 더 나가니까 그런 건데, 예전에는 부기사를 두고 월급, 밥값과 교통비를 지급했어요. 소주 한잔할 수 있는 건설기계 수당을 주는 곳도 있었는데, 월급은 별도였고요.

굴착기는 공사 현장에 맨 먼저 투입되는 중요한 장비예요. 예를 들어 아파트 공사만 해도 터를 닦아야 그 위에 건물을 올릴 수 있잖아요. 현장으로 이어지는 길도 필요하고요. 그래서 공사 시작은 공사 장비, 차량, 덤프 등이 들어갈 수 있도록 바닥을 긁어내고, 파내고, 깎아내는 데서 시작합니다. 건물 기초 작업을 할 때는 터를 파고 여기서 나온 흙을 옮기는 토사 작업을 해요. 이런 초기 작업에 투입되는 것이 굴착기예요.

기사가 됐을 무렵은 개발 시대이다 보니까 도로 공사가 정말 많았어요. 산을 파고 깎아내서 도로를 낸다든지, 터를 닦는 작업이 늘 있었죠. 굴착기 기사를 찾는 현장이 정말 많았어요. 반면 건축 현장은 많이 없었어요. 지금이야 대규모 아파트 단지가 많지만, 그때는 아니었어요. 노동 시간 개념이 아예 없었어요. 장시간 노동하던 때라 하루에 10~12시간 일하는 날도 부지기수였어요. 그때는 젊었고, 주변에서도 다들 그리 일했으니까 참고 했죠. 그래도 할 만했어요. 업무 자체가 힘들긴 해도 기진맥진하거나 그런 적은 없었어요. 수당을 많이 받지 못하고 일할 때가 많아도 그냥 넘어갔어요. 당시는 대기업에서나 시간 외 수당을 줬지, 그 이하 업체에서는 잘 주지 않았거든요. 그래도 다들 문제 삼지 않고 흘러갔어요. 일이 바빠서 가족과 함께할 시간이 적었어요. 그래도 굴착기 일 자체는 하면 할수록 괜찮았어요.

중장비 노동 시장의 불안정성

임대 사업자 밑에서 일하다가 1994~1995년쯤 처음 장비를 샀어요. 13톤짜리 굴착기였어요. 30년 전쯤으로 그때는 한 6000만 원 정도 됐겠네요. 지금은 1억 7000만 원 정도 합니다. 굴착기 같은 장비는 쓰면 쓸수록 노후화되기 때문에 바꿔야 해요. 저는 6~7년 주기로 교체했어요. 그렇게 사장이 되었는데 삶은 이전과 크게 다르지 않았어요. 정말 열심히 일했는데 돈을 못 받는 건설 현장도 많았어요. 저도 여러 차례 임금 체불을 경험했죠. 공사 업체가 부도나서 임금이 아예 날아간 적도 있고요. 이 일 하면서 한 번도 체불을 겪어보지 않은 사람은 없다고 보면 돼요.

2004년도 즈음은 체불 피해가 잦았어요. 피해가 가장 컸던 현장이 두 곳이었어요. 하나는 부산시 부산진구 인쇄 골목 상가 빌딩, 다른 하나는 부산 부산진구 초읍동 상가 빌딩이었어요. 제가 굴착기 두 대 가지고 있었는데요. 책임지고 데려온 사람만 여덟 명 정도였어요. 두 곳 현장을 합해서 못 받은 돈이 1억 가까이 됐어요. 덤프 네 명, 굴착기 세 명, 내 장비 한 명 등 여덟 명이 돈을 못 받았어요. 건설사 대표 두 명이 모두 사기죄로 구속됐어요. 그러면 돈 받을 방법이 없잖아요. 같이 일한 사람들은 동생이고 친구고 다 아는 사이인데 어쩌겠어요. 제 통장을 탈탈 털어서 나눠주었죠. 이 문제로 당시 굴착기 두 대를 처분했습니다. 전 재산 털어서 만든 돈이 8000만 원 정도였어요. 그중에서 7000만 원을 여덟 명에게 줬어요. 다들 먹고살아야 하니까요. 막상 그러고 나니 참 막막하더라고요. 여윳돈이 없는 데다, 가진 것도 없고 생활비도 부족했어요. 하루 벌어 하루 사는 하루살이 신세를 면할 방법이 없었어요. 힘든 시절이었습니다.

어머니가 소개해준 지금의 아내와 1996년도에 결혼하고 나서

딸 하나, 아들 하나를 얻었거든요. 일이 바빠서 가족과 같이 보낸 날은 많지 않았어요. 주로 바깥에서 시간을 보냈죠. 그래도 열심히 살려고 노력하다 보니 그런대로 잘 살아지더라고요. 집에서도 제 일을 인정해줬어요.

경비 절감에 내몰린 노동 안전

현장 상황은 열악합니다. 다들 일이 얼마나 많은지 쉬지 못해요. 휴게 시설, 휴식 시간이 필요한데 이런 사정이 전혀 고려되지 않아요. 휴식 시설이 있더라도 건설기계를 다루는 현장 노동자들에게는 적용이 안 되기도 해요. 중장비 기사들은 한번 장비에 올라가면 내려오기 힘들었어요. 여건상 그래요. 500세대 아파트 공사 기준 5~6개월이 걸리고, 건축은 많으나 적으나 층별로 진행되니 2년 정도면 끝나거든요. 이렇게 공사가 진행되는 동안 과거나 지금이나 휴식 시간은 잘 보장되지 않고 있어요.

법적으로 4시간 근무면 30분 이상 쉴 수 있게 되어 있어요. 8시간 근무일 때는 1시간 이상 휴게 시간을 줘야 하고요. 휴게 시간은 건설 일용 노동자가 자유롭게 이용할 수 있다는 규정도 있습니다. 이를 어기면 2년 이하 징역이나 벌금도 가능하지만 현장에서는 잘 지켜지지 않아요. 제가 이 일을 시작한 게 1989년이니까 36년 됐는데, 그동안 개선이 이루어지기는 했어도 그 속도가 무척 더디게 느껴져요.

기사들은 밥 먹을 때나 되어야 장비에서 내려올 수 있어요. 담배 한 대 피울 시간도 없어요. 흡연장까지 거리도 멀고, 가는 길에

중장비 노동자의 휴식 시간 보장이 시급하다. 사진은 현장 작업 중인 불도저와 굴착기.

안전이 확보되지 않은, 그러니까 안전 통로가 없는 곳도 허다해요. 현장이 안전하지 않은 것도 문제예요. 자꾸 사고가 납니다. 저도 장비에 오르다 미끄러져서 팔목에 금이 간 적이 있어요. 개인의 부주의 탓이 아니에요. 구조적인 측면이 큽니다. 공사비가 올라가다 보니 안전 관리비에 들이는 돈이 줄었어요. 그런 식으로 경비 절감을 하다 보면 문제가 생길 수밖에 없어요. 공기 단축으로 이익을 남기려고 서두르다 사고가 발생하기도 하고요.

또 하나는 장비 임대료 지급 보장입니다. 저희가 받는 임금이나 다름없는데 이걸 제때 안 줄 때가 많아요. 건설기계 표준 임대차 계약을 하고 나면 보증보험까지 해서 임대료를 완전하게 보장해야 하는데, 현실은 안 그래요. 저희가 정부에 법을 강화해서라도 보호해달라고 계속 요청해도 안 합니다.

먹고살기 어려워서 가입한 노조

노동조합 전에 연합회를 했었어요. 중장비를 다루는 사람들이 모인 단체였죠. 연합회에서 가장 먼저 한 요구가 8시간만 일하자는 것이었어요. 근무 시간이 너무 길었으니까요. 그러다 흐지부지됐고, 그러다 노조에 가입했어요. 계기는 임금 체불과 안전 문제, 두 가지였어요. 업체와 합의도 제대로 안 되고 대책 마련이 시급하다고 느꼈어요. 어음 결제는 현금과 달리 나중에 대금을 받는 식인데, 발행 회사가 부도나면 돈 받을 길이 없더라고요. 그런 일이 계속되니 더는 안 되겠다고 생각했죠. 못 먹고 못 살겠어서 방법을 찾다가 노조로 뜻이 모인 거예요.

노조에 가입한 뒤에는 확실히 상황이 바뀌기 시작하더라고요. 무엇보다 근무 시간이 현저히 줄었어요. 8시간 외에 추가로 일하는 부분은 수당으로 받을 수 있고요. 결제 조건도 좋아졌어요. 고용해서 사람을 썼으면 돈은 60일 안에 지급하기로 했는데, 이 기한을 넘기면 현장에 가서 투쟁해서 돈을 받았어요. 노조는 일자리 창출도 많이 했어요. 우리 조합원들 더 써달라고 요구하면 현장에서 많이 받아줬어요. 또 안전사고가 나면 업체가 책임을 지도록 요구하고 투쟁했습니다.

건설사 갑질도 줄었어요. 우리 스스로 건설사와 싸워서 해결해 가는 중이었습니다. 언론에서는 우리더러 '떼법'이라고 하는데, 정말 그런가요? 우리가 돈을 더 달라고 한 것도 아니에요. 일한 만큼 달라는 거였어요. 활동력이 왕성해지니까 노동조합원 장비 투입 비율은 갈수록 높아졌어요. 모두 정부가 한 게 아니에요. 우리 힘으로, 우리 스스로 해결했습니다. 투쟁해서 체불도 줄였고요. 체불이 발생하지 않도록 건설기계 보증보험 제도도 만들었어요. 아직은 미비한 상황입니다. 체불액 100% 환수가 안 돼요. 정부에 이를 개선해달라고 요구해도 눈도 깜빡 안 했어요. 언젠가는 민주노총 말고도 한국노총 안에 건설 업종 노조가 생기고, 다른 여러 노조가 만들어졌어요. 중장비 기사들이 모인 연합회도 부활했는데, 이들 간에 대립도 있었어요.

졸지에 개인 사업자가 된 노동자

2023년 초 두산건설, GS건설, 정인건설 등 건설업체 총 일곱 곳이 강요, 특수공갈, 업무방해, 협박, 이렇게 네 가지 혐의로 저를 경찰에 고소했어요. 사하경찰서와 부산경찰청에 나눠서 소장이 접수됐어요. 우리 노조 조합원들 좀 써달라고 업체들에 이야기한 걸 법적으로 문제 제기한 거죠. 같은 혐의로 양산경찰서에 들어온 건은 불송치, 다른 한 건도 더 있는데 그것도 불송치됐어요. 2심 재판까지 이어졌고, 항소 기각 끝에 형이 확정됐어요. 징역 1년 2개월에 집행유예 2년형이 나왔어요.

재판부는 공사 현장을 막고 레미콘 공급을 중단하는 등 행위로 공사 업무를 방해했다는 점, 사측에 노조원 채용을 압박한 점 등 범행 경위와 내용이 가볍지 않다고 했어요. 피해자들에게 용서받지 못했다는 말도 했고요. 다만 문제가 된 사실관계를 인정했고 초범인 점 등을 이유로 징역형 집행유예로 끝낸다고 판결하더라고요. 2023년 3월 12일쯤 구속돼어 부산구치소에 있다가 같은 해 8월 9

일에 출소했어요.

구치소 생활은 뻔한 거 아닙니까? 조사받으러 다니면서 항의하고 다투고 그랬죠. 괴롭다기보다는 그때는 뭐 절박했으니까요. 조사 거부도 했어요. 불러도 안 나가고요. 경찰 조사 후 혐의가 인정되어 검찰로 넘겨졌고, 검찰에서도 문제가 있다고 봐서 기소한 건데 사건이 두 건이잖아요. 병합을 안 시켜줘서 부산지방검찰청과 서부지청을 왔다 갔다 했어요.

사건 공소 사실 요지를 단순화하면 이런 얘기예요. 민주노총 건설노조 간부인 제가 사측에 조합원 장비만 고용하라고 요구하고, 요구가 받아들여지지 않으니까 집회, 작업 거부 등 수단을 동원했는데 이것이 공갈, 강요, 업무방해라는 거예요. 공소장에는 우리가 민주노총 장비만 100% 고용하라고 요구한 것으로 기재돼 있어요. 그런데 그런 적이 없거든요. 정확히는 민주노총 조합원 장비도 고용될 수 있도록 교섭 안건에 포함해달라고 요구한 것이었죠.

우리가 사측에 맞서 집회하고, 작업 거부를 했습니다. 중간 착취하는 사람들에게 일감을 몰아주는 것에 항의했어요. 이는 노조법상 정당한 노동조합인 민주노총 건설노조를 교섭 상대로 인정하라는 요구이기도 했고요. 임금 체불과 약속 불이행, 부당 해고 문제를 바로잡기 위해 투쟁한 거예요. 이게 범죄 행위인가요?

건설 노동자들은 초단기 계약이 일상적이에요. 반복해서 실업에 놓이는 처지거든요. 그래서 저희는 채용 요구가 단체교섭 행위라는 입장이에요. 노동조합 발달사 과정에서 보더라도 고용 문제는 단체교섭 대상이었어요. 법원 판례를 보더라도 단체교섭 의제를 협소하게 보아서는 안 된다는 취지의 판결이 많고 채용도 단체교섭의 대상이 되어야 한다는 판결도 있거든요. 또 외국 사례를 보더라도 노조의 채용 요구 자체는 문제가 없거든요. 우리의 요구가 정당한 단체교섭 행위라고 보는 게 맞아요. 민주노총 건실노조는 노조법에 따라 실립된 정당한 노동조합이에요. 또 우리들의 요구는 조합원의 근로 조건을 유지·향상하기 위한 것으로 노동삼권 보장을 위한 활동인 겁니다.

우리의 활동과 투쟁은 결코 위법이 아니에요. 노동자들은 교섭 요구가 결렬되면 집회, 파업(작업 중단) 등의 단체행동을 할 수 있잖아요. 노동 관계법에서 정하고 있는 사항입니다. 우리는 합법적이고 정당한 노조 활동을 한 거예요. 이걸 정부가 나서서 형사 사건으로 몰고 갔어요. 노사 관계는 노동법으로 풀어야죠. 우리의 행동이 노동법을 위반했나요? 정부가 노동조합을 무시하고 있는 겁니다. 우리더러 노동자가 아니라 '개인 사업자'라면서 그러고 있어요.

우리 지역 건설 노동자에게 일을 시켜달라고 얘기한 게 그렇게 부당한가요? 그걸로 형사 소송을 제기해서 재판받게 하는 게 잘하는 일인가요? 건설노조는 노동조합인데 조사하고 기소하면서 노동법에 대해서는 말 한마디도 안 나왔어요.

노동자이면서 사용자라고요?

그동안 윤석열 정부가 '건폭' 몰이를 심하게 했잖아요. 공정거래위원회는 여기에 발맞춰 건설노조에다 과징금을 때렸어요. 민주노총 전국건설노조 부산건설기계지부가 건설사에 압력을 넣었다는 건데, 한국노총 사업자들과는 거래하지 말라, 거절해라, 우리가 이렇게 강요했다고 했어요. 이를 근거로 공정위가 2023년 2월 시정 명령을 내렸어요. 게다가 과징금 1억 6900만 원도 내라고 했었죠. 공정위는 건설노조를 사업자 단체로 규정하면서 건설노조 단체협약 교섭 요구와 고용 보장 요구 행위를 공정거래법 위반으로 판단했습니다. 노동조합 활동을 어떻게 공정거래법을 적용해서 탄압할 수 있는지 이해가 안 갈 뿐이에요.

2024년 12월 법원은 같은 사안을 두고 과징금 부과 취소 판결을 내렸어요. 과징금 납부 명령이 공정위의 재량권 일탈·남용 행위라고 본 거였어요. 그러면서도 한편으로는 건설노조가 공정거래법상 사업자 단체에 해당하는 건 맞다고 판결했어요. 노조법에 따른 정당한 활동을 인정하지 않은 건 마찬가지죠. 그런데 또 법원은 건설노조 구성원이 노조법상 노동자는 맞대요. 이상하지 않습니까? 구성원은 노조원인데 건설노조는 사업자 단체다? 우리가 사업하는 사람들이라는 건가요? 논리가 이상하죠.

저는 노동조합법과 공정거래법이 왜 충돌하는지 이해를 못 하겠어요. 어쨌든 시정 명령은 그렇다 쳐도 여전히 우리는 노동조합으로 인정받지 못하고 있어요. 공정위에서 노동조합을 탄압하는 것 같아요. 사람들 시선도 비슷합니다. 노조가 대외적인 투쟁을 진행하면 우리를 노동자로 봐줄 사람도 있겠지만 그 반대도 있죠. 이런 현실에 천천히 문제를 제기해나갈 예정이에요. 점차 활동을 늘려나가는 쪽으로 해야지, 급격하게 밀어붙인다고 한 번에 해결될 성질이 아니에요.

반면 2025년 1월 15일에는 언급한 문제와 달리 좋은 소식이 있었어요. 건설기계 노동자들의 노조법상 근로자 지위를 인정한 판결이 났어요. 레미콘 회사들은 2020년 민주노총 전국건설노동조합 부산건설기계지부 임단협을 요구하고, 임금(운송료) 인상과 복지 기금을 요구한 것이 불법이라며 소송을 제기했었거든요. 사측은 노동조합법상 근로자가 아닌 건설기계 노동자들이 임단협을 요구할 수 있는 근거가 없다고 주장했어요. 이번 판결에서 법원은 레미콘을 운송하는 건설기계 노동자들은 노동조합법상 근로자에 해당하고, 건설기계 노동자들이 자신들의 권익을 늘리기 위해 스스로 노동조합을 결성하고, 회사와 자율적으로 임단협을 체결한 것이 적법하다고 판결했어요. 너무도 상식적이고 정당한 판결을 받기까지 힘든 시간을 보냈어요. 힘들지만 멈추지 않고 투쟁해야 하는 이유예요.

탄압 후 심각해진 현장 갑질

건설노조를 탄압하면서 지역 건설 노동자에게 일을 달라고 하는 걸 '강요'라 하고, 형사법 적용해서 재판받고 구속했잖아요. 윤석열 정부가 들어서고 나서 노조가 어렵게 쌓아 올린 것들이 무너지고 있어요. 그 결과 현장에서 건설 노동자들이, 건설노조가 무시당하고 있어요.

건설 노동자 탄압 후 갑질은 물론 체불 또한 심해졌어요. 탄압 전에는 원·하청과 협조해서 관리가 어느 정도 됐었어요. 체불 발생 조짐이 보이면 자금 관리를 하게 돼 있었고, 공조도 됐어요. 하청에서 밀린 임금, 대금 정리를 안 하면 원청에서 공사 대금을 보류하는 식이었죠. 그런데 지금은 서로 책임을 떠넘겨요. 원청은 하청에 돈 줬다고 하고, 하청은 못 받았다고 합니다. 중간에서 노동자들만 힘들죠. 거기다 요즘 일거리가 없거든요. 현장 일이 없다 보니 노는 장비는 많고 모두가 어려워요. 풀 방법도 쉽지만은 않습니다.

한 현장에서 일을 마치면 공백이 생기는데 보통 그 기간이 1~3개월 정도 돼요. 언제 다시 일이 잡힐지 장담하기 어렵습니다. 고용이 안정된 게 아니니까요. 한번 시작하면 1년짜리도 있고요. 더 짧은 데도 있고. 공백기에는 벌어놓은 돈이 없으면 어디 가서 빌린다든지, 신용 대출 등으로 생활할 수밖에 없어요. 현장 공정상 주야간 작업을 나눠서 할 때가 있긴 한데, 특별한 때만 협의해서 해왔거든요. 이것도 협의 없이 그냥 하는 식으로 변했어요. 부당한 일이죠. 갑질이 심각해지고 있다고 느껴요. 건설기계는 업체랑 협의가 아예 안 되고 있다고 보면 돼요.

업체들은 어떻게든 공사를 도급받으려고 저단가로 입찰해요. 그러다 보니 문제가 많아요. 다른 쪽에서 이윤을 남기는 거예요. 자재를 품질 낮은 저렴한 제품으로 쓴다거나 아예 빼버리는 상황이 벌어지고 있어요. 자잿값이 폭등한 것도 하나의 원인입니다. 그런데다 윤석열이가 노조를 때려잡으니 이걸 믿고 노동자들을 부당하게 대하는 일이 반복되고 있어요. 그래서 요즘은 이 일을 다른 사람에게 추천하고 싶지 않아요. 고용이 안정되고, 일한 만큼 제대로 임금을 받을 수 있어야죠. 노동자의 권리가 보장된 일터가 되어야 권할 수 있잖아요. 노조 활동이 활발하던 때는 앞으로 좋아질 수 있다는 희망이 있었고, 실제로 여건이 나아지고 눈에 보였어요. 그런데 지금은 모르겠어요. 거꾸로 가는 형국이라 무척 안타까운 심정입니다. 내일을 보장할 수 없으니까요.

멈추지 않고 그 길을 가렵니다
혐의를 인정하기 어렵지만, 유죄가 나온 상황은 변하지 않았어요. 억울함을 호소해도 아무도 들어주지 않았어요. 2심 재판 결과를 본 뒤에는 대법원 판단까지 받아보고 싶었어요. 다른 사람은 나처럼 억울하면 안 되겠다는 생각이 들기도 했어요. 상고 신청은 안 했지만요.

재판 과정에 가족과 동행한 적은 없어요. 구속됐을 때는 수시로 면회 왔지만 별 얘기는 없었고요. 우리 애들도 성인이고 하니까 잘 받아들였어요. 집에서는 노조 당장 그만두라고, 그만큼 고생했으면 됐지, 앞으로 어떻게 하려고 그러느냐고 얘기했죠. 계속 소환장 날아오고 결국 구속까지 되니까 그럴 만했어요. 저나 노조가 나쁜 짓을 하지 않았다는 건 다들 알아요. 노조 활동하면서 건설기계 하는 사람들 처우가 나아지고 있다는 것을 좋게 봤었어요.

하지만 이번 탄압으로 완전히 바뀌었다고 느껴요. 가족들도 부담이 큰 거겠죠. 저도 겉으로는 괜찮은 척해도 스스로 압박받고 있었어요. 수많은 언론은 사실을 검증하지 않고 그냥 기사를 내버려요. 검찰·경찰에서 강요, 공갈, 협박죄로 기소하면 그 내용만 그대로 보도합니다. 당사자에게 당연히 사실 여부를 묻고 확인해야 하잖아요. 그런데 일절 그런 게 없습니다. 도대체 언론의 역할이 뭘까요? 예전 군사 정권 때 그랬듯이 일방적으로 정부 편만 들어요. 너무한 거 아니냐는 생각이 커요.

경기도 나쁘고 탄압은 계속되니 사정이 안 좋아요. 현장에서 건설 노동자 탄압 후 갑질을 당하고 있고, 임금 체불도 심해지는 분위기예요. 노동조합이 노동자들에게 저녁 있는 삶을 만들어줬는데, 그렇게 절실했던 게 이뤄졌는데, 다시 무너지고 있으니 정말 큰일이에요. 정권이 지금 이런데 어쩌겠어요. 계속 싸워나가야겠다는 생각뿐이에요.

제가 구속됐다가 다시 나왔을 때 주변에 "나는 각오가 섰다" "힘들다고 주저앉지 않겠다"고 말한 적이 있어요. 끝까지 우리 명예를 되찾겠다고 외쳤고요. 그렇게 계속 나아가야 한다고 보고 그 길을 가고 있어요.

2부

행복을
　　짓는

　　　　노동

¶

일찍부터 가족의 생계를 책임져야 했던 김부생 님은 쉬지 않고 일해왔다. 스물여덟 살 때부터 건설 현장에서 형틀 일을 맡았으니 올해로 22년째다. 그는 잦은 특근과 잔업으로 하루 평균 12시간 이상씩 업무가 이어져도 묵묵하게 견뎌냈다. 그런 그가 임금 체불에 문제 의식을 느껴 노조에 가입했다. 그러고서 휴게실 하나 변변치 않던 노동 환경을 개선해나갔다. 노조 활동은 그에게 자신감을 심어줬고 삶에 활력이 돼줬다. 그의 일상 곳곳에 묻어나는 노조 이야기는 노동자에게 노동조합이 얼마나 소중한지 다시금 깨닫게 해준다. 윤석열 정부의 '건폭 몰이'가 잇따라도 결코 그의 마음은 꺾이지 않는다.

(기록 최석환)

우연히 만나
삶이 된 노동조합

김부생(부울경건설지부 형틀목수직할분회 조직부장)

저는 부산이 고향이에요. 어머니는 제가 초등학교 4학년 때 췌장암으로 돌아가셨어요. 외동아들이라 아버님하고 단둘이 살았어요. IMF 때 아버님이 하시던 청소 용역 관련 사업이 부도나고 나서 무척 힘든 시간을 보냈어요. 늘 돈에 허덕이며 살았어요. 어려운 학창 시절을 보냈어요. 공고 재학 시절에는 수업 때 쓸 기계를 사야 했는데, 집에 말할 수 없었어요. 이 때문에 학생 때부터 아르바이트 할 수밖에 없었어요.

고등학교를 졸업한 뒤로 친구들과 여럿이 아르바이트하러 부산의 한 공사장에 갔어요. 생활 정보지 〈벼룩시장〉 광고를 보고 시작한 일이었어요. 일이 힘들다 보니 친구들은 얼마 안 가 도망가버렸어요. 저 혼자 남아서 6개월 정도 일했어요. 당시만 해도 이 일을 계속할 마음은 조금도 없었어요. 잠깐 거쳐 가는 곳으로 생각했죠. 그렇다고 해서 앞으로 무얼 하며 살겠다고 뚜렷하게 마음먹은 건 없었어요.

힘든 시절을 건너 건설 현장으로

아르바이트가 끝나고 나서 시장에서 좌판 장사도 해보고, 사업도 하고, 호프집에서 일도 했어요. 공고 전자과를 나와서 공장에 취업도 해보고 나름대로 여러 일을 찾아다녔어요. 야간 업무도 많이 했어요. 그래도 늘 월급이 적었어요.

저는 경제적 문제로 군 면제까지 받았어요. 아버님이 장애가 있었어요. 제가 군대에 가버리면 우리 집 생계유지가 전혀 안 되잖아요. 군대에 안 갔다고 좋아할 일은 아니었어요. 가장(家長) 역할을 해야 했으니까요. 쉬고 싶어도 쉴 수 없는, 힘겨운 상황의 연속이었어요. 돌이켜보면 다람쥐 쳇바퀴 돌 듯이 일만 했던 것 같아요. 그 시절이 지금도 기억 속에 또렷해요. 생활이 어렵다 보니 딱히 꿈이 꿔지지 않더라고요. 그저 돈이 많았으면 좋겠다는 생각, 딱 그 정도까지만 했던 것 같아요. 이래저래 잘 안 풀렸어요. 어떻게 살아야 하나 생각이 많을 수밖에 없었죠. 그러던 중 6개월 일한 경력이 있는 건설 현장이 떠오르더라고요. 예전에는 잠깐 하고 말 일이라는 생각이었지만 그때는 달랐어요. '그래, 한번 해보자'라는 생각이 들었어요.

건설 현장에서 처음 일한 게 2003년 3~4월쯤이었어요. 마침 전에 공사 현장에서 알게 된 분이 기술을 가르쳐주겠다고 해서 시작했어요. 당시 스물여덟 살이었어요. 결혼도 그 나이에 했어요. 현재 첫째 딸 하나, 둘째 아들 하나, 이렇게 자녀 둘을 두고 있는데 책임이 막중하죠. 결혼해서 가정을 꾸리고 아이들을 키우며 쉬지 않고 일해야 했어요. 어릴 때는 아버지와 나, 두 사람 생계를 유지했다면 후에는 더 많은 가족이 생겼으니까요. 아버지께서는 건설 일을 찬성하셨지만, 처가 쪽에서는 부정적 의견이 많았어요. 갑자기 제가 건설 현장에 나가겠다고 하니까 좋아하지 않았어요. 특히 장모님께서 반대하셨어요. 건설 일 하는 사람은 거칠다는 부정적 인식이 사회에 만연했으니까요. 지금은 제 일을 인정하고 지지해주세요.

아버지께서는 2012년에 심장마비로 돌아가셨어요. 아버지가 세상을 떠났을 때는 결혼하고 아이가 있을 때였어요. 아버지를 보내 드리고서도 쉬기 어려운 상황이라 장례 치르고 닷새 뒤부터 바로 일했어요. 그때 우울증이 오더라고요. 정신적으로 회복이 쉽지 않았어요. 눈물을 흘리며 현장에서 망치질하던 때가 떠올라요. 도저히 안 되겠다 싶어서 정신과에 간 적도 있었어요. 정신적으로 힘든 시기였어요.

건물 구조를 잡아주는 형틀 작업

제가 처음 맡게 된 업무는 형틀이었어요. 지금도 그 일을 하고 있어요. 타설된 콘크리트가 원하는 강도로 굳을 때까지 지지해주는 가설 구조물을 '거푸집'이나 '형틀'이라고 불러요. 형틀 작업은 이 시설물을 설치하고 해체하는 일을 말해요. 쉽게 표현하면 건물 틀, 구조를 잡아주는 작업이라고 보면 돼요.

구조를 잡는다는 건 건물 제일 밑바닥부터 천장, 지붕까지 모두 관여한다는 뜻이거든요. 도면을 보고 건축 구조를 이해해야 할 수 있는 일이에요. 먼저 설계 도면을 검토하고 나서 수평을 잡고 거푸집을 조립하는 거예요. 설치된 거푸집의 수평도와 수직도, 설치

상태를 검사하는 일도 도맡아요.

콘크리트 구조물을 일정한 형태나 크기로 만들려면 먼저 가설 구조물을 만들고 그 안에 콘크리트를 부어야 해요. 콘크리트를 부으려면 건물 뼈대에 폼(form)을 이어 붙이고, 거푸집을 만들어야 해요. 크기에 따라 다르지만, 타워크레인이 폼을 현장에 옮겨주면 목수들이 그 폼을 붙여요. 중층 건물이나 아파트의 경우 지하부터 지상층까지 각 층마다 콘크리트 타설을 해서 벽과 바닥, 천장을 만들죠. 철근공이 철근으로 기둥, 축대 벽 등을 세우고, 내선전공[9]이 전선관이나 부속물을 설치하면 거기에 기둥 거푸집과 보 거푸집을 설치해요. 공사 진행에 따라 지하층부터 시작해서 건물 맨 꼭대기까지 층마다 작업하는 거예요.

콘크리트가 마르는 것을 '양생(養生)'이라고 하는데 양생 후 거푸집, 지주 제거 작업 또한 형틀 목수의 몫이에요. 제가 처음 일할 때는 설치와 해체는 물론 남은 자재를 치우는 일까지 다 해야 했어요. 게다가 바쁠 때는 철근도 저희가 넣어야 하고 작은 공사 현장은 타설 일까지 저희가 했어요. 지금은 업무가 나뉘어 있어요. 설치하는 사람, 해체하는 사람, 자재 치우는 사람까지 다 분화되어 있어요.

형틀을 만들 때 전에 사용하던 것은 유로폼(euro form)이라고 불렀고 요즘 지상층은 알루미늄으로 된 알폼으로 조립해요. 저는 두 가지 작업을 모두 해봤는데 그러면서 몸이 많이 상했어요. 골병이 들다시피 했죠. 목이랑 허리에 디스크도 오고 어깨도 아파요. 항상

[9] 건물 내에 전기를 공급하는 옥내 전선관, 배선, 케이블, 전기기구 등을 시공하는 사람.

천장 보고 일하는 데다 폼 자체가 무게가 제법 나가요. 유로폼은 한 장 크기가 60×120센티미터이고 가장자리는 철이고 위는 합판이 덧대어져 있어요. 알루미늄 패널은 한 장 사이즈가 60×240센티미터예요. 저희는 이런 유로폼이나 알폼을 조립하고 해체하는 작업을 반복해요. 수없이 들고 나르고 위층으로 올려요. 일할 때는 늘 못을 담은 주머니를 차고, 망치를 들고 다녀요. 몸이 무거울 수밖에 없어요. 그래서 형틀은 건설 분야에서도 힘든 작업에 속해요. 힘을 써야 하는 일이라 현장에는 남성이 대다수고, 젊은 사람은 별로 없어요. 예나 지금이나 중장년층이 주류죠.

형틀은 건설 분야에서도 힘든 작업에 속한다(광주전남건설지부 현장 사진).

50여 공사 현장을 경험하다

제가 조공으로 일할 때는 자재 나르는 것만 시키더라고요. 여기저기에서 부르니까 정신이 없었어요. 몸은 한 개인데 여러 명이 저를 찾아대니까 화도 좀 났죠. 넋두리도 하고 너무 힘들 땐 자재 들고 가다가 '에이, 안 해!' 이런 생각도 들었어요. 그러다 나도 빨리 일 배워서 돈을 좀 더 받고 싶다는 욕심이 생겼어요. 틈틈이 기술을 배워보려고 했지만 쉽지는 않았어요. 거푸집으로 천장 덮는 일을 배워보려고 해도 누가 또 다른 일 시키고 해서 틈이 안 났어요. 남들 점심 먹으러 갈 때 거푸집이라도 한 장 붙여보려고 했어요. 그런데 잘 안 가르쳐주더라고요.

이리하면 되고 저리하면 안 된다는 식으로 설명해주면 좋겠는데, 안 그래요. 심지어 가르쳐주지도 않으면서 제가 연습 삼아 설치한 걸 발로 툭 차며 "야, 그걸 누가 그렇게 하나?" 이런 식으로 호통을 쳐요. 현장 인심이 박했던 시절입니다. 기술이 돈인데 쉽게 가르쳐줄 수 없었던 거예요. 빨리 일을 배우는 사람은 1~2년 만에 숙련공 단가를 받는 사람도 있었어요. 보통 팀을 많이 옮겨 다니면서 경력을 쌓고 단가를 높이죠. 저는 팀을 잘 안 옮겼고, 숙련공이 되는데는 3년 정도 걸렸어요. 팀장 된 지는 10년 정도밖에 안 돼요. 그러니까 제 경력 22년 중 12년은 그냥 팀원으로 일한 겁니다.

**20대에 이 일을 시작한 저를 보고 중장년 분들이 뭐 하러 여기에 왔느냐는 말을 자주 꺼냈어요. 차라리 공장에 가라고도 했고요. 저도 처음에는 오래 일할 데가 아니라고 느끼긴 했어요. 일도 힘들고 고생스러웠거든요. 몸을 많이 써야 하고 추우나 더우나 야외에서 작업했어요. 초기에는 일당으로 6만 원쯤 받았어요. 받는 돈에 비해 일이 많았어요. 팀장이 독해서 겨울은 해가 짧으니 여름에 좀 더 하라 해서 저녁 7시 반까지 일한 적도 있어요. 새벽에 일 나오니 하루 12시간을 한 거예요. 마치면 집에 가서 밥 먹고 잠자기 바빴으니 개인 삶이 없었죠.

한 공사 현장당 평균 8~9개월 정도씩 일했어요. 짧게는 2~3개월 정도였고요. 1년 이상 일을 시키면 노동자들에게 퇴직금을 줘야 하니까 업체 측에서 그전에 해고해요. 그래서 1년을 채운 적이 거의 없죠. 진짜 큰 현장이라야 1년 이상 일을 시키지 대부분 그렇지 않아요. 그다음 일자리를 바로 구할 수 있는 것도 아니에요. 새로 일을 구할 때까지 공백이 생겨요. 길게는 6개월 정도고요. 기본 두 달 정도는 쉬게 되는 것 같아요. 저는 그간 부산과 경남 지역 위주로 현장을 돌았어요. 집에서 출퇴근하면서 다닐 수 있는 곳을 골라 다녔죠. 지금까지 다닌 공사장만 40~50곳 정도 될 거예요.

원래 제가 무척 내성적이었어요. 동료들과 잘 어울리지 않고 밥도 혼자 먹었죠. 그러다가 제가 먼저 다가가기 시작했어요. 동료들과 친하게 지내고 전화 통화도 하고 형님이나 동생들과 모여서 다니다 보니까 일할 기회가 찾아오더라고요. 저는 일하면서 성격이 많이 바뀌었어요.

투쟁 끝에 들어선 휴게실과 샤워실

노조는 2014년도에 가입했어요. 한번은 팀장님이 현장에서 돈을 일부 못 받은 적이 있었어요. 기름값도 안 나올 정도였죠. 우연히 팀장님이 노조에 가입한 지 오래된 분이라는 걸 알게 됐어요. 그래서 제가 노조에 체불 문제 해결을 부탁해보면 어떻겠느냐고 이야기했어요. 노조가 나선 뒤로 수월하게 일이 풀렸어요. 전체 금액을 다 받지는 못했지만요. 그때 제가 노조에 같이 갔거든요. 그때 많이 배웠어요. 당시만 해도 근로 계약서 작성을 안 하면 회사가 벌금을 문다는 것도 몰랐어요. 계약서를 근거로 체불된 임금도 받을 수 있다는 설명을 들었어요. 임금 체불 문제는 노조를 만나게 된 계기가 되었죠. 저희가 모르는 부분을 잘 알려주니 믿음이 갔죠.

　노조 가입 후에 부산 금정구 쪽에서 지부가 천막 투쟁을 했거든요. 제가 경험한 첫 집회였어요. 당시 서로 으쌰으쌰 하면서 분위기가 좋았어요. 회사를 상대로 투쟁하는 게 처음이라서 기분이 업됐다고 해야 하나, 아무튼 그랬죠. 노조 가입 후 양산시에 있는 물금 신도시 아파트 건설 현장에서 일할 때였어요. 회사 쪽 갑질이 진짜 심했어요. 자기들 말 안 들으면 짐 싸서 다른 데로 가라고 하거나, 그만두라는 말이 수시로 나오는 곳이었어요. 그런데 노조 조합원들이 모여서 "왜 근로자를 자르냐. 갑질 아니냐. 우린 갑질 못 참는다. 사과해라" 외치면서 집단행동을 했더니 원청이 사과하더라고요. 그때 사람이 모이면 힘이 세진다는 걸 알았어요. 제가 그전에도 일부러 노조 간부님들 따라다녔거든요. 교섭을 어떻게 하나 보고 싶어서 옆에서 열심히 배웠어요.

　노조가 임금 체불을 줄이는 데 큰 역할을 했어요. 제가 20대 초반에 창원 사격장 건설 현장에서 일할 때 몇백만 원을 못 받은 적이 있어요. 원청 찾아가도 답이 없길래 돈 못 받은 10명 정도가 함께 발주처인 창원시청에 찾아갔어요. 공무원들이 서로 담당이 아니라며 부서 이곳저곳으로 자꾸 뺑뺑이를 돌리더라고요. 참다못해 젊은 패기로 시장실 앞까지 가서 버티고 있었어요. 마침 시장이 지나가다가 우리와 마주친 거예요. 그때 시장이 직접 건설사 원청에 전화해서 밀린 돈을 받을 수 있었어요.

체불액이 1000만 원일 때도 있어요. 그중 500만 원은 받았고, 남은 500만 원은 받지 못했어요. 당시 팀장님이 집도 팔고, 차도 팔아서 일부를 저에게 준 거였어요. 그때 만약 노조가 있었다면 밀린 돈을 다 받을 수도 있지 않았겠나 싶어요. 저도 노조 간부를 하면서 체불 업체에 찾아가서 밀린 돈을 달라고 하기도 해요. 업체 사람 만나서 "저희 조합원들이 한 달 벌어 먹고사는데 지금 생활을 못 합니다. 다른 데로 가서 일해야 하는데, 그러면 현장이 어렵지 않습니까?" 이렇게 말해요. 그렇게 하면 약속을 한두 번 어기더라도 최대한 빨리 주려고 하더라고요.

노조가 현장을 정말 많이 바꿨어요. 기본적으로 하루에 10~12시간 이상 일하던 노동 시간이 단축되어 일 마치고 집에 가서 쉴 수 있는 게 저는 제일 좋더라고요. 또 주말에 일 안 하니 가족들과 함께 시간을 보낼 수도 있고요. 매년 인건비 인상이 되어 살림 계획도 어느 정도 세울 수 있게 됐어요. 노조 하면서 이 세 가지가 제일 크게 와 닿았던 것 같아요. 노조가 있으니 일하는 사람으로서는 든든하지 않을까요?

옛날에는 아파트 건설 현장에 한여름에 쉴 수 있는 휴게실, 샤워실 같은 게 없었어요. 노동조합 하면서 제가 당당하게 요구했거든요. 때론 좀 언성도 높아지고요. 그러니까 만들어주더라고요. 다른 팀장님들이 "우리 현장은 안 만들어줍니다. 잘 만들어진 사례 있으면 사진 좀 주세요" 하면 보내드리기도 했어요. 저희 현장 보고 결국 다른 현장에도 설치하게 되었죠. 투쟁으로 현장이 뭔가 달라지는 걸 보면서 더 열심히 하게 됐어요. 기술자로서 생긴 자부심만큼이나 근무 환경을 바꾼 노조 활동에도 자부심을 품게 됐어요.

삶에 활기가 되어준 노동조합

노조 활동이 너무 좋아져서 투쟁가를 항상 제 핸드폰에 저장해서 듣고 다녀요. 차량으로 이동할 때는 늘 투쟁가를 틀고 따라 부르곤 해요. 열성적으로 노조 노래를 듣던 한 형님이 계셨어요. 차에 USB를 꽂고 다니면서 듣더라고요. "형님, 노래를 다 알고 부르십니까?"라고 물었는데 그렇다고 해요. 저도 따라서 해보니 좋더라고요. 저는 성격이 내성적이고 나서는 걸 좋아하지 않는 편이었는데 노조 활동하면서 누군가에게 당당하게 요구할 수 있는 적극적인 사람으로 변했어요. 와이프 친구들과의 모임에서 택배하는 사람을 만나면 노동조합 가입했느냐고 물어보기도 해요. 그만큼 제 일상에서 노조가 중요한 일이 됐어요. 그간 잘해왔으니까 자신감도 붙었고요. 집회는 거의 빠지지 않고 갔어요. 노조 주최 집회에 참석해서 견문을 넓히는 것도 좋아요. 노동조합을 하면서 자신감이 생긴 건 저뿐만이 아닌 거 같아요. 저희 팀 막내도 '청바지'라는 노동조합 율동패 활동을 하고 있어요. 처음에는 잘하겠나 걱정했는데 재밌어하고 열심히 다닙니다. 노조 활동으로 개인적으로도 활기를 얻게 되는 것이 좋아요.

자부심이 크다 보니 평상시 현장에 다닐 때도 일부러 노조 방송차를 타기도 했어요. 집 앞에 주차해두거나 노조 방송차를 타고 딸을 데리러 학교에 가기도 했고요. 하루는 딸이 부끄러웠는지 친구들 먼저 보낸 뒤에 차에 타더라고요. 방송차를 타고 다니면 공용 주차장에서 응원을 받기도 해요. 같은 업종에 일하시는 분들이 힘내라고 외쳐주기도 하고요. 수고한다며 주차비를 안 받는 분도 있어요. 도로를 달릴 때 누가 경적을 울려서 돌아보면 차량 운전자가 파이팅을 외쳐주시기도 했습니다. 모두 노조에서 활동하지 않았다면 경험 못 할 일이에요.

공기 압박이 불러오는 위험

22년동안 건설 현장에서 일하면서 다행히 크게 다친 적은 없었어요. 가장 크게 겪은 부상은 발가락 골절이었어요. 거푸집이 발에 떨어졌는데, 안전화를 신기는 했지만 무게가 있다 보니 충격이 크더라고요. 이때 5개월간 일을 못 했어요. 당시 급여가 월 250만 원 정도였는데 다행히 공상 처리가 되어 임금의 70%인 180만 원 정도는 받았어요. 과거에는 일하다 다쳐도 처리를 안 해주는 곳이 많았어요. 제가 일을 시작한 지 얼마 안 돼서 같이 일하시던 한 분이 손가락이 잘리는 사고가 있었어요. 그러자 회사에서 그 팀 자체를 내보냈어요. 아픈 사람을 치료해주기는커녕 내쫓는 시절이었죠. 업체는 현장 노동자가 다치면 쉬쉬하기 바빴어요. 그래서 아예 업체에 얘기도 안 하고 넘어갔어요. 지금은 많이 달라졌죠. 한 4~5년 전부터 개선된 것 같아요.

다치지 않으면 가장 좋겠지만, 현장 일이라는 게 아무리 안전 관리를 잘해도 사고가 벌어질 수밖에 없어요. 일 자체도 위험하지만 거기다 공기 압박까지 들어오면 사고를 피하기 더 힘들어지죠. 직접 사고를 목격한 적도 여러 차례 있어요. 크레인으로 건축 물자를 매달아 옮기다가 신호가 맞지 않아서 사고가 나거나, 떨어뜨리는 일도 있었고요. 추락이나 충돌 사고도 많았어요. 한번은 함께 일하던 분이 2층 높이에서 추락해서 머리를 다치고 하반신 불구가 됐어요. 안타깝게도 식물인간 상태로 있다가 끝내 숨졌습니다. 제가 20대 때 마주한 일이었어요.

요즘은 현장에서 안전을 지키려고 노력하지만, 바쁜 곳은 안전을 등한시하면서 공사를 밀어붙이거든요. 업체가 노동자들을 많이 압박하죠. 불볕더위에 일을 시키는 곳도 많고요. 이런 환경에서 일하다 보니 건설 노동자들은 직업병을 달고 살아요. 저 역시 무거운 물건을 자주 들다 보니까 허리나 목 말고도 이곳저곳 아픈 곳이 많아요. 쉬는 날이면 시간 내서 꼭 침을 맞으러 다녀요.

이 일을 하는 한 육체적인 부담은 계속 안고 가야 할 것 같아요. 특히 형틀은 건물 밑바닥부터 꼭대기까지 진행되는 작업이라 어려움이 클 수밖에 없어요. 과거에는 비가 와도 일을 시킬 때가 많았어요. 그러면 바닥이 미끄러워서 사고 위험이 크거든요. 그런 날은 콘크리트 품질도 문제가 될 수 있어요. 비 맞은 콘크리트는 강도가 떨어지기 때문이에요. 그런데도 공사를 강행하는 이유는 회사에서 금전적인 손해를 피하려는 거예요. 아파트 건설이 늦어지면 입주가 지연되잖아요. 그러니 비가 와도 공사를 강행하고 우리를 압박하는 겁니다.

안전을 위해서는 '작업 중지권'이 중요해요. 노동자들이 진짜 위험해서 일 못 하겠다고 생각하면 멈출 수 있는 권리입니다. 그런데 이걸 사용할 여건이 안 되어 있어요. 우리가 위험하다고 해서 작업을 멈출 수가 없어요. 업체가 압박하고 눈치를 주니까 생계가 걸린 우리로서는 어쩔 수 없어요. 공기가 촉박하다 보니까 말도 못 꺼내고 괜히 잘못했다가는 찍힐 수도 있어요. 작업 중지권을 자유롭게 노동자들이 쓸 수 있어야 하고, 회사에서도 그걸 당연히 여겨야 해요. 위험하면 일하지 않는다는 것, 그게 당연하고 정상인데 현실은 그렇지 않아요. 작업 중지권이 현실화하면 환경이 더 나아질 거로 생각합니다.

수사기관의 범죄자 몰이

저도 경찰 조사를 받았어요. 저희 형틀 지회에서 두 분이 먼저 소환되셨고요. 2023년 7월쯤 공동 공갈 혐의로 한 건설업자에게 고소당했어요. 두 분이 조사받는 과정에서 제 이름이 계속 거론됐어요. 어차피 연락이 올 거로 예상하고 자진 출두해서 조사받았어요. 해운대경찰서에서 한두 번 정도 받고 혐의가 없다고 결론 났어요. 2024년 봄에 무혐의 처분을 받았습니다.

제가 조사받은 사건 현장은 부산 송정에 있는 바닷가 옆 호텔 건축지였어요. 지역 조합원들을 써주십사 하고 찾아갔죠. 또 타설과 형틀에 우리 조합원들이 일하고 계셔서 단체 협상으로 합의된 타임오프제 노조 전임자 임금을 지급받으려고 간 적이 있었어요. 경찰 조사에서 그걸 문제 삼더라고요. 강압적이고 불법적으로 돈 받아낸 거 아니냐고 했어요. 더 어이없던 것은 아예 그 현장에 가본 적도 없는 분도 소환되었다는 거였어요. 경찰이 노동법을 모르고 조사하는 것 같아 답답했어요. 그 업체가 민주노총이 아닌 다른 노조에 돈을 뜯긴 적이 있는데 경찰이 그걸 조사하다가 우리에게 임금을 지급한 명세서를 보고 캐묻는 것 같더라고요. "누가 받았냐. 강압적으로 받아낸 거 아니냐"고 하면서요. 경찰이 멋모른다는 걸 알고서는 조사받는 게 어렵지 않았어요. 묻는 말에만 단답형으로 대답했죠. 결국은 문제가 없는 걸로 정리됐어요.

경찰에서 보완 조사한다고 소환장이 날아왔을 때는 제가 집에 없었어요. 아내랑 애들이 먼저 소환장을 봤더라고요. 아내의 첫마디는 "혐의가 공동 공갈로 돼 있는데 이게 무슨 뜻이냐"는 거였어요. 처음에는 뭐라 설명해야 할지 모르겠더라고요. 마치 무거운 죄라도 지은 것처럼 읽히니까 당황스럽잖아요. 아내에게 "별거 아니다. 나는 지은 죄가 없다"고 말하며 안심시켰죠. 그 뒤로 아내는 의연했어요. 집안 어른들한테는 걱정하실 테니까 조사받았다는 말은 따로 하지 않았어요. 딸과 아들은 처음엔 슬픈 표정으로 "아빠, 경찰에 잡혀가?" 하고 묻더라고요. 걱정을 자꾸 해서 우리 애들을 모아놓고 설명했어요. "걱정 안 해도 되고 별일 아니다"라고요. 뉴스에 나오는 사람들도 보면, 억울하게 조사받는 경우가 많다는 말도 했었어요. 그랬더니 나중에는 크게 걱정하지 않는 것 같더라고요. 제가 경찰 조사받으러 가는 날도 걱정할까 봐 따로 이야기하지 않았어요.

같이 다니던 한 선배님 중 60대 되신 분이 있어요. 그분도 경찰 조사를 받은 적이 있어요. 법정 다툼이 1년 넘게 계속되는 바람에 일도 못 하고 계세요. 많이 위축된 채로 지내시더라고요. 잠도 통 못 잔다고 하고요. 그만큼 힘든 겁니다. 저도 진술서를 밤새 외우고 조사받으러 간 적도 있어요. 집에는 덤덤하게 말했지만 속으로는 무얼 물어올지 어떻게 대답해야 할지 생각이 많았어요. 불쾌하고 억울한 마음이 컸지만, 지금은 일이 잘 풀려서 심적 부담은 던 상황이에요.

윤석열 정부 들어 건설 노동자들이 폭력배로 매도되는 상황에 불만이 클 수밖에 없어요. 경찰에서 업체에 계속 전화했다더라고요. 건수를 만들려고 자꾸 캐묻고 협조 안 하면 세무 조사 하겠다는 이야기까지 했다고 합니다. 하도 압박을 받으니까 좀 친한 팀장님은 "경찰이 하도 쪼아서 못 살겠다. 팀장님 명함 하나 경찰서에 넘겨주면 안 됩니까?" 이런 소리까지 했다고 들었어요. 이런 식으로 고소를 유도한 거예요.

'건폭'이라는 말을 처음 들었을 때 화가 많이 나더라고요. 저희를 폭력배 취급하는 거잖아요. 언론도 계속 노조를 때리고, 심지어 다른 단체에서 한 일까지 민주노총이 그런 것처럼 싸잡아서 매도하더라고요. 기사를 쓸 거면 사실 확인을 해서 정확하게 써야지요. 건설 현장에서 일어난 일부 문제를 뭉뚱그려서 노조 탓을 해요. 총체적으로 노조가 문제인 것처럼 말하더라고요. 그런 기사를 보면 화가 나서 직접 댓글을 달까도 생각했지만, 아직 그런 적은 없어요. 언론이 하도 때리니까 우리 가족도 걱정을 많이 하더라고요. 하루는 업무 마치고 처가에 들를 일이 있어서 노조 방송차를 끌고 간 적이 있었는데요. 어른들이 저를 보고 "진짜 너희 폭력배처럼 그러나?" 하세요. 제가 절대 아니라고 설명해드렸어도 걱정이 크다 보니 몇 차례 해명해야 했습니다.

권리 포기가 당연한 세상

탄압 후로 일거리가 많이 줄었어요. 공백기가 길어지고 있어요. 저도 지난여름 김해시 아파트 공사 현장에서 일하고 난 뒤로는 일이 없어서 6월부터 쭉 쉬었어요. 월 180~190만 원 정도 되는 실업 급여로 생활했어요. 허리띠를 졸라매고 생활할 수밖에 없어요. 요즘에 부산·경남 지역 현장 자체가 별로 없어서 일을 구하기가 너무 어려워요. 문제는 일거리가 있더라도 건설업체들이 우리 지역 사람들을 잘 안 쓰려고 한다는 점이에요. 업체들은 일당을 비교적 적게 받는 다른 지방 노동자들, 그리고 외국인 노동자들을 선호해요. 근래 형틀 기술자 일당이 24만 5000원인데요. 경기도 쪽은 23만 원대를 받는다고 해요. 수도권은 일자리에 비해 일하려는 사람은 많아 돈을 적게 줘도 한다고 하더라고요. 업체와 협상이 전혀 안 되는 상황이라 우리 지역 사람들 고용해달라는 이야기를 꺼내지 못할 정도예요. 그래서 요즘 노는 분들이 상당히 많아요. 형틀 목수 중에는 1년째 일을 못 하는 분도 계세요. 그런 분들은 실업 급여마저 끊기면 대출받아 생활하기도 해요. 사정상 대출도 어려운 분이 많죠.

건설 노동자 탄압이 이어지다 보니 근무 환경에도 영향을 주고 있어요. 원청사의 압박도 심해졌어요. 2022년에 광주 화정아이파크에서 붕괴 사고가 나면서 감리가 많이 깐깐해졌는데 공기 자체를 너무 촉박하게 잡아놓아 일하기가 힘들어요. 공기를 늘려 천천히 하면 안전하게 갈 수 있는데, 재촉만 하니 어렵죠. 그만큼 노동 강도가 세지는 겁니다. 건설노조가 생기고 나서는 하루 근무 시간이 8시간으로 줄었어요. 공휴일에는 쉬고 시간 외 수당과 휴일수당도 나오게 됐어요. 지금은 이런 수당이 없어지고 있어요. 회사에서 안 주려고 해요. 주변에 못 받은 사람이 많아요. 서울이나 경기도에서 부산으로 내려온 업체들도 그래요. 문제를 지적하면 "싫으면 나가라. 다른 사람 쓰겠다"는 식이에요. 이주 노동자도 많이 늘었어요. 부울경은 지하층만큼은 내국인이 일했는데, 이제는 여기도 이주 노동자들이 많이 들어와 있어요.

탄압 이후로 건설노조가 이룬 성과가 사라지는 상황이에요. 더 안타까운 것은 포기에 익숙해진다는 점이에요. 노동조합에서 교섭하러 다니다 보면 업체 쪽 태도가 바뀌었다는 점이 체감돼요. 저희와 대화를 아예 안 하려고 해요. 만나면 바로 녹음기를 켜버립니다. 한창 교섭이 잘될 때는 현장 출입이 어렵지 않았어요. 지금은 입구에서부터 다 막혀요. 만나주지 않으려고 해요. 그런 일이 반복되니 의욕도 떨어지고 심리적으로도 위축됩니다. 노조 조끼를 입으면 누가 나를 안 좋게 보나 싶어 주위를 살펴보게 되기도 하고요. 예전에 집 앞에 노조 방송차를 대놓고 떳떳하게 타고 다녔던 제가 요즘은 그러지 못해요. 덤덤하게 받아들이려고 하는데도 쉽지 않아요.

건설 현장이 우리가 먹고사는 터전이잖아요. 업체와 말이 통하지 않고, 대화 기회조차 없어서 어떻게 해야 할지 답답해요. 모든 게 거꾸로 가는 분위기예요. 윤석열 정부가 지지율 떨어질 때마다 우리를 한 방 때리고, 또 때리고 그런 식이었잖아요. 두렵기까지 하더라고요. 이때까지 쌓아온 모든 게 탄압으로 무너질까 봐 우려가 커요. 2023년부터 탄압이 이어지고 있고 일자리도 회복될 기미가 없어요. 그러다 보니 탄압 이후 노조를 탈퇴한 사람도 일부 있어요. 저는 그동안 노조가 이룬 게 많았고, 앞으로도 많을 거니까 이럴 때일수록 오히려 더 싸워야 한다고 생각해요.

세상 앞에 떳떳하고 당당하게

저는 제 일에 자부심이 큰 편이에요. 일하면 할수록 그 마음이 커지더라고요. 기술자잖아요. 제가 건설에 참여한 건물을 볼 때면 뿌듯함도 생기고 기분이 좋아요. 상가든 아파트든, 부산과 경남 지역 여러 건축물을 올렸다는 자부심이 이 일을 계속하게 만드는 것 같아요. 노가다가 아니라 기술자라는 말을 듣고 싶어요. 우리를 그렇게 봐줬으면 좋겠다는 바람이 크죠.

부산에서 차 타고 다니다가 제가 공사한 건물이 보일 때면 "저거 아빠가 한 거다"라고 말하곤 해요. 해운대 49층짜리 고층 아파트도 가리키면서 "아빠가 일했던 곳이다. 저 안에 벽도 세우고, 건물 만드는 일도 하고 그랬다" 하고 이야기할 때도 많아요. 애들이 위험하지 않으냐고 묻기도 해요. 저는 이 직업을 선택하길 잘했다는 생각을 늘 해요. 기술적인 부분에 만족감이 있고, 생활적인 면에서도 장점이 크다고 봐요. 시간을 자유롭게 조정할 수 있다는 점도 장점이에요. 저는 아이들 어린이집 재롱 잔치나 학교 졸업식 같은 행사가 있으면 웬만하면 일을 빼고 참석하거든요. 일반 직장은 이런 게 어렵잖아요. 아내도 이 점을 무척 좋아해요. 필요할 때 제가 시간을 낼 수 있으니까요.

저는 건설 일이 괜찮은 직업이 될 수 있다고 생각해요. 불과 10년 전만 해도 젊은 사람들 현장에 오면 다른 일 알아보라고 말했지만, 지금은 그렇지 않아요. 주변에 추천도 많이 해왔어요. 아르바이트하러 온 젊은 사람들에게도 그랬어요. 제대하고 와서 1년 일하다 그만두는 사람에게도 더 배워보라고, 한 우물을 파다 보면 앞으로 좋아질 테니, 더 해보라고 했어요. 그런데 다들 못 하겠다고 하더라고요. 이유를 물으니 결혼하기에는 직업이 변변치 않아서라고 대답해요. 과거의 좋지 않은 인식이 여전한 거예요. 그럴 땐 저도 딱히 할 말이 없었어요.

하지만 현장에는 저처럼 이 일에 자부심을 느끼는 분들이 많아요. 형틀 일 하시는 분 중에 아들을 데리고 와서 일 시키는 사례도 있어요. 저도 고등학교 1학년생 아들에게 "나중에 아빠 밑으로 와라. 네가 일할 때쯤이면 여건이 지금보다 나아질 거다. 지금부터 도면 공부해라. 아빠가 가르쳐줄게" 이렇게 말해요. 아내는 애한테 쓸데없는 소리를 한다고 자꾸 뭐라고 하지만요.

저는 가족들에게 노동조합 활동에 대해서 자주 이야기해요. TV에 집회 현장이 나오면 다 설명을 해줘요. 오늘 어디 갈 거고, 집회를 여는 이유는 이렇고, 하면 아들이 따라오겠다고 할 때도 있어요. 저는 아이들한테 해야 할 말은 꼭 할 줄 아는 사람이 돼야 한다고 강조해요. 혼자 힘으로 되지 않으면 직장마다 노동조합이라는 게 있으니까 너무 부정적으로 생각하지 말고 도움을 요청하라는 말도 해요. 제가 노조를 통해서 얻은 힘과 자부심이 있으니 아이들에게도 이야기하는 거죠. 탄압으로 현실적인 어려움이 있지만 이를 계기로 더 당당하게 행동하자는 마음을 먹게 됐어요. 건설 노동자로, 건설노조 조합원으로 떳떳한 삶을 살고 있어요.

¶

김태훈 님은 인터뷰 내내 짧고 단정적인 언어를 사용했습니다. 그의 단호한 어조 속에는 복잡할 게 없는 문제를 구태여 꼬아버린 이들을 향한 항의가 담겼습니다. 그럼에도 자신이 몸담은 내장(內裝) 분야에 대한 설명만큼은 꼼꼼하게 전했습니다. 한 치 오차도 허용하지 않는 그의 작업 방식과도 닮았습니다. 그가 이토록 사랑하는 일터를 쑥대밭으로 만든 이들은 누구일까요? 그는 건설노조가 처한 현실을 냉정하게 진단하고 닥쳐올 미래를 걱정합니다. 건설 현장에 아무도 남지 않을까 두려워합니다. 그러면서도 평범한 아버지처럼 가족들과 저녁을 먹고 가끔 여행도 함께하는 평온한 삶을 꿈꿉니다. 그는 이 아득한 간극에서 시작된 괴로움을 온몸으로 견디는 중입니다. 조합원이 웃는 것만 봐도 배불렀던 그 시절이 그저 과거로 박제되지 않기를 바랍니다.

(기록 박신)

노동으로
일으켜 세운 삶

김태훈(부울경건설지부 습식분회)

    중학교 3학년 때까지 농구를 했어요. 공을 놓은 거는 그해 아버지가 돌아가시면서예요. 장비나 훈련 비용이 감당 안 되더라고요. 아버지와 어머니는 제가 초등학교 때 이혼하셔서 중학교 3학년 때 저랑 여동생만 남겨졌어요. 고작 중학교 3학년밖에 안 됐는데 저를 돌봐줄 사람이 없어진 거잖아요. 그때 방황을 많이 했어요. 고등학교를 졸업한 뒤에는 곧바로 일을 시작했어요. 폐차장에서도 일해봤고, 할 수 있는 것들은 다했던 것 같아요.

    여기저기 떠돌다가, 나중에는 가족 중에 부산 강서구 쪽에서 주유소를 운영하는 분이 있었는데 그분 밑에서 일했어요. 가족이라 돈 떼어먹을 걱정은 없었는데 정말 힘들었어요. 아침 6시 출근해서 밤 11시까지 일했어요. 주유소는 부울경에서 10위 안에는 들 정도로 장사가 잘됐어요. 일이 정말 많았죠. 주유소 관리부터 외상금 수금에 영업도 해야 했으니까요. 이 생활을 1998년부터 2004년 무렵까지 했어요. 그러다가 제 주유소를 차려서 독립했죠.

농구공 대신 잡은 콘크리트 그라인더

조금 급하긴 했는데, 월급만으로는 생활이 안 됐기 때문이에요. 사정이 있었습니다. 두 아이가 모두 조산아로 태어나서 큰애는 심장이, 둘째는 폐가 작게 태어났어요. 그러다 보니까 감기만 걸려도 합병증이 와요. 제가 주유소 소장으로 일할 때 월급이 200만 원이 조금 안 됐는데, 한 달 병원비만 400~500만 원씩 나왔죠. 아이들이 한번 입원하면 일주일에서 열흘은 있어야 하는데 그사이에 또 다른 병이 옮을 수도 있어 1인실을 써야 했어요. 그때는 보험도 적용 안 됐어요. 그러니 병원비 감당이 안 됐던 거죠.

주유소를 차려서도 생활이 쉽지는 않았어요. 김해 쪽에서 시작했는데, 기름은 무조건 현금 거래예요. 당시 리터당 1000원 초반대였는데 2만 리터짜리 유조 차량 한 대를 들이면 2000만 원 정도 나가요. 그거를 가지고 4~5일 쓰는 거죠. 주유소를 하려면 기본적으로 자본이 뒷받침돼야 했어요. 근데 저는 계속 아이들 병원비가 나가다 보니 늘 돈이 부족했죠. 계속 대출을 받을 수밖에 없었고 나중에는 빚이 많이 쌓였어요.

결국 파산까지 가게 됐는데 제가 운영을 잘못한 것도 있었어요. 업체 쪽에서 못 받은 돈도 워낙 많았고요. 모든 게 복합적으로 작용했던 거죠. 거기다 주변 주유소랑 가격 경쟁까지 붙고 하니 더는 버틸 수가 없었습니다. 거래처나 지인들한테 빌린 돈은 갚았지만 은행 빚 4억 원은 도저히 갚을 수 없어 파산 신청을 했어요.

파산 신청 직후 새벽에는 농산물 도매 시장에서 운반 일 하고 저녁에는 주유소 관리를 했어요. 당장 빚을 갚아야 하니까 투잡, 스리잡을 뛰었어요. 파산 신청하니까 제재가 좀 많더라고요. 평범한 사람처럼 취직은 못 하고 또 세금 문제도 있어서 사실상 정상적인 사회생활을 못 했죠. 내 이름으로 된 통장도 못 만들었어요. 그때부터 그나마 여건이 좀 나은 건설 쪽 일을 하게 됐어요. 익숙하기도 했고요. 주유소 할 때 기름 납품하느라 많이 갔었거든요. 그때부터 할석, 미장, 견출 쪽 일을 지금까지 하고 있어요. 결과적으로 건설 현장은 저한테 은인이 됐죠.

작은 오차도 용납할 수 없어요

내장(內裝)은 건설 현장에서 마감 단계에 해당해요. 우리 손이 꼭 필요하죠. 안 그러면 인테리어 자체가 안 되니까요. 일반적인 건설 공정을 보면 가장 먼저 토목 공사에 해당하는 땅 파기, 지반 다지기를 합니다. 그다음 건축물 구조를 세우는 골조 작업을 해요. 철근, 콘크리트 같은 자재가 투입되죠. 그러고 나서 외장 공사를 하는데 말 그대로 건물 외벽을 마감하는 공정입니다. 벽돌이나, 유리 같은 자재가 들어가죠. 이 다음이 내장 공사입니다. 이때쯤에는 건물의 대략적인 형체가 드러납니다. 우리는 건물 내부에 들어갈 주요 배관이나 전선 설치를 비롯해서 욕실, 주방 등 형태를 만드는 작업을 합니다. 근데 무턱대고 바로 내장 작업에 들어갈 수는 없어요. 앞선 공정이 잘 마무리됐는지 우리가 살펴야 합니다. 벽면이나 바닥이 울퉁불퉁하면 이후 도장 작업이나 도배할 때 문제가 생기거든요. 그러니 본 작업 전에 벽면이나 바닥 면이 수평인지, 직각으로 잘 다듬어져 있는지를 들여다보는 겁니다. 내장 작업은 섬세함이 요구되는 작업입니다. 작은 오차라도 적당히 넘기면 안 돼요.

시멘트, 콘크리트를 담았던 거푸집을 해체하고 나면 벽면이나 바닥에 콘크리트가 튀어나오거나 울퉁불퉁한 경우가 있어요. 이를 연마해서 평평하게 만들어줘야 해요. 이 작업이 할석(割石)입니다. 그다음 미장 작업을 합니다. 바닥, 벽면을 섬세하게 다듬어요. 미장 할 때는 모르타르(시멘트와 모래를 물로 반죽한 물질)라는 접착제를 바르는데 면을 평평하게 다듬어주고 방음, 방수 효과도 냅니다. 미장은 보통 페인트칠이나 도장 작업 전에 합니다. 비슷한 작업으로 견출(見出)도 있습니다. 미장과 마찬가지로 면을 평평하게 하고 그 위에 모르타르를 바릅니다.

이 작업들이 다 끝나야 그다음 작업을 할 수 있다 보니 원청업체에서 압박이 많이 들어와요. 저희 일이 끝나야 창문, 방문을 달 수 있고 도배, 타일, 페인트, 마룻바닥 까는 일들도 내장이 끝나야 할 수 있어요. 원청 입장에서는 저희를 쪼아야 후속 공정에 빨리 들어갈 수 있다고 생각하는 거죠. 실제로 예정일보다 공사가 더 빨리 끝나면 그만큼 건설사 쪽에 수익이 떨어진다고 하더라고요. 원청사, 건설사들로서는 하루라도 공기를 단축하는 게 이득인 셈이죠.

또 내장 작업은 튀어나온 면을 갈아주는 작업이 기본이라서 분진이 많이 발생합니다. 그래서 작업자 중에 진폐증[10]을 앓는 사람이 많아요. 저도 심폐 기능이 많이 떨어졌다는 걸 체감해요. 학생 때까지 농구부를 하다 보니 폐활량이 떨어진다는 느낌은 못 받았

---

10 폐에 먼지가 쌓여 생기는 직업병. 오랜 기간 규소, 석면, 탄가루 등에 노출되면 심폐 기능에 이상이 생긴다.

어요. 근데 지금은 달라요. 나이가 들어서 그런 것도 있겠지만, 그보다는 분진을 계속 마시며 일해서 그렇다고 봐야겠죠. 튀어나온 콘크리트를 깎아내는 할석 작업자들은 아마 저보다 더 심각할 거예요.

그라인더 같은 장비로 벽면을 갈면 온몸에 진동이 그대로 전해져요. 매일 총 쏠 때와 맞먹는 진동을 견디면서 일한다고 보면 됩니다. 다른 작업도 마찬가지겠지만, 어깨부터 마디마디까지 안 아픈 데가 없어요.

조합원과 함께 만들어가는 행복

노동조합은 2019년 무렵에 시작했어요. 임금 체불이 너무 심하다 보니 가입하게 됐어요. 내장 작업이 공정 막바지 단계라서 그런지 회사에서 임금 안 주고 버티다가 도망가는 상황이 잦았습니다. 그러면 순식간에 두 달 치, 석 달 치 임금이 묶여버려요. 생활이 완전히 멈추는 거죠. 노동청에 고소하면 받을 수 있기는 합니다. 근데 시간이 걸리잖아요. 당장 하루하루 일해서 먹고사는 입장에서는 절차가 너무 까다롭고 복잡해요. 무엇보다 다음 일거리가 줄어들까 봐 무서워서 신고 못 하는 것도 있어요.

저희 습식분회는 2020년부터 본격적으로 조직화를 시작했어요. 저도 그 무렵부터 집행부로 활동했고요. 상근은 아니었고 현장 일과 병행했죠. 습식분회는 기본적으로 할석, 견출, 창호부터 습식 공정이라고 하는 조적(벽돌 쌓기), 미장, 방수, 타일 등 다양한 공정이 모여 있어요. 골조 관련한 철근, 목수, 타설 외 모든 공정이 습식분회 범위에 속한다고 보면 됩니다. 다들 노조의 필요성에 대해서는 오래전부터 공감하고 있었어요. 조합원들 위해서라도 부조리한 현실을 바꿔야 했어요. 그렇게 한두 명씩 모인 게 2022년에는 1200명이나 됐어요. 짧은 시간 안에 조합원이 많이 늘었는데, 그만큼 노동환경이 열악했다는 의미이기도 하죠.

임금 체불이 발생하면 기본으로 두세 달 치 임금은 묶이게 되다 보니까 신용카드 연체되는 사람도 많아요. 신용 점수가 깎이고, 심하면 신용 불량자가 되는 거죠. 그러면 또 급할 때 대출을 못 받게 되고, 한 번의 체불로 그런 악순환에 빠질 수도 있어요. 그러니 다들 목숨 걸고 체불된 월급 받으려고 하는 거죠.

노조가 생기고 조합원 수가 늘면서 임금 체불은 많이 줄었어요. 그전에는 개인이 싸웠던 거를 노조가 대표해서 요구하고 집회나 투쟁을 하니 번거로움도 덜해졌죠. 조합원 고용도 비교적 안정적으로 이루어졌어요. 건설 일은 보통 한 현장 끝나면 바로 실직자가 돼요. 생계를 유지하려면 고정적인 수입이 있어야 하는데 그게 늘 불안한 겁니다. 건설 노동자한테 임금 체불이 치명적이라는 말과 같은 맥락입니다.

현장 분위기도 좋았어요. 노조 역할을 제대로 하고 있는 것 같아 뿌듯했고 자부심도 느꼈죠. 조합원들 웃는 것만 봐도 배가 불렀어요. 우리 일의 장점이 땀 흘린 만큼 돈을 벌 수 있다는 건데, 그동안은 그게 잘 안 됐으니 이제 숨통이 좀 트이는구나 싶었죠. 조합원들 삶도 많이 윤택해졌고요. 사실 건설 노동자 삶에 '윤택'이라는 게 별거 없습니다. 일단은 심적으로 여유로운 생활이고요. 금전적으로는 늘 만족할 수 없지만, 기본적으로 일이 끊이지 않고 계속할 수 있다는 믿음이죠. 노조가 생기면서 이런 게 조금씩 가능해졌습니다. 그러나 이 꿈이 깨지기까지는 그리 오래 걸리지 않았어요. 정부가 건설 노동자를 '건폭'이라며 때려잡으면서 그동안 힘겹게 쌓아온 게 다 물거품이 됐어요.

고맙다는 인사가 '공동 협박'으로

2022년 초 한 건설사에서 우리 조합원들과 일하고 싶다고 제안했어요. 노조에서는 안 될 게 없잖아요. 그러라고 했죠. 건설사랑 팀장이랑 단가부터 조합원 고용까지 대략적인 교섭은 전화로 이야기가 끝난 뒤였어요. 그래서 저희가 고맙다는 인사는 해야 할 것 같아서 얼굴 보고 이야기하자고 했죠. 그게 다예요. 근데 사측에서 그거를 공동 협박(두 명 이상이 계획적으로 공모한 협박)으로 고소한 겁니다. 처음에는 벙쪄서 할 말이 없더라고요. 일단 우리가 협박했다는 자기네 말을 증명해야 하는데, 사실상 증거가 없었어요. 우리가 욕을 했다든지 폭력을 행사했다든지 하는 사실을 증명해야 할 텐데, 아무것도 없었죠. 당시 저랑 소통했던 사측 상무도 이게 얼마나 터무니없는지 알고 있었어요. 통화 내용만 들어봐도 제가 협박이나 문제가 될 만한 발언을 하지 않았다는 게 나와요. 그거는 그쪽 직원들도 인정해요. 근데 사장이라는 사람이 막무가내로 해버리니까 자기들도 어쩔 수 없다고 하더라고요.

결과적으로 공동 협박은 무혐의가 나왔어요. 그러니까 저는 죄가 없잖아요. 그런데도 경찰은 저를 범죄자로 단정 짓고 수사하는 것 같았어요. 기본적으로 노동법에 대한 이해가 떨어진다고 느꼈고요. 우리가 왜 교섭을 하는지, 어떤 것들을 논의하는지를 모르는 상태에서 우리를 무슨 강력범 대하듯이 하니까 많이 억울했죠. A4 용지 한 장 가져다 놓고 같은 질문을 반복해요. 원하는 답이 나올 때까지요. 그 질문을 저한테만 하는 게 아니라 같이 조사받으러 갔던 다른 조합원한테도 해요. 저랑 답변이 조금이라도 다르면 그걸로 꼬투리를 잡아요. 예전에 멀쩡한 사람 간첩 만들 듯이 조사했어요. 저는 아무리 생각해도 잘못한 게 없으니 당당하게 큰소리도 내면서 조사받았어요. 근데 지나고 나니까 그때 그래서 나를 이렇게까지 괴롭히나 싶은 생각도 들었어요.

제가 받은 또 다른 혐의는 집회를 열어서 선동했다는 거예요. 이것도 참 억울한 게, 2022년도 초쯤에 현장 건설사가 인력이 부족하다고 해서 제가 지원 나간 적이 있어요. 때마침 그곳에서 비계분회 집회가 있었고요. 저는 심지어 일하느라 집회가 열린 줄도 몰랐죠. 그런데도 경찰은 제가 그 집회를 선동했다는 겁니다. 단순히 제가 건설노조 간부였다는 이유로 그런 혐의를 씌운 거예요. 조사 과정에서 현장에 건설노조 간부도 들어왔다고 한 그 업체의 진술이 순식간에 제가 선동한 걸로 둔갑한 거죠. 건설노조 탄압 관련한 모든 조사가 이런 식입니다. 제가 욕을 했다거나 폭력을 행사했다는 증거도 없이 추측으로 결론을 내놓고 세부 내용을 짜 맞추는 식이에요. 경찰은 태도만 보면 회사 측 대리인이랑 크게 다를 바가 없어요. 우리더러 왜 그랬느냐고 따져 묻고 진짜 폭력배, 양아치 취급을 하니까 말도 못 할 만큼 억울했죠.

25년 전으로 돌아간 현장 처우

지금은 임금 체불이 발생해도 노조에서 할 수 있는 게 없어요. 집회나 항의 방문해서 체불금 청산을 요구하면 그걸로 또 공동 협박이니 갈취니 할 텐데, 우리로서는 어떤 행동을 하는 게 조심스럽죠. 노조 간부 대다수가 조사받거나 재판 중이니 소극적으로 될 수밖에 없어요.

건설 현장에서 노사 간 교섭이 아예 안 되는 상황입니다. 정부는 아예 노동조합을 없애려 하는 것 같아요. 노조가 없어지면 집회도 없고 공기가 단축될 것 같지만 그렇지 않을 겁니다. 노조 조합원들은 노동법 같은 교육도 받지만 일을 대하는 자세도 교육받습니다. 기본적인 업무 역량도 갖췄고요. 사측은 계속해서 비조합원을 채용하겠다고 하는데, 그 많은 내장 작업자를 다 비조합원으로 채울 수는 없습니다. 여러모로 역량이 부족한 작업자를 데리고 일하는 것은 오히려 회사에 손해입니다. 오로지 인건비만 기준으로 삼아 채용하면 그런 문제가 생기는 거죠.

탄압 이후로 처우는 열악해졌어요. 임금도 떨어졌고 그간 받아 왔던 유급 휴일수당도 안 주는 분위기예요. 유급 휴일수당은 노조가 투쟁해서 쟁취한 성과 중 하나입니다. 회사는 우리가 이제 강하게 항의하지 못한다는 걸 아니까 임금도 깎고 유급 휴일수당도 안 주려고 합니다. 이주 노동자나, 비조합원을 뽑는 이유도 그렇고요. 과거로 빠르게 돌아가고 있습니다. 지금 현장 처우는 25년 전 수준입니다.

보호 장비도 제대로 지급 안 합니다. 가령 저희가 벽면을 가는

탄압 이후 현장 상황은 매우 열악해졌다. 사진은 생존권 보장을 요구하는 건설노조 집회 장면.

그라인드 작업을 합니다. 그러면 분진이 나오겠죠? 이걸 막는 마스크가 있는데 이를 제대로 지급 안 하는 겁니다. 개인 돈으로 사서 일주일에 한 번씩 교체해서 쓰는 상황이죠. 마스크 필터 같은 거는 소모품이거든요. 한번 시작하면 계속해서 바꿔야 한다는 의미입니다. 회사는 적은 금액이 아니라고 생각하고 그거라도 줄이려고 합니다. 현장에는 진폐증 앓는 분도 많아요. 그런데도 모르는 척합니다. 또 예전부터 공공 화장실 개선 같은 요구를 했어도 크게 달라진 게 없어요. 우리 애기를 들어줄 생각이 없는 거죠.

조합원 일자리도 많이 줄었습니다. 경기도 안 좋지만, 민주노총 조합원을 안 쓰는 경향도 분명히 있습니다. 그러니까 업체 쪽에서는 노조 때문에 힘들어서 그런다면서, 저단가로 인력을 데려다 씁니다. 공기를 맞추려고 급한 대로 한다지만, 과연 그럴까요? 부울경 조합이 그나마 깨끗하고 경쟁력이 있는데, 이런 식으로 하면 장기적으로 결국 업체에도 마이너스가 돼요. 비조합원을 쓰는 이유는 결국 돈 때문입니다. 공기를 핑계로 군말 없이 일할 수밖에 없는 비조합원들을 쓰는 겁니다.

노조가 뭘 그렇게 잘못했습니까? 우리가 횡령을 했습니까, 폭력을 행사했습니까? 그저 개인이 목소리 내기 어려운 문제를 노조 이름으로 공동 대응한 게 전부입니다. 업체들은 자기들 입맛대로 인력을 저단가에 데려다 쓸 수 있으니 조합원을 안 쓰려고 하는 거죠. 거기다 정부는 오로지 단체행동을 한다는 이유로 건설 노동자들을 탄압하고 있어요. 이게 참 가슴 아픈 게, 건설 노동자로서는 당장 일자리가 흔들리면 노조에 남아 있기가 어렵습니다. 조합원 수도 한창때보다 20%나 줄었어요. 조합원들이 지금 많이 힘들어합니다. 사정이 뻔히 보이는데 제가 도울 수 있는 게 없으니 너무 고통스러웠어요. 집회도 불법, 항의도 협박이라고 하니까 뭔가 할 여건이 안 됐죠.

때가 오면 다시 싸울 겁니다

건설 현장에는 '기성금'이라는 게 있습니다. 공사가 이루어진

만큼 계산하여 중간에 지급하는 돈인데요. 종전에는 안 그랬는데, 요즘은 팀장들이 기성금이 제대로 지급되는지 자꾸 물어봐요. 그만큼 사람들 마음이 불안하다는 뜻이거든요. 돈이 나와야 팀원들 월급도 나눠줄 수 있거든요. 현장 분위기가 그렇습니다. 그걸 알면서도 힘이 못 된다는 게 참 아쉽고 미안하죠. 다들 가정이 있는 사람들이에요. 가족들이 겪을 고통과 당사자가 처한 어려움이 눈에 보이지 않습니까?

조합원들도 이번 현장 일이 끝나면 어디로 가야 하는지 늘 고민해요. 물론 우리 습식분회는 조합원들이 일을 꾸준히 할 수 있게끔 최대한 자리를 만들려고 하지만, 탄압 이후로는 사측에서 자기네들 마음대로 하고 싶어 해요. 누가 봐도 우리 사람들보다 실력 미달이고 자격도 안 되는 사람들 고용하겠다는 걸 보면 가슴 아프죠. 우리 요구를 협박이라고 해버리니 교섭 자체를 못 하고 있어요. 정부가 이런 짓을 하고 있으니까 답답한 거죠. 노동 단체를 없애면 결국엔 사측도 힘들어진다는 걸 알면서도 저러니 안타깝죠.

노동조합 탄압 이후로 조합원들이 많이 힘들어졌습니다. 애초에 시공사가 저단가로 들어와서 공사 금액 못 맞추는 문제를 노동자들 임금 후려쳐서 맞추고 있어요. 그러면서 아파트 분양가가 오르는 이유를 노동자, 노조 때문인 것처럼 물타기해요. 현실은 물가 상승으로 자잿값이 올라서 그런 건데도 우리에게 책임을 떠넘기는 거죠. 맨날 하는 말이 인건비 상승인데, 따지고 보면 그렇지 않아요. 우리 인건비는 그대로입니다. 원청사더러 떳떳하면 비용과 수익을 공개하라고 해도 안 하잖아요. 야비하지 않나요? 이런 식으로

가다 보면 분명 한계점이 올 거예요. 노조 씨를 말리면 한국 건설 현장은 무너질 수밖에 없어요.

건설 노동자라고 크게 다른 게 있나요? 우리도 똑같이 돈 받고 일하는 노동자입니다. 우리더러 폭력배니, 뭐니 하는 말에 속지 않았으면 좋겠어요. 우리도 평범한 직장인처럼 돈 받고 일하는 노동자로서 당연한 권리를 요구하고 있다는 사실을 이해해주면 좋겠어요. 저희가 이번에 탄압받기는 했지만, 그런다고 쉽게 무너질 거라고 생각하지는 않아요. 부울경 쪽은 그나마 한국인 비율이 높기도 하고 노조 조직도 잘돼 있어요. 앞서 선배들이 길을 잘 닦아놓은 결과일 겁니다. 지금은 다들 웅크리고 있지만 때가 오면 다 같이 뭉쳐서 싸워야죠. 금방 다시 일어설 겁니다.

저는 노조 하면서 다 같이 웃으면서 집회하는 순간이 너무 좋았어요. 강력하게 항의하고 투쟁하는 것도 필요하고 인상에 남겠지만, 저는 1년에 한 번 노동절 날 다른 노동자들 만나는 게 좋아요. 건설 직종 사람들이 다 모여서 같은 깃발을 흔드는 거잖아요. 관계가 조금 더 돈독해지는 것도 있고요. 나부끼는 노조 깃발이랑 조합원들 행렬은 지금도 생생해요.

당장은 제가 할 수 있는 것들을 하려고 해요. 임금 체불이 많이 늘다 보니 생계가 어려워진 조합원들이 있어요. 이런 분들은 제가 대출을 받아서라도 임금을 주고 있어요. 기성금이 두세 달씩 밀려서 뒤늦게 돌려받는 경우가 많은데, 그러다 보니 한계가 있기는 합니다. 대출만 3000만 원 정도 받았는데, 금리가 15% 정도입니다. 어느 순간 대출이 막힐지 몰라서 불안해요. 그래도 조합원들이 힘든 것보다는 낫겠다 싶어서 제가 부담하고 있어요. 어렸을 때부터 힘든 일을 많이 겪다 보니 이 정도는 별거 아니라고 생각하려고 합니다.

꺾이지 않을 우리의 꿈

건설 현장을 노가다라 부르면서 기피하던 시절이 있었습니다. 지금도 현장 사정이 열악하기는 해도 과거보다는 많이 개선됐어요. 적어도 이번 건설노조 탄압이 있기 전까지는요. 임금 체불 줄이고 유급 휴일수당까지 만들면서 젊은 사람들이 일할 수 있는 환경을 만들려고 노력했어요. 아무래도 건설업은 나이 든 분들이 많잖아요. 우리도 알아요. 세대교체가 필요하다는 것을요. 그래서 제가 사랑하는 이 일을 누군가 이어서 해줬으면 좋겠다는 마음으로 노조 활동을 한 면도 있습니다.

우리도 일본처럼 건설업 종사자를 전문가로 보는 인식이 필요해요. 그러려면 부조리한 임금 체불이나 비현실적인 노동 강도를 개선해야 했어요. 부족한 점이 많았지만 조금씩 나아지고 있다고 생각했는데, 한순간에 무너졌죠. 정부 탄압으로 힘이 많이 빠졌어요. 무너진 현장을 다시 복구하려면 얼마나 더 걸릴지 모르겠습니다.

정부가 나서서 젊은 인력을 양성하려는 동력 자체를 다 뭉개버렸어요. 우리가 젊은 친구들한테 건설업 일하면서도 충분히 잘살 수 있다고 말할 근거가 사라졌어요. 물론 다 포기한 건 아닙니다. 다시 해봐야죠. 저희 같은 경우 현장 막내가 스물일곱 살입니다. 공정마다 다르겠지만 우리는 주말을 비롯해서 쉬고 싶을 때 쉴 수 있도록 휴일을 보장하려고 해요. 젊은 친구들이 처음 들어오면 주말에는 꼭 여행을 가라고 말해요. 데이트도 하고요. 자기 시간을 가질 수 있도록 하는 겁니다. 탄압의 와중에도 젊은 친구들이 긍정적으로 버틸 수 있게 선배들이 옆에서 많이 도와주려고 해요. 젊은이들이 안전하게 일할 수 있는 일터를 만드는 게 우리 세대가 해내야 할 과제잖아요. 지금처럼 막무가내로 일 시키다가는 건설 현장에 남아 있을 한국 사람은 없을 겁니다.

저는 평범한 가장이에요. 낮에는 현장 가서 일하고 퇴근하고는 가족들하고 소박한 저녁 같이 먹는 게 전부죠. 제가 특별하게 대단한 사람이나 투사라서 싸우는 게 아니에요. 그저 내 가족, 주변 사람들이 행복하기를 바라는 사람일 뿐입니다. 쉽지는 않지만 다정한 아빠가 되려고 노력하는 편이에요.

얼마 전에 아들이 사회생활을 시작했는데요. 대뜸 아빠가 왜 그랬는지 알 것 같다고 말해요. 그러면서 아빠는 죄가 없대요. 그전에는 노조를 부정적으로 봤는데 막상 사회 일을 시작하니까 노조가 왜 필요한지 알겠다고 하더라고요. 기특하기도 하고 오묘한 감정이 들었어요. 저는 정부와 사측과 싸우면서 화를 내기야 했지만, 금품을 받거나, 폭력·폭언은 한 적 없으니 걱정하지 말라고, 아빠는 떳떳하다고 한 번 더 말해줬죠.

아들은 제조업 공장에 다니는데 최근에 노조가 생겼다고 해요. 마음 같아서는 무조건 노조에 들어가라고 말하고 싶은데, 참았어요. 일단 좀 지켜보라고만 했죠. 대신에 제가 어떤 마음으로 노조 활동을 하는지, 노조에서는 어떤 일들을 하는지 자세히 알려줬어요. 선택은 본인 몫이니 잘 판단할 거라고 생각해요. 나중에라도 아들이 노조 간부로 활동한다고 했을 때 말릴 생각은 없어요. 물론 걱정은 되겠죠. 그래도 아들의 판단에는 이유가 있을 거라고 생각해요. 그게 올바른 길이라 생각하고 결정했다면 부모로서 믿어주고 응원해야죠.

저한테는 건설업이 무한한 희망입니다. 자기 기술만 있으면 65세까지는 걱정 없이 먹고살 수 있어요. 저희 바람은 그때까지 안전하게 안정적으로 일하고 싶다는 거죠. 언제 일을 끊길지 모르는 불안한 생활 말고요. 밝아오는 새해는 거꾸로 가버린 건설 현장 정상화를 시작하는 해라고 생각해요. 그전까지는 많이 힘들 겁니다. 건설 현장이 많이 줄기도 했고요. 그래도 건설노조가 이전처럼 단합해서 다시 기초를 다져야죠. 그러면 언젠가는 저희도 다른 직장인처럼 안정적으로 월급 받으면서 일할 날이 오지 않겠습니까?

¶
트레일러 운전, 자영업으로 생계를 이어오던 이현호 님은 40대 초반에 덤프 일을 시작한다. 덤프 노동자로, 건설노조 조합원으로 살아온 지 11년째이다. 건설업체들의 비인권적인 태도와 부당한 노동 현실은 먹고살기 위해 노동조합에 가입한 그를 노조 활동 일선으로 나서게 한다. 그의 이야기를 통해 고된 노동 시간, 위험한 작업 환경, 노동자이면서도 노동자로 인정받지 못하는 특수고용직 노동자의 삶을 볼 수 있다. 또 "일자리를 제공하라, 돈 떼먹지 마라"는 너무도 기본적인 요구를 해온 건설 노동자들을 공갈·협박범, 폭력배로 몰아간 건설 노동자 탄압이 노동자들에게 어떠한 고통이 었는지 알게 해준다. 책을 읽는 사람들에게 전하고 싶은 말이 있느냐고 물었다. 그는 건물을 짓고 도로를 닦기 위해 꼭 필요한 일을 하는 덤프 노동자와 건설 노동자는 하루하루 힘겹게 살아가고 있는 노동자이지 폭력배가 아니라며 무거운 한숨을 뱉었다. 이 이야기가 많은 이에게 닿아 그의 한숨이 가벼워지기를 바란다.

(기록 이은주)

한 평 남짓 운전석에서
세상과 맞서다

이현호(경남건설기계지부 전 하동지회장)

저는 하동에서 태어나서 지금껏 살고 있어요. 아버지는 공무원이셨는데, 저는 틀에 박힌 생활이 싫었어요. 대학을 안 갔고 농사지을 생각이 없어서 돈을 벌려고 이것저것 했어요. 군대 가기 전 자동차 학원에서 운전 강사를 했어요. 하동 자동차 학원에서 면허증을 땄는데 원장님이 저를 예뻐했어요. "너, 여기 취직해서 일해라" 해서 운전 강사를 1년 넘게 하다가 군대에 갔죠. 제대하고 광양제철에서 일했어요. 하동 관내에는 농사와 장사, 공무원 말고는 일자리가 없어요. 그래서 인근 공업 단지인 광양제철 쪽으로 많이 가요. 차로 20분 거리밖에 안 돼요. 저도 친구 따라 갔죠. 광양제철 안에 있는 하청업체였어요. 용접도 하고 물건도 나르고 시키는 일은 다 했어요. 스물네 살 때였어요. 또 다른 일을 찾기도 했어요. 당시 어머니가 제게 미용을 배워보라고 하셨어요. 누님 가족이 미용실을 운영하고 있었거든요. 제가 20대일 때는 유명한 남자 미용사들이 많았어요. 그래서 미용 학원에 다니기는 했는데 적성에는 맞지 않앉어요. 거기서 아내를 만났어요. 제 미용 선생님이었어요. 그렇게 연이 되어 결혼까지 했죠.

여섯 직업을 거쳐 덤프 노동자로

결혼 이후 다른 직업을 찾다가 트레일러[11] 운전을 했어요. 차를 가지고 나가면 돈이 바로바로 나와서 그 일을 택했죠. 부모님한테 돈을 빌려서 차를 샀어요. 새 차는 7500만 원 정도로 너무 비싸서 못 사고 2000만 원 정도 하는 중고차를 사서 직접 고쳐가면서 일했죠. 트레일러 운전을 한 지 10년이 지날 무렵인 2007년경 유가가 폭등했어요. 경유값이 리터당 2000원씩 했어요. 하루 기름값만 40만 원 정도 들어가니 마진이 별로 안 좋았어요. 트레일러 일은 알선소를 통하는데 한 군데를 거칠 때마다 중개료로 5~10%가 나가요. 다단계로 알선소 세 군데를 거친다 치면 하루 번 돈 중 5만 원이 날아가는 거죠. 그때 화물 일을 그만두었어요.

그 뒤로 여기저기 옮겨 다녔어요. 처음에는 경남 김해시의 장유동 지역에 있었어요. 처이모가 장유 재래시장 입구에서 과일 가게를 하셨어요. 도매로 과일을 팔았는데 일손이 필요했거든요. 조카니까 같이 하자고 해서 아내하고 갔어요. 1년 6개월 정도 있다가 '안 되겠다 내 능력 밖이다' 생각하고 과일 가게를 그만뒀죠. 그 후 처갓집이 있는 함양으로 갔어요. 처갓집 건물 1층에서 장사할 계획이었어요. 근데 장인어른과 이전 세입자의 계약서에 연장 가능 조항이 있었나 봐요. 저는 졸지에 낙동강 오리알 신세가 된 거죠. 결

---

[11] 주로 컨테이너를 운반하는 데 사용되는 특수 차량. 현장에서는 '추레라'로 불린다.

국 자재 창고처럼 쓰는 10평 정도 공간을 싹 치우고 거기서 치킨 장사를 시작했어요. 아내하고 둘이서 치킨 가게에 매달렸지만 뭔 돈이 되겠습니까? 애들 키워야 되는데 말이죠. 마침 또 고향에서 지인이 운영하던 치킨 가게를 그만둔다 해서 저 먼저 고향인 하동으로 돌아왔어요. 함양에서 치킨 가게를 계속하던 아내는 제가 덤프 일을 시작하면서 하동으로 왔고요.

운전 강사, 미용사, 트레일러, 과일 장사, 치킨 장사에 이어 덤프 일까지 여섯 개 직업을 거쳤죠. 애들이랑 아내가 고생했죠. 큰아들은 초등학교를 네 번 옮기고 중학교에 갔고, 작은아들은 다섯 번을 옮겼어요. 아빠가 안정적인 직장을 가지고 있으면 한 군데 정착해서 친구들도 사귈 텐데 여기저기 옮겨 다녀야 하니 힘들었겠죠. 아이들이 적응 잘하고 커주었지만 그래도 미안해요.

목숨을 담보로 현장을 달리는 사람들

2013년부터 덤프트럭 운전을 시작했어요. 식구들 먹여 살려야 하니까 이게 마지막이라 생각하고 일했어요. 하동에 돌아와서 1년쯤 됐을 때예요. 지인 한 분이 현장 소장으로 하동에 오셨는데, 제게 "예전에 추레라 경험도 있으니 덤프 한 대 사서 일하는 게 안 낫나?" 해서 차를 사서 일을 시작했어요. 하동군 악양면에 최참판댁이라고 있는데 알죠? 박경리의 소설《토지》에 나오는 곳이요. 최참판댁 가는 구간에서 4차선 도로 확장 공사를 했어요. 거기가 제가 처음으로 덤프 일을 시작한 곳이에요.

제가 운전하는 25톤 덤프트럭은 우리끼리 '앞사바리'라고 해요.

앞에 발이 네 개라는 뜻이에요. 앞바퀴를 보면 한 쌍씩 좌우로 총 네 개의 타이어가 달렸거든요. 15톤 차량은 앞바퀴는 타이어 하나씩이지만 뒤는 두 개씩 한 쌍으로 달아요. 덤프트럭 운전은 따로 자격증이 필요한 것은 아니고 1종 대형 면허증이 있으면 가능해요. 누구나 할 수 있지만 경력이 중요하죠.

건설 공정에서 제일 처음에 하는 일은 우리 몫입니다. 도로를 닦으려면 먼저 흙을 실어내야 하고, 집을 지어도 터를 만들려면 흙을 들어내야 해요. 그래서 공사에 제일 먼저 투입되는 게 굴착기 하고 덤프죠. 우리가 있어야 집 지을 자리, 길 놓을 자리가 만들어져요. 그런 다음 철근공이 와서 철근을 심고, 목수분들이 와서 형틀을 잡고 시멘트를 타설하면서 공사가 진행됩니다.

덤프는 가장 기초적인 걸 하죠. 일하다 보면 짐을 많이 실어야 할 때가 많아요. 25톤 덤프트럭이라면 30톤씩 실어요. 이렇게 과적을 하면 차도 부서지고 타이어도 터지고 전복 사고도 일어나요. 업체들은 말로만 "안전, 안전" 하지 현장에 가보면 기본적인 안전 수칙도 없어요. 한마디로 개판이죠. 덤프트럭에는 '판스프링'이라는 게 있어요. 바퀴 쪽에 설치하는데 두꺼운 쇠를 여러 장 겹쳐서 충격을 완화해주는 장치예요. 꽤 비쌉니다. 과적하다가 이거 고장이라도 나면 하루 일당보다 큰돈이 날아가요. 도로에는 과적 단속반이 있어서 조심하는데 현장 내에는 그렇지 않은 경우가 많아요.

일하다 보면 머리가 쭈뼛쭈뼛 서는 경우가 있어요. 아무래도 교통사고가 가장 위험하고 무서워요. 항상 차에서 생활하니까 졸음운전도 하고, 차에 갑자기 이상이 생겨서 제동이 안 될 수도 있고 타이어가 터질 수도 있어요. 위험 요소는 엄청 많죠. 그래서 직업 자체가 내 목숨을 담보로 한다고 생각해요. 차량 내부가 한 평이나 되겠습니까? 그 공간에서 오래 할 때는 혼자서 10~11시간을 있는 거죠. 일하러 가는 시간, 마치고 오는 시간까지 계산하면 그 정도 돼요. 바쁘면 점심시간 없이 일하니까요. 그럴 때면 짬을 내서 차 안에서 라디오 듣고 유튜브 보는 게 유일한 휴식이에요.

덤프 노동자들은 혼자 일하는 경우도 있지만 보통 5~10대가 함께 일해요. 현장 규모에 따라서 투입되는 덤프트럭 수가 달라요. 아파트 건설 현장처럼 흙을 많이 들어내는 데는 여러 대가 일하는 거죠. 그러면 서로 무전기로 통화할 수 있는데, 그게 제일 위안이 되는 거 같아요. 함께 일하는 동료들이 있으니까요.

차별을 부르는 특수고용 노동자 신분

운전직이라는 게 계속 앉아서 일하다 보니 척추에 무리가 갑니다. 하체 근력이 약해지면 허리도 영향을 받는데, 저도 허리가 별로 안 좋아요. 목 디스크로 병원에서 시술도 한번 받았어요. 허리는 따로 진료를 안 받았는데, 왼쪽 다리에 저린 증상이 있어요. 공사 현장 내 작업을 '영내 작업'이라고 하는데 여기는 모두 비포장이라 차가 좌우로 흔들리고 앞뒤로 꿀렁거리니까 특히 허리가 아프죠.

또 흙을 싣고 나르는 일이다 보니 먼지가 많이 나요. 비산 먼지가 많이 발생하면 물도 뿌리고, 부직포를 덮는다든지 조치를 해야 되죠. 근데 주먹구구식으로 하는 경우도 많거든요. 창문도 못 열 정도로 먼지가 많이 나는 곳도 있어요. 후진해서 흙을 떨구는데 뒤가

낭떠러지일 때가 있어요. 잘못하면 큰 사고가 날 수도 있죠. 그래서 신호수가 배치되어야 하는데 없을 때가 많아요. 산중에 있는 작업장은 아예 관리 감독을 안 받는 경우가 있거든요.

일하다 다치거나 아프면 제 돈으로 치료해야 해요. 2019년 1월 1일부터 우리도 산재보험이 적용되기 시작했죠. '건설기계 27종'에 종사하는 특수고용 노동자로 적용이 한정되어 있어요. 그나마 노조가 2011년부터 10년 동안 특수고용 노동자 산재보험 가입을 위해 투쟁한 결과죠. 그런데 현장에서는 아직 적용이 잘 안 되고 있어요. 산재보험을 처리한 경험도 없고 절차도 복잡해서 노동자들은 아직도 혜택을 못 받고 있죠.

근무 환경도 열악합니다. 휴게실, 화장실이 부족해요. 현장이 허허벌판인 경우가 많으니 도리 없이 노상 방뇨를 하는 경우도 있어요. 참고 일하다 보면 질병도 오는 거죠. 덤프트럭 운전사는 소화 불량 같은 위장 장애를 많이들 가지고 있어요. 바쁘면 굶기도 하고 시간 아끼려고 급하게 식사를 하니까요.

근무 시간은 정해져 있는데 회사에 따라 7시에 시작하면 4시에 마치고, 8시에 시작하면 5시에 마칩니다. 회사에서 "7시 반부터 상차하겠습니다"라고 할 때 혼자라면 7시 25분에 가서 한 5분 기다렸다 실으면 됩니다. 그런데 수십 대가 함께 일하면 그럴 수 없어요. 예를 들어 40대 트럭이 함께 일한다면, 적재 시간을 대당 1분만 잡아도 맨 마지막 트럭은 40분이나 기다려야 하잖아요. 그러니까 빠른 순번을 받으려면 일찍 나가야 하는 거죠. 7시 반이 상차라면 6시 정도 나가서 차에서 대기하니까 실제 업무 시간은 더 많은 거죠.

점심시간도 아낍니다. 밥을 진짜 빨리 먹죠. 순번을 다시 받아야 하니까요. 동료들과 함께 식사하기도 어려워서 혼자 끼니를 해결합니다. 일당이 아니라 운행 횟수에 따라 돈을 받는 '탕뛰기'를 하다 보면 서로 시간이 안 맞거든요. 식당에는 혼자 밥 먹기가 눈치 보이니까 아예 도시락을 싸서 다니기도 해요. 도시의 아파트 현장은 공사 기간을 줄이려고 굴착기를 한꺼번에 서너 대씩 붙이고 덤프트럭도 30~40대 투입합니다. 그러니 빠른 순번 얻기가 힘들죠.

우리가 하는 일은 건설 현장에서 매우 중요합니다. 집을 짓고 건물을 올리는 데 꼭 필요해요. 그런데 사람들은 그런 시선으로 안 봐요. 제가 지금 아파트 건설 현장에서 기초 터 파기 작업을 하는데 민원이 얼마나 많은지 몰라요. 도시이다 보니 도로 옆에 집들이 있잖아요. 자기 가게 앞으로 차 못 지나가게 하라고 민원이 들어와요. 많으면 70대씩 덤프트럭이 붙는데 거의 1분 간격으로 한 대씩 지나가거든요. 민원으로 시청에서 금지 명령이 떨어지면 우리는 다른 길로 우회해야 해요. 시간도 더 걸리고 오르막길이 있어도 회사 지침에 따라 그리로 다녀요. 문제는 거기 사는 주민들도 민원을 넣는다는 거예요.

도대체 어디로 다니란 말입니까? 우리가 불법적인 행위를 하는 것도 아니고 그냥 길 따라 쭉 가는 것밖에 없어요. 차이라면 일반 차량보다 덩치가 크다는 것뿐인데 우리를 보는 시선이 곱지 않아요. 어디 가면 꼭 "무슨 일 합니까?"라고 묻는 분이 있거든요. 사람들이 덤프트럭 운전을 무식한 일, 거친 일로 생각하는 경향이 있습니다. 편견을 가지고 있을 것 같아서 우리로서는 선뜻 대답하기가 어려워요. 사람들이 색안경을 끼고 보지 않았으면 좋겠어요.

제 인생을 돌아보니 우여곡절을 거쳐 덤프트럭 운전까지 왔네요. 이제 더 이상 갈 데가 없어요. 덤프 운전이 끝입니다. 차 한 대 가지고 벌어서 먹고사는 거죠. 우리가 이거 해서 부자로 떵떵거리고 살 수 있는 것도 아니잖아요. 먹고사는 게 우선이니까 하는 거죠. 제 나이 지나면 어디 가도 잘 써주지도 않아요. 그래서 늘 이 일이 마지막 직업이라고 생각하며 하죠.

만연한 시공사 갑질에 맞서다

덤프트럭 운행 방식에는 탕뛰기와 일대 작업이라는 게 있어요. '일대 작업'은 운임을 일당으로 줍니다. 하루에 얼마를 줄 테니까 작업하라는 식인데, 우리는 이런 게 편하죠. '하루 70만 원 줄게' 하면 빨리 다닐 이유가 없으니까 규정 속도를 지키고 과적도 안 합니다. 근데 이렇게 하는 데가 별로 없어요. 반면에 '탕뛰기'는 거리를 기준으로 계산해서 운행 횟수에 따라 운임을 지급합니다. 회사 측에서는 빡빡하게 조건을 만들죠. 예를 들어 대기 시간을 포함해서 목적지까지 2시간이 넘게 걸리는데도 회사는 단순하게 거리로만 계산해요. 60~70킬로미터 정도 되니까, 50분 걸린다고 보고 하루 8시간 동안 10탕, 1탕당 7만 원이니까 총 70만 원, 이런 식으로 합니다. 운행 횟수가 중요하니까 당연히 과속이나 신호 위반도 감수하게 돼요. 그게 사고 위험성을 높이고 사람을 혹사시키는 거예요. 이왕 갈 거 1톤이라도 더 실으면 다만 몇천 원이라도 더 벌겠다, 이렇게 되는 거죠. 자본가들이 조건을 그렇게 만드니까요. 어찌 보면 화주들, 시공사들 손에 좌지우지 당하고 있는 거죠.

탕뛰기가 아직은 많아요. 회사 입장에서는 "왜 천천히 다니나. 빨리 좀 다녀라" 이렇게 재촉 안 해도 되잖아요. 횟수 만큼만 돈 주면 되니까요. 노동자 입장에서는 매우 불리하고 불합리한 조건이죠. 그래서 탕뛰기를 없애는 게 맞지만, 현실에서는 받아들일 수밖에 없어요. 안 그러면 일을 안 주니까요. 그런 걸 막기 위해서 건설노조에서 우리 목소리를 내면서 탕뛰기 근절을 위해 투쟁하는 거죠.

화물 쪽은 최소 수입을 보장하는 안전 운임제를 두고 정부·사측과 노조가 힘겨루기를 하고 있지만, 덤프나 건설기계 쪽은 아직 그런 것조차 없어요. 탕뛰기를 근절하려고 해도 뿌리가 깊게 박혀 있어서 잘 안 돼요. 그래서 기준가라도 올려서 최소한의 수입을 보장받으려고 사측하고 협의를 하고 있어요. 지금 하동 지역은 하루 임대료를 70만 원 정도로 맞추거든요. 그래서 탕뛰기도 65~70만 원 사이로 맞추어 일해요.

모르는 사람들은 큰돈을 번다고 생각하는데 내역을 보면 그게 아니에요. 기름값만 해도 많이 들어요. 덤프트럭은 하루에 적게는 130리터, 많으면 200리터 정도를 사용하거든요. 그럼 하루 기름값만 20~32만 원인 셈이에요. 거기에 자동차 할부금이 한 달에 400만 원씩 들어갑니다. 보험료는 1년에 보통 800만 원씩 해요. 사고율이 높다고 안 받아주는 보험회사도 많습니다. 지입차(회사 명의로 등록된 개인 차량)라면 그 회사에 지입료를 따로 내야 되죠. 유지·수리비도 만만치 않게 듭니다. 타이어 한쪽에 보통 50~60만 원이에요. 이것 저것 빼고 나면 일당 70만 원 중에 남는 돈이 별로 없죠. 한 달에 못

덤프 노동자는 임대료로 차량 유지비와 수리비 등을 감당해야 한다.

해도 25일은 일해야 먹고살아요. 차량 전복 사고라도 나면 수리비가 8000~9000만 원 나와요. 수리가 안 되어 아예 폐차시켜야 할 때도 있죠. 그러면 한 방에 무너지는 거예요.

우리의 조건은 일자리 지키기와 체불 방지

제가 덤프트럭을 몬 지도, 노조 생활도 올해로 딱 11년 됐거든요. 동료 한 분이 "노동조합 가입했나?" 하고 물어보셔서 "그런 게 있습니까?" 하다가 가입했죠. 모여서 한목소리를 내야 일하기가 편하잖아요. 안 그러면 어떤 사람은 40만 원 받고 또 어떤 사람은 45만 원 받고 일하게 되겠죠. 아는 사람이라고 9시간 일거리 주고 다른 사람은 8시간만 시키고 이러면 문제죠. 노조가 있으면 단가가 들쭉날쭉하지 않게끔 기준을 잡아주잖아요. 자화자찬이지만 하동

지역은 기본 틀이 잡혀서 일하기는 그나마 좀 나아요. 60대 후반 되신 우리 조합원 형님들이 힘들게 노동조합 하면서 만들어놓은 덕분이죠.

덤프연대[12]로 출범해서 지금은 전국건설노동조합 건설기계분과위원회로 되어 있죠. 덤프연대였을 때는 제가 없었기에 잘 모르지만 단합도 잘되고 그랬다고 하더라고요. 지금도 그렇고요. 그러다 조직이 광범위해졌죠. 철근부터 시작해서 지게차, 로더(흙과 골재를 나르는 용도로 사용하는 건설기계) 등 여러 분과가 모여서 건설노조가 되었습니다. 이후 각 지역마다 건설노조 지부가 생기면서 노동 조건이 많이 개선됐죠. 지금은 우리가 하루 8시간 일하지만, 예전에 노동조합이 없을 때는 9~10시간도 일했다고 해요. 관리자가 "야, 1시간 더 일해"라고 해도 어쩔 수 없었고요. 조합원이든 비조합원이든 유사한 일을 하는 사람들은 다 같이 득을 보는 거죠. 노조가 힘들게 투쟁해서 얻은 결실을 함께 누리는 거예요. 비조합원한테만 "너는 옛날 단가를 받고 일해라" 이렇게 못 하잖아요.

처음 조합에 가입할 때는 먹고살기 위해서였어요. 그런데 하다 보니까 '강하게 어필해야겠다. 일선에 서서 요구해야겠다'라는 생각이 들더라고요. 사측이나 관리자들로부터 "7시 반부터 30분 더 일찍 시작해. 하기 싫으면 그만두던가" "점심 빨리 먹고 오후에 30분 더 일해" 같은 부당한 요구를 들을 때, 자기 손에 떡 주무르듯이

---

12 2004년 노동절, 임대료 인상 투쟁을 계기로 덤프 노동자 투쟁이 시작되었다. 2004년 9월 17일 덤프 노동자 조직인 덤프연대가 창립되어 2007년 전국건설노조 건설기계 분과로 재편되었다.

우리에게 갑질을 할 때 그런 생각이 들었죠. 그래서 지회장 역할까지 했죠.

노조 일 하면서 시야가 넓어진 것 같아요. 하동 관내에 임금 체불 같은 부당한 일이 생기면 제가 앞장서죠. 그러다 보니 때로 사건에 연루되기도 하고, 그러면서 많이 배웠어요. 자부심 느낄 때도 있고 '내가 이 일을 왜 했을까?' 후회할 때도 있죠. 윤석열 정부에서 소위 '건폭'으로 불리며 탄압받았어요. 죄도 없이 조사받고 검찰에서 날아온 송치 문자 받을 때는 마음이 답답하고 후회할 때가 있었어요. 그래도 마음을 다잡으면서 하루에도 몇 번씩 생각이 바뀌었습니다.

우리는 묵묵히 현장에서 일한 것밖에 없어요. 그런데도 언론은 범죄자 취급을 했습니다. 사실을 왜곡했죠. 우리 요구는 건설사가 위험하게 일 시키는 것과 비산 먼지와 같은 환경 문제를 개선해달라는 것이었습니다. 일하는 사람 건강 생각해서 5분이라도 쉬면서 차에서 나와 화장실도 가고, 기지개라도 한번 켜게 해달라고 했어요. 게다가 일자리를 제공하라거나 돈을 떼먹지 말라는 건 너무도 당연한 요구잖아요. 그걸 두고 폭력배라고 하면 우리는 어떻게 해야 하나요? 초과 노동을 안 하면 채용 안 하겠다는 회사가 잘못이지 8시간 노동 시간을 지키겠다는 우리가 잘못된 게 아니잖아요.

그들이 말하는 '업무방해'의 진실

예전 형님들 애기 들어보면, 일해주고 6개월이나 뒤에, 어떤 분은 심지어 1년 지나서 돈을 받는 경우도 있었대요. 하동지회는 조합원들이 단합이 잘되어 있으니까 그런 일은 많이 줄었죠. 덤프트럭 차주는 명목상 임대료 형식으로 돈을 받아요. 전국적으로 보면 건설기계 임대료는 아직도 60일, 90일 결제가 흔하거든요. 건설노조가 30일 결제를 정착시키기 위해 투쟁했죠. 지금은 45일 결제라고 해서 한 달 보름 후에 결제하거든요. 건설기계 노동자들은 근로기준법의 보호를 받지 못하니 체불되어도 법적 구제 대상이 안 돼요. 돈을 못 받으면 카드 대출받아서 사는 등 생계의 어려움을 겪을 수밖에 없어요. 2024년 9월 추석 전에 노조에서 확인한 자료를 보면 건설기계 체불 건수가 전국 95곳, 체불액이 54억 9000만 원이더라고요. 그나마 우리 지역은 사정이 나은 편이고요.

저도 돈을 늦게 받은 적이 한두 번 있어요. 2013년도에 5개월 뒤에야 돈을 받았는데 그러는 동안 힘들게 생활했죠. 그때는 제가 하동지회 조직차장이었거든요. 지회장님하고 돈 못 받은 사람들이랑 집회 신고 내고 진주에 있는 체불 업체에 투쟁하러 갔어요. 대경건설이라는 업체였는데 이 회사가 경남에서는 중견 기업이에요. 그런데도 5~6개월 동안 돈을 안 준 거예요. 피해자는 대부분 서부 경남 쪽에 굴착기, 덤프 일 하던 사람들이었어요.

쉽지는 않았습니다. 마이크 잡고 집회를 하니까 경찰에서 소음 측정 차가 와가지고 조금만 소리 크게 내면 법적 조치를 하겠다고 경고하는 식이었죠. 대경건설은 문 걸어 잠그고 회사 못 들어가게 하고요. 그러다 결국 집회 3일째 되는 날 회장이 아닌 바지사장 만나서 돈 받았죠. 그때 저는 석 달 정도 일한 걸 6개월이 지나고 나서 받았어요. 지금은 제때 돈 안 주는 업체는 다른 지역에 가서도 사업을 못 해요. 임금 체불이 발생한 업체니까 우리도 장비 투입을 하지 말자고 하면 조합원들은 아무도 안 가요. 누가 돈도 안 주는 업체에 일하러 가겠습니까? 하동지회뿐 아니라 경남지부 등 지역마다 노동조합이 있어서 다 연결이 됩니다. 노조에서 "하동에서 체불된 상태"라고 문자를 보내고 그 업체에 배차를 안 해요. 배차를 하지 않고 투쟁하는 게 우리가 우리를 지키는 방법이죠.

얼마 전에도 조합원 형님이 1억 2000만 원을 못 받았다고 연락이 와서 제가 조합원들에게 문자를 보냈어요. 돈 못 받은 노동자가 그 현장에 가서 덤프차로 입구 막고 돈 내놓으라고 요구하면 잡혀갑니다. 잘못은 자기들이 했는데 업무방해니, 건설 현장 내 폭력 행위니 하며 돈 못 받은 우리가 죄인처럼 잡혀간다니까요.

답이 정해진 경찰 수사

2023년 정부에서 건설노조를 건폭으로 몰면서 건설 현장에서 노조 때문에 피해 본 게 있으면 경찰에 신고하라고 대대적으로 선전했잖아요. 그런데 어떤 사람이 하동경찰서에 우리를 고소했고 그 사건이 경남도 광역수사대로 넘어갔어요. 경찰이 노조 사무실에 압수수색 영장을 발부받아서 왔어요. 5월 26일이었는데 그날은 사천, 하동, 남해, 진주 네 개 지회의 지회장, 사무장, 조직차장들 모여서 회의하는 날이었어요. 한두 달에 한 번 정도 모이거든요. 그날도 사천에서 회의가 있어서 가는데 전화가 왔더라고요. 경남 도경(경상남도 지방경찰청) 광수대라면서 하동지회 사무실 앞에 와 있으니 빨리 오래요. 왜 그러시냐 했더니 압수수색 영장이 나왔으니까 사무실 비밀번호를 가르쳐 주든지 누구를 보내라 하는 거예요. 모임을 서둘러 마치고 왔죠. 사무실을 뒤지더라고요. 컴퓨터도 켜서 뭘 찾아내고 나중에 압수 물품 확인하고 사인만 하라고 해서 했지요. 돌아가면서 내 뒤통수에 대고 "지회장님도 조만간에 광수대로 한 번 와야 될 겁니다"라며 협박 아닌 협박을 하더라고요. 그래서 내가 뭘 잘못했느냐고 하니까 "하동지회장 아닙니까? 지회장이기 때문에 한번 와야 된다"고 하더라고요.

경찰 조사 두 번 모두 광수대에 가서 받았어요. 처음에는 참고인으로 조사받았는데 뒤에 다시 연락이 와서 피의자 신분으로 또 조사를 받아야 한다고 하더라고요. 황당했죠. 죄명이 공갈 협박이래요. 제가 인터넷에서 찾아보니까 그중에도 공갈이 엄청 무서운 죄더군요. 도경에 가서 조사받고 나니 사람이 심리적으로 위축되잖아요. 경찰 측에서는 실형도 살 수 있다는 식으로 얘기하고요. 집에 진주지방검찰청 이름으로 우편물이 날아오지, 언론에서도 누가 어디서 뭘 해가지고 구속됐다느니 하니까 아내는 저더러 노조 일 때려치우래요. 솔직히 그러고 싶은 마음도 있었죠. 그만큼 압박감이 심했어요. 이후 검찰로 사건이 송치됐다가 경찰에 보완 수사 요구가 떨어지고 난 후로는 아직 연락이 없어요.

저희 하동지회는 지회에 신규 가입하거나 기존 조합원이 차량을 늘리면 투쟁 기금을 납입하도록 규약으로 정하고 있어요. 한 사람이 덤프차량 여러 대를 가지면 일감을 독점할 수가 있잖아요. 그걸 방지하기 위해서 조합원 총회를 통해 만장일치로 정한 거예요. 기금은 회계 원칙에 따라 사용하고 조합원에게 보고하고 있어요. 경찰서에 우리를 고소한 사람은 자기가 투쟁 기금을 안 내서 노조가 본인 일을 못 하게 방해할 목적으로 집회를 했다고 주장하는데 이는 사실과 달라요. 그분이 투쟁 기금을 안 내다가 나중인 1월에 냈고 우리 집회는 그해 10월에 있었어요. 그러면 본인 주장처럼 돈 안 냈다고 집회했다는 게 말이 안 되잖아요. 10월 집회는 다른 이슈였고 이는 집회 신고서에 다 나와 있죠. 그런데도 경찰이나 검찰이 귀 기울여 듣질 않아요.

검찰은 2016년 당시 신규 조합원이나 증차한 기존 조합원에게 투쟁 기금을 요구하고, 이를 납입하지 않으면 현장에서 퇴출한다고 위협하여 돈을 갈취했다며 하동지회장이던 신원호 형님을 기소했어요. 구속영장 실질심사 받을 때 같이 갔거든요. 하동뿐만 아니라 각 지부에서 사람들이 엄청 많이 왔죠. "실질심사 받고 올게" 하고 들어간 분이 나올 때는 수갑을 차니까 심리적으로 위축되고 또 얼마나 화가 납니까? 영장 실질심사 결과가 나오기 전까지 구치소에서 수갑을 차고 있어야 되는 것 같더라고요. 저는 그런 법을 잘 몰랐어요. 내 가슴도 철렁하고 눈물도 나고 화도 나고 그랬죠.

저녁 8시 좀 넘으니까 불구속이라고 결과가 나오더라고요. 고생하신 분들에게 제가 순대국밥 한 그릇씩 사드리고 신원호 형님하고 하동으로 넘어왔죠. 그런 상황을 나도 겪을 것 같더라고요. 아무런 이유 없이 사건이 검찰에 송치됐다는 문자를 받았으니까요. 생전 수갑 찰 일 한번 해본 적 없는 사람인데, 인생을 잘못 살지도 않았는데 하는 생각만 들었죠. 그래도 내가 무슨 힘이 있습니까? 자기들끼리 공감 협박 죄를 붙여 범죄자로 만들어놓으니 솔직히 잠이 안 오더라고요. 한동안 아는 분들한테 자문도 구하고 판례

같은 게 있으면 찾아보고 했지만 심적으로 엄청 갈등을 많이 했죠. 힘들었어요. 아직도 검찰에서 온 문자를 보관하고 있습니다.

2024년 10월에 신원호 전 지회장님 선고가 있었는데 공갈 협박죄로 징역 9개월을 선고받았어요. 지금은 항소심 진행 중에 있습니다. 제가 법은 잘은 모르지만 진짜 내 속을 갈라서 보여줄 수 있다면 그러고 싶을 정도로 억울하고 답답해요. 공권력 탄압으로 노조도 힘이 빠지죠. 지은 죄도 없이 이름만 들어도 무서운 광역수사대 같은 곳에서 이리 와라, 저리 와라 하면 꼼짝없이 불려 다녀야 하니 일할 맛도 안 나고요. 경찰이나 검찰 같은 데서는 "귀에 걸면 귀걸이 코에 걸면 코걸이" 식으로 없는 죄도 만들죠. 다들 가족들 먹여 살려야 하는 형편인데, 힘이 빠지고 사기가 떨어지죠. 조합원 앞에서 약한 모습을 보일 수는 없으니까 혼자 고민 많이 했죠. 시간 지나면 잊힐 일이겠지만, 너무 억울해요. 공권력에 의한 노조 탄압이잖아요. 경찰은 1계급 특진이 걸려 있어서 혈안이었습니다. 윤석열 정권이 들어와서 이런 일이 생겨버리니까 원망스럽죠. 나는 윤석열 대통령 나오면 텔레비전도 돌려버려요.

탄압 와중에 들려온 그날의 비보

2023년 5월 1일 창원대로에서 노동절 행사 중에 비보를 들었죠. 참담했습니다. 제가 양회동 열사는 아니지만, 그분 마음을 100분의 1 정도는 이해할 것 같아요. 중압감을 항상 느끼죠. 저도 조사받을 이유도 없는데, 검찰에 송치까지 되잖아요. 그런 거 보면 내가 정말 힘이 없는 사람이구나 싶어요. 주변에서 지회장 하지 말라는 소리 나오는 거죠. 무슨 죄를 지어서 그렇게 되는 거냐고 걱정을 하죠. 솔직히 덤프차 운전도 때려치우고 싶은 마음이 생겼고요.

화가 나도 하소연할 데가 없잖아요. 할 수 있는 일이라는 게 우리끼리 모여서 피켓 들고 시위하는 거밖에 없으니까요. 집회를 하다 노동가나 '임을 위한 행진곡' 같은 노래를 들으면 가슴에 욱하고 올라오는 게 있어요. 어떨 때는 감정이 북받쳐서 눈물도 나올 것 같고요. 그래서 노동조합 집회 때 맨 앞에 서는 것 같기도 해요. 정당하게 우리 목소리를 내는데, 아무도 안 들어주잖아요. 외려 탄압하고 사실을 왜곡해서는 우리를 깡패 집단으로 만들어놓습니다.

2023년에 5월 16일 양회동 열사 정신 계승 총파업 결의대회가 서울 세종대로에서 있었어요. 1박 2일 노숙 투쟁에 저도 참여했거든요. 청계천 옆에서 은박 돗자리 깔고 잤어요. 아침에 일어나 보라매공원 앞 전문건설회관에서 집회도 했어요. 당시 양회동 열사 죽음을 왜곡 보도하는 언론사가 많았죠. 〈조선일보〉는 '건설노조원 분신 순간, 함께 있던 간부는 막지도 불 끄지도 않았다'며 매도했어요. 1박 2일 노숙 투쟁에 대해서도 도로 점령하고 술판을 벌여 쓰레기가 100톤이 나왔다고 했죠. 도대체 얼마나 먹고 버려야 100톤 쓰레기가 나옵니까? 언론이 어떻게 저리 허무맹랑한 말을 할 수 있을까 싶었죠. 경찰은 집회하는 사람들을 때려잡는 게 아니고 보호해야 할 의무가 있잖아요. 그런데도 우리를 보호하는 사람은 한 명도 없었어요.

우리 차에 보면 '전국건설노동조합 경남건설기계지부 하동지회' 이렇게 딱 붙어 있거든요. 건설노조 마크 붙어 있고 그 위에 스피커 달려 있고요. 차 타고 가면 저나 조합원들은 진짜 자부심을 느껶어요. 그런데 탄압 이후로는 예전 같지가 않아요. 왜곡된 보도 때문에 건설노조를 깡패 집단으로 생각하는 사람들이 생겼습니다. 언론이 얼마나 무서운지 알 수 있는 거죠. 우리 마음이랑 정반대 분위기가 형성된 게 요즘 제일 힘들어요. 눈총이 좀 따갑고 해도 지회장이다 보니까 방송차를 타고 하동 관내 구석구석 우리 조합원들이 일하는 현장을 찾아야 했죠.

"덤프차 몰면 돈 많이 번다면서요?"

최근에 일이 더 많이 줄었죠. 하동 관내는 일이 아예 없으니까요. 그렇다고 무조건 놀 수는 없잖아요. 광양에 아파트 짓는 곳에서 아는 사람이 불러서 한 번씩 가고, 그 외에는 따로 일이 없습니다. 그러니 다른 지역이라도 가야죠. 거리가 있으니 아침 일찍 일어나야 하고 남의 동네라서 눈치도 보입니다. 지금 우리 조합원들 네다섯 분도 대전이나 세종 쪽에서 일해요. 광양에 일이 많으니까 그쪽으로 출퇴근하는 분들도 많아요.

건설 일이란 게 수입이 들쑥날쑥하고 안정적이지 못해요. "덤프차 몰면 돈 많이 번다더라" 하는 사람도 있어요. 현실을 모르는 거죠. 당장 지금도 며칠씩 논다 아닙니까? 비 오면 쉬고 일이 없어도 쉬어요. 또 현장 여건상 쉴 때도 있고요. 한 달 20일 정도면 그나마 많이 일했다고 합니다. 하루이틀 정도야 그럴 수 있다 쳐도 일주일 이상 그러면 '이제 뭐 먹고 살아야 하나' 싶어요. 일반 노동자라면 휴업 수당이라도 받지만 우리는 아니다 보니 힘들죠. 일할 시간에 집에 멍하니 있으면 보기도 안 좋고 스스로 소외감도 들더라고요.

관급 물량도 건설업자들한테 가요. 건설 회사는 하도급으로 중간에 한 다리 거쳐서 단가도 다운시키고 또 싸게 타 지역 차를 데리고 와요. 우리는 생존권을 위협받죠. 도급은 1차에 그치지 않고 2차, 3차로 이어집니다. 사업자 등록도 없이 중간에서 마진만 빼먹는 사람이 있어요. 그런 사람을 저희가 '똥쟁이'라고 합니다. 저희 임금 중에 중간에 빼돌려진 돈, 못 받은 노임을 바로 '똥'이라고 하거든요. 똥쟁이들이 도급 중간에서 한 탕당 1000원씩만 빼먹어도 한 달에 몇백을 갈취해가는 거예요. 이런 다단계가 덤프 쪽에도 많이 생겼거든요. 다단계 불법 하도급 구조를 막아야 하죠. 그래서 노조에서는 하동군에서 발주한 공사는 직접 군(郡)을 찾아가서 단가를 개선하려고 합니다. 군에 따로 담당 부서가 있어요. "하동 지역은 단가가 이만큼인데 터무니없는 금액을 책정했다. 당신네들이 이 업체를 선정해서 그 값에 우리가 일하게 된 거 아니냐"며 항의하죠.

국민의 세금으로 하는 관급 공사도 적정 단가가 없다 보니 하동에 도로 공사 같은 현장이 하나 생기면 우리가 교섭해서 시간과 단가도 정합니다. 조합원들이 일할 수 있게끔 하는 게 노조가 제일 우선하는 일이에요. 조합원들도 그것 때문에 많이 가입하고요. 임대료는 지역마다 다르지만 큰 차이는 없어요. 덤프 임대료가 법적으로는 정해진 게 없으니 우리가 권장 단가표를 만들었죠. 하동은 제가 지회장 하면서 군청 건설과랑 하동 관내 건설협회와 교섭해서 60만 원이던 것을 65만 원으로 올렸어요. 근데 곧바로 기름값이 엄청 올라버렸어요. 그래서 1년 만에 70만 원으로 올렸죠. 그래서 2023년도부터는 25톤 덤프차 일당이 70만 원이에요. 그런데 간혹 서로 물밑 작업해서 정해놓은 단가보다 싸게 들어가는 경우도 있어요. 그건 좋지 않아요. 내 몸, 내 차 가지고 정당하게 일하는 거니까 굽신거리지 말아야죠. 떳떳하게 일한 대가를 요구하는 거지 우리가 구걸하는 게 아니잖아요.

11년 차 건설 노동자의 바람

특수고용 노동자와 하청 노동자, 손배 가압류 대상인 노동자들의 단체교섭권을 보장하는 노조법(공식 명칭은 '노동조합 및 노동관계조정법') 제2조와 3조 개정 법안이 빨리 국회에서 통과되어야 해요. 그러면 우리도 떳떳하게 목소리 낼 수 있을 것 같아요. 지금의 노조법 2조는 건설기계, 화물, 라이더 같은 특수고용 노동자의 노동자성을 인정하지 않고 있잖아요. 노동조합 만들고 조합원들이 모여서 집회하고 교섭하는 근거가 노조법인데 우리는 예외가 됩니다. 우리를 개인 사업자로 취급하지만, 실상은 노무를 제공하고 보수를 받아 생활하는 노동자죠. 국제노동기구(ILO)에서도 특수고용 노동자의 단결권을 인정하고 그들이 만든 노동조합을 인정하라고 했잖아요.[13] 근데도 우리가 만든 노동조합을 불법으로 생각해요. 우리가 정말 범법자입니까?

---

13 ILO(국제노동기구) 결사의자유위원회는 2018년 "결사의 자유의 적용 대상이 되는 자를 결정하는 기준은 고용 관계의 존재에 기하는 것이 아니다"라며, "자영업 노동자도 단결권을 향유해야 하며 자영업 노동자의 노동조합을 금지하는 것은 제87호 협약에 반한다"고 명시했다. 또한 2024년 11월 7일 ILO 결사의자유위원회는 408차 보고서에서 한국 정부가 건설업 영역에서 고용 불안정에 대한 우려를 해소하고 고용에 관한 갈등을 예방하기 위한 노동자 및 사용자 단체와 협의를 시작할 것을 요청하고, 공정위가 건설노조 행위를 조사하는 과정에서 정당한 노조 활동에 간섭하지 않도록 유의하라는 취지의 권고안을 발표한 바 있다.

저는 덤프 일을 후회하지 않아요. 크게 바라는 건 없습니다. 일이 없으면 힘들지만 지금은 만족하고요. 동료들하고 끈끈한 정이 있어요. 같이 일하는 우리 하동 조합원이 75명이에요. 이들은 새벽에 나와서 한 평도 안 되는 좁은 차 안에서 지내요. 목숨 걸고 차를 몰아야 하고 잠도 제대로 못 잡니다. 진짜 힘들지만 윤석열 정부에 기대는 없어요. 죄도 없는데 '건폭'이라는 혐오 단어를 써가며 우리를 매도했잖아요. 목숨이 왔다 갔다 할 정도로 힘든 환경에서도 열심히 일하는 사람들 더 이상 와해시키지 말고, 죄 없는 사람들 불러다 강압 수사하지 말고, 그런 인력 있으면 열심히 맡은 일을 했으면 좋겠습니다. 소위 '건폭' 수사를 중단해주세요.

¶

김중근 님은 30년 넘게 건설 현장에서 철근 업무를 했다. 한 달만 하고 그만두겠다고 시작한 일이었지만, 세월은 빨리도 흘렀다. 새벽별을 보면서 출근해 밤늦도록 일했다. 뼈가 부서지고, 살이 찢어지고 아픈 날도 많았지만 좋은 날도 분명 있었다. 하는 만큼 벌 수 있어서 좋았다. 아들에게도 이 일을 권할 정도였다. 노동조합 울타리 안에서 건설 노동자가 더 일하기 좋은 세상을 만들려고도 애썼다. 부당한 대우를 받으면 목소리를 냈다. 휴일 근로수당이 생기고, 퇴직금 제도가 생기기 시작했다. 공안탄압에 노동조합이 뒷걸음치더라도 노동조합이 노동자에게 희망이라는 믿음은 변치 않았다. 그는 노사가 서로 합당하게 일할 수 있는 조건을 만들어가고, 노동자가 정당한 요구를 할 수 있는 세상이 오기를 기다린다.

(기록 김다솜)

탄압의 현장이
일깨운 것들

김중근(부울경건설지부 경남철근분과장)

스물다섯에 철근 '오야지'였던 매형을 따라다녔죠. 철근 일에는 오야지 개념이 있어요. 일종의 관리자 역할을 합니다. 이들은 30~40명 정도 인원을 식구로 데리고 다녀요. 공사 현장 안에 숙소를 지어놓고 다 같이 살았죠. 오야지로서는 돈을 벌려면 이 사람들을 힘들게 일 시켜야 해요. 한마디로 불법 하도급 형태인 거죠.

정말 힘들었어요. 항상 한 달만 해야지 하다가 30년이 됐어요. 처음에는 인원수만 체크하고 간식 가져다주면 된다고 하더라고요. 근데 돈이 적어요. 그래서 철근 일 해보겠다고 했다가 30년이 가버렸어요. 그때만 해도 장비가 없었어요. 사람이 직접 철근을 메다 나르고 그랬죠. 처음에는 1시간이 아니라, 10분도 못 있겠더라고요. 한여름 땡볕 아래에서도 노는 날 없이 일했었죠. 가족이 있어서 버텼어요. 내가 특별한 기술이 있는 것도 아니고, 집에 생활비도 계속 가져다줘야 하니까요.

자부심을 지켜주는 정직한 노동

철근 일을 하면 어깨가 제일 아파요. 매일 메고 다녀야 하니까요. 보통 50킬로그램 이상은 직접 메요. 철근은 특성상 표면이 매끄럽지도 않아요. 거칠잖아요. 상처가 나기 쉽죠. 전 지금 손이 잘 안 올라가요. 지난해에 병원 가려고 했는데 아직 못 가고 있어요. 나이가 들어서 그런가 보다, 오십견인가 보다 했는데 그게 아닌 거 같아요. 현장에서는 철근 일 관련 사고가 빈번해요. 철근 위를 밟고 지나가거나 거기 서서 일해야 하니까요. 아래 깔린 철근은 서로 결속된 게 아니라서 계속 움직여요. 아무것도 안 들고 있어도 서 있기 힘든데, 철근을 메고 그걸 밟고 다녀야 해요.

저는 철근 일에 자부심이 있어요. 일하는 만큼 돈을 가지고 갈 수 있거든요. 무리를 하자면, 새벽 5시에 나가서 저녁 10시까지 일할 수도 있어요. 20년 전에는 일당이 15만 원에 추가 작업 포함해서 30만 원을 받았어요. 죽을 둥 살 둥 일하면 35만 원까지도 벌어 갈 수 있었죠. 저도 몸을 혹사해서라도 더 벌어보자는 마음이 있었죠. 우리 그렇게 일했어요. 새벽에 눈 뜨자마자 현장 가고 겨울엔 앞이 안 보이니까 이마에 랜턴 달아가면서, 그렇게 7~8개월 일하면 그 뒤로는 두 달간 일을 못 해요. 너무 힘들어서 잠도 못 잡니다.

일주일 정도 쉬다가 현장을 옮기는 방법도 있어요. 예를 들면 아파트 한 층만 짓는 공사에 들어가는 거죠. 옹벽 하나를 한 층이라 부르는데, 층당 가격을 매깁니다. 저는 10명이 할 일을 다섯 명이 마치고 왔어요. 그래도 10명분 임금이 나왔거든요. 요즘에는 그렇게 일 안 하죠. 그렇게 일하면 작업자 죽는다고 노동조합에서 말려요. 그때는 젊으니까 돈 버는 맛에 했는데 시간 지나면서 골병이 들었어요.

제가 처음 일할 당시만 해도 현장에서 안전모는 볼 수 없었어요. 안전화도 없어서 운동화 신고 일했고요. 사고도 자주 일어났죠. 눈에 철근이 박힌 사람도 봤고요. 부러지고, 찢어지는 일은 다반사였어요. 위에서 뭐 떨어져서 머리 깨지고, 발 헛디뎌서 넘어지는 바람에 다리 부러지고요. 지금은 안전 장비도 있고 기본 안전 수칙은 지키잖아요. 정부에서 안전 교육도 하고, 사인도 다 받아갑니다.

공안탄압 후 퇴행하는 건설 현장

예전에는 회사에서 우리를 부당하게 대우했어요. 비 오는 날에도 일 시키고, 일요일에도 일 시키고. 그러고도 돈 받기 힘들었습니다. 공기 단축하라는 압박도 많았어요. 다음 날 타설이 잡혀 있으면 밤을 새워서라도 철근 작업을 끝내야 했어요. 일요일에도 출근하라고 하고요. 한여름에도 땡볕에 그늘막 없이, 쉬는 시간도 없이 일했어요. 민주노총에서 최선을 다하겠다고, 해결해주겠다고 하길래 노동조합에 가입하게 됐죠. 노동조합에서 나서서 일요일 쉴 수 있게 해줬어요. 4대 보험도 만들었죠. 4~5년 전까지만 해도 그런 게 없었어요. 노동조합에서 강하게 압박하면서 가능해진 일이죠. 회사가 노동조합 눈치를 보면서 서서히 부당한 지시가 없어졌어요. 조합원이 아닌 노동자에 대한 처우도 바뀌었어요. 여름에는 제빙기도 설치되었습니다. 노동자 복지가 좋아졌죠. 노동조합에서 물 지급해달라고 하면 바로 주고요. 50분 일하면 10분은 쉴 수 있어요.

점심시간이랑 간식 시간도 있고요. 현장이 좋은 방향으로 바뀌고 있었습니다.

제가 노조에서 가장 많이 한 일이 임금 체불 문제 해결이었어요. 다행히 10건 중 8건은 해결할 수 있었죠. 예전에는 건설 노동자들이 돈을 제대로 받을 수가 없었어요. 요즘은 임금 체불 사태가 일어나면, 건설노조가 노동청에 대신 신고도 해주고, 원청사를 직접 만나서 임금을 지급하라고 요구해요. 집회까지 하면 어떻게든 해결이 되더라고요.

일요일 휴무도 우리가 투쟁해서 얻어낸 결과입니다. 예전에는 휴일 근로수당도 따로 없었어요. 그러다 근무 일수를 채우면 법적으로 보장된 수당을 받게끔 만들었어요. 근로기준법상 빨간 날에 일하면 휴일 근로수당이 붙잖아요. 법에 명시된 대로 일요일에 일하면 일당의 1.5배를 달라고 요구했어요. 건설노조에서 투쟁하면서 만들어낸 거죠. 그런데 공안탄압이 들어오고 나서는 임금 체불도 많이 일어나고, 휴일수당도 제대로 못 받고 있어요. 회사에서는 일하기 싫으면 나가라는 식이죠.

탄압이 시작되면서 옛날로 돌아가고 있어요. 지금은 일요일에도 쉬지 못하고 일해요. 건설 노동자들이 2022년 겨울부터 많이 힘들어지고 있어요. 그전만 해도 경남 지역에 임금 체불이 거의 없었는데요. 2023년부터 늘고 있어요. 돈이 밀려도 노동조합에서 할 수 있는 게 없어요. 회사에서 노동조합을 만나주지도 않아요. 예전에는 원청사 찾아가면 딱 해결됐습니다. 그런데 지금은 임금 지급 못 해준다고, 법대로 하라고 해요. 그럼 우리는 방법을 찾아야 해요.

임금 체불을 당하면 고용노동부에 체당금 신청을 해요. 100% 다 받지는 못하지만, 일부는 받으니 그나마 낫죠.

노동조합 상근으로 활동한 적이 있어요. 공안탄압 이후로도 경남 지역은 정기 모임도, 회의도 꼬박꼬박 해요. 제가 상근 활동가로 일할 때는 전화 받느라 업무를 보기 힘들 정도였어요. 그만큼 민원이 많았죠. 현장에 돈이 안 나온다거나, 사고가 났다거나 하는 내용이 많았어요. 이야기 들어보고 직접 가봐야겠다 싶으면 현장에 나가죠. 하루에 20~30통 정도 전화가 왔던 것 같아요. 이후로 상근직을 그만두고 2022년 1월부터 창원의 한 아파트 공사 현장 하청업체에서 2년 동안 일했어요. 상근자 월급만으로는 생활이 안 돼요. 한 달에 경조사비만 해도 제법 돼요. 사람 만나서 커피 한 잔이라도 마시려면 제 돈이 필요하고요. 집에 생활비를 가져다주기도 어렵죠.

경찰 조사만 여섯 번을 받다

제가 공안탄압 당시에 경찰 조사를 여섯 번 받았습니다. 협박이랑 강요를 했다고 하는데 저는 그런 적이 없어요. 금품을 받은 적도 없는데, 억지로 엮으려고 하더라고요. 그러다 보니 많이 위축됐습니다. 노가다라면 진절머리가 나더라고요. 아무것도 하기 싫고 사람 만나기도 싫었어요. 제가 한 일로 그랬으면 억울하지는 않을 텐데, 자꾸 상관없는 이야기를 해요. 단지 회사에 찾아갔다는 이유만으로요. 집회는 당연히 할 수 있는 일인데, 그런 이유로 사람을 몰아갑니다. 제가 경남경찰청 광역수사대랑 김해, 창원, 진주 경찰서까지 다녀왔어요. 부산 가서도 조사받았었네요.

저는 회사에 언성 한 번 높이지 않고 그저 사람들 써달라고 부탁했어요. 그쪽 소장님이 민주노총 조합원 쓰길 잘한 거 같다고, 오히려 돈을 벌게 되었다며 고맙다고 하기까지 했는데, 경찰서에 와서는 말이 달라지는 거예요. 심지어 4년 전에 있었던 일로 경찰 조사를 받았어요. 기억도 안 나는 일을 왜 기억 못 하느냐고 다그칩니다. 솔직히 4년 전 일을 자세히 기억할 수 있는 사람이 누가 있겠어요?

황당한 일도 있었어요. 경찰 말이 우리가 건설사 사무실 찾아가서 현장을 멈추겠다고 협박했대요. 그래서 제가 건설사 대표랑 통화를 했어요. 우리가 언제 그런 말을 했느냐고 물었죠. 대답을 잘 못 하더라고요. 결국 경찰과 건설사가 짜고는 우리를 어떻게든 범죄자로 엮어 넣으려고 한 거죠. 그 통화 내용은 녹취해서 변호사에게 전달했죠. 저는 인사 차원에서 대표와 차 마시러 간 거였어요. 일 주셔서 감사하다고 말하고 나왔는데, 우리가 대표에게 일자리를 강요한 걸로 됐더라고요. 억울해서 잠을 못 잤어요. 몸무게가 15킬로그램이나 빠져서 지금 75킬로그램 나가요. 술도 일주일에 한 번 마셨는데 경찰 조사받을 때는 거의 매일 혼자서 마셨어요. 그냥은 잠이 안 오니까 그런 거죠.

우리가 어떻게 일하는지 알면 경찰들이 그렇게 못 해요. 우리 입장에서는 너무 터무니없는 말을 하고 거기에 답변하라고 하니까 황당하죠. 우리 일을 모르고서 질문하니까, 어디서부터 답해야 할지도 모르겠더라고요. 노동법에는 단체교섭권이 있잖아요. 그런데도 잘 돌아가는 현장에 왜 찾아갔느냐고 물어봐요. 당연히 찾아가야 하니 간 건데 그렇게 물어보면 할 말이 없잖아요. 교섭도 왜 두세 명이 들어갔느냐고 해요. 그건 회사에서 요구해서 그런 거예요. 우리가 한 명만 교섭에 들어갈 수는 없잖아요. 직종별로 앉아서 단체교섭을 해야 하는데, 그런 것까지도 꼬투리를 잡아요.

정부에서 공안탄압을 해도 걱정 별로 안 했어요. 잘못한 게 없으니까, 조사해도 뭐가 나오겠나 싶었거든요. 그래서 떳떳하게 조사받자고 했는데, 막상 가보니 그 내용이 너무 황당한 거예요. 형사들이 계속 유도를 하더라고요. 참다못해 제가 조사받다가 고함을 쳤어요. 당신들 이거 불법 아니냐고, 안 한 걸 했다고 말하게끔 강제적으로 유도하는 거 아니냐고요. 안 했다고 답하면 다른 질문으로 갔다가 똑같은 질문을 다시 해요. 원하는 답이 나올 때까지 반복하는 거예요. 제가 볼 때는 어떤 틀을 만들어놓고, 거기에 가두려는 것 같았어요.

아버지도, 아들도 노동조합으로

조사받다가 담배 피우러 잠깐 나왔는데, 마침 아들도 옆방 조사실에서 나오더라고요. 아들도 건설 일을 하거든요. 제가 권했어요. 당시 회사에서 200만 원 정도 받고 일했거든요. 결혼하기 전에 먼저 살림을 차린 상태라 돈을 벌어야 하잖아요. 우리 일은 열심히 하는 만큼 번다고 한번 해보라고 했죠. 아들 생각에도 직장 다니는 것보다 벌이가 두 배는 되니 나쁘지 않았을 겁니다. 그렇게 일을 시작했죠. 아직 젊으니까, 끝까지 한번 해보겠다고 하길래 그러라고 했어요.

제 손으로 아들을 불러서 일을 가르쳤습니다. 철근 들고 나르는 것부터 시작했어요. 이게 힘으로만 해서 되는 일이 아니거든요. 철근을 어깨에 멜 때는 '까꾸리'라고 쇠꼬챙이처럼 생긴 연장을 써요. 철근과 철근을 어떻게 묶는지, 공구를 어떻게 다루는지 다 알려줬어요. 도면 보는 방법까지도요. 처음부터 끝까지 다 제가 가르쳐준 거죠. 아들이 일하다 허리를 다쳐서 8개월 누워 있었던 적도 있어요. 발목도 나가고요. 저도 같은 과정을 겪었어요. 똑같이 발목 부러지고, 무릎 수술하고. 겪어야 할 과정이니 옆에서 지켜보기만 했죠. 그러다 제가 노동조합 활동을 하니까 옆에서 보고선 자기도 한번 해보겠다고 한 거예요. 그런 아들을 경찰서에서 만난 겁니다.

상황이 그렇게 되니까 정말 일을 그만두고 싶었습니다. 원래 아들은 지원팀장으로 일했어요. 철근 하는 사람들을 데리고 다니면서 일을 받아주고, 관리하는 역할이었습니다. 아들이 민주노총에 들어오기 전에 한국노총에 있었는데요. 한국노총은 너무 힘이 없다고 생각해서 저랑 아들도 민주노총으로 넘어왔죠. 그때는 젊은 세대가 노동조합 활동 많이 해서 바꿔야 한다고 생각했어요. 그러다 이런 일이 일어났는데 부모로서 속이 좋겠어요? 한 방에서는 아비가, 옆방에서 아들이 조사받는 게 말이 됩니까. 멀쩡하게 회사 잘 다니던 애를 건설 일로 데려와 고생시키는 것 같아 마음이 아팠습니다. 아들한테도 여러 건이 걸렸어요. 속내를 잘 보이지 않는 애라 자세히는 모릅니다. 싫으면 싫다, 좋으면 좋다고 해야 하는데 워낙 말을 안 하죠. 대놓고 얘기는 하지 않지만, 아들은 노동조합 간부니까 이것도 과정으로 생각하는 것 같아요. 저도 그렇게 생각해요. 한 번은 겪어야 할 일이라고요.

저는 객지 생활을 오래 했어요. 아들을 제 손으로 안 키웠죠. 1년에 집에 가는 날이 겨우 네 번 정도였으니까요. 명절 두 번 하고, 연말이랑 여름휴가 때 한 번 얼굴을 봤습니다. 애들 엄마하고는 이혼해서 아들이 크고 나서야 봤어요. 양육비만 꼬박꼬박 보내줬었고요. 가끔 통화하고, 어쩌다 한번 보기는 했죠. 제가 부산에서 일하고 있을 때 한 번씩 만났고 고등학교 졸업하고 나서는 좀 더 자주 보게 됐죠. 그래도 아들과 함께한 기억이 많지는 않아요.

요즘은 아들이랑 가까이 사니까 가끔 술 한 잔씩 해요. 일 애기도 하죠. 요즘 어떤지, 잘되고 있는지 물어요. 이럴 때는 어떻게 해야 하는지 아들이 제게 물어보기도 하고요. 노동조합 이야기도 합니다. 아들이 노동조합 일을 힘들게 했거든요. 지금도 5시간 이상 잠 안 잘 거예요. 새벽같이 현장에 출근해서 사람들 작업 배치해놓고, 사무실 올라가서 작업 회의 끝내고, 다음 날 할 일 검토하고, 여기에 노동조합 활동도 하고, 그런 다음에야 퇴근하겠죠. 오죽하면 며느리가 그래요. 자고 나면 남편이 들어온다고. 보는 저도 마음이 안 좋습니다. 손주한테는 건설업 안 권하고 싶죠. 아무리 환경이 좋아지더라도요. 힘이 많이 드니까요. 정말 힘들어요.

우리는 노가다도 폭력배도 아니다

오랫동안 노가다였다가 이제는 노동자가 되나 했더니 도로 건폭이 되어버렸습니다. 우리끼리 그런 말을 많이 해요. 이 일을 다들 기피합니다. 건설 현장에 젊은 사람들이 없어요. 이대로라면 우리가 설 자리도 사라질 것 같아요. 젊은 세대들은 이 일을 안 하려고 하고, 현장은 고령화되어 갑니다. 4~5년 후에는 문제가 심각해질 거예요.

현장이 조금씩 달라지고 있기는 해요. 우리 때만 해도 퇴직금 제도가 없었어요. 지금은 하루 5000원씩 퇴직금을 적립합니다. 일한 지 1년 넘어가면 회사에서 퇴직금을 지급하죠.[14] 이렇게 된 지 몇 년 안 돼요. 저는 퇴직금 제도가 있는지도 몰랐어요. 지금은 많이 알려져서 열에 아홉은 알지만 예전에는 열에 여덟은 몰랐을 거예요. 그런데 요즘은 이것도 어려워지고 있어요. 1년을 넘기기 전에 잘리기 때문입니다. 회사는 퇴직금을 안 주려고 공사 기간이 2년이라 해도 1년 전에 사람을 내보냅니다. 그전에는 노동조합에서 못 하게 막았지만 탄압 이후로는 역부족이에요. 이대로라면 다시 옛날로 돌아갈 거 같아요. 모든 게 뒷걸음질 치고 있어요. 사측은 노동조합이 눈엣가시죠. 잘못된 건 지적하고, 임금 제대로 지급하라고 요구하니까 싫은 거죠. 그런데 생각해보세요. 자기들이 시키는 대로 하면 그게 노동조합이겠습니까?

전 정말 자부심이 있어요. 노동조합이 많은 변화를 이끌어냈기 때문이에요. 도급 단가 누구 때문에 올라갔는데요? 휴일수당 누구 때문에 다 나오는데요? 우리가 투쟁해서 얻은 거예요. 노동조합에 가입 안 한 사람들한테도 같은 말을 합니다. 당신들한테 이익인데

---

14 건설노조는 일용직 노동자를 위해 퇴직금 제도를 만들었다. 건설근로자공제회에서 퇴직 공제금 제도를 운용하고 있다. 사업주가 하루 단위로 정해진 금액을 공제회에 납부하면 건설 노동자는 퇴직할 때 납부금에 이자를 더해 퇴직금으로 받을 수 있다. 건설 노동자의 처우 개선을 위한 건설산업연맹의 제도 설립 요구였던 퇴직 공제금 제도는 1998년 1월부터 시행됐다.

왜 노동조합을 욕하냐고요. 우리가 바꾸어놓았잖아요. 그러면 아무 말 안 해요. 등 뒤에서 욕하는 사람은 많아요. 탄압 이후로는 의욕이 떨어졌습니다. 내가 뭘 그렇게 잘못했다고 그런 소리 듣습니까? 회의감이 드는 거죠. 지금은 열정도 사라지고, 뭘 하고 싶은 마음이 없어요. 그래도 어떡합니까? 제가 버텨야 다른 사람도 버티죠.

우리는 받는 만큼 일하는 게 당연해요. 근로 조건은 너무 안 좋아요. 현장 방문해보면 아시겠지만, 너무 열악해요. 제대로 쉬지도 못해요. 일요일 하루라도 쉬고 싶죠. 노동조합이 생기면서 그나마 쉴 수 있게 했는데, 다시 예전으로 돌아가고 있어요. 우리는 여름휴가도 반납하고, 명절도 며칠 못 쉬고 바로 작업합니다. 보통 회사는 밤에 일하면 야간 수당을 평상시 1.5배로 주잖아요. 건설 현장은 그런 게 없어요. 야간에 일해도, 일요일에 일해도, 남들 놀 때 일해도 하루 일당만 나와요. 공안탄압을 받고 나서 너무 안 좋아졌어요. 이렇게 급격하게 안 좋아질 줄은 몰랐어요. 그래도 우리가 쌓아온 게 있었으니까요. 이걸 완전히 부술 수는 없을 것으로 생각했는데 아니에요. 생각보다 데미지가 커요.

지금은 사측에서 노동조합을 거쳐서 채용하기를 거부해요. 노동조합에서 왜 사람을 쓰라, 마라 하느냐면서요. 공안탄압을 받고 나서 노동조합이 많이 약해졌어요. 현장을 방문해서 단체교섭하며 대화로 풀었는데 지금은 우리를 만나주지 않아요. 일요일에 일 시키려면 수당 달라고 하는 거 정당한 요구잖아요. 근데 그걸 정부에서 막아요. 우리가 교섭 진행하겠다고 하면 대꾸도 안 해요. 민주노총 누구라고 하면 전화 끊어버립니다. 조끼 입고 현장에 들어가면 창문을 닫아버려요. 180도 바뀌었어요. 회의하는데 안건 내면 답해 주지도 않아요. 그래서 노동조합 명함을 절대 주지 않습니다. 갈수록 힘이 없어지니 조합원들이 많이 탈퇴했어요. 그러니 노동조합은 더 위축되죠.

저는 수입이 3분의 1 정도 줄었어요. 이번에 몇 달씩 놀고 있어요. 30년간 일해왔지만, 이렇게 길게 놀아본 건 처음이에요. 모든 게 공안탄압 때문입니다. 경찰 수사에 재판받느라 일할 시기를 놓쳤어요. 벌써 1년이나 지났어요. 30년을 쉬지 않고 일하다 놀게 되니까 생활이 무의미해요. 노동조합을 안 했으면 차라리 일이라도 꾸준히 할 텐데 싶기도 하고요. 새벽 5시 30분에 일어나서 6시에 나가요. 할 일이 없는데도 나가요. 밖에서 이리저리 돌아다니다가 퇴근 시간 되면 집으로 돌아옵니다. 처음에는 쉰다는 생각으로 집에 있었어요. 한 달 정도는 괜찮았는데 그 뒤로는 눈치도 보여요. 생활비도 없이 버티고 있는 상태니까요. 계속 안 좋아져요. 우울증이 오는 것 같기도 하고요. 처음에는 이런 생각 안 하려고 했는데요. 요즘에는 내가 왜 그렇게 노동조합 활동에 앞장섰는지 후회가 생겨요. 그런다고 월급 더 나오는 건 아니거든요.

요즘은 현장에 한국 사람이 없어요. 사무직 관리자만 한국 사람이죠. 원래는 노동조합에서 지역민을 현장 인력에서 최소 25%는 쓰게 해달라고 요구했었어요. 그런데 지금은 아무도 안 불러주죠. 노동조합 활동한 이력이 남아서 우리를 안 쓰려고 해요. 그런다고 우리가 숨길 이유도 없고요. 게다가 공사 현장에서 이미 내국인 인건비를 감당할 수가 없어요. 하청이 하청을 불러오는 구조 때문인데, 현장 업자들에게 물어보면 상황이 15년 전으로 돌아간 것 같대요. 단가가 너무 내려간 거예요. 감당할 수 없는 금액을 던져주고, 공사하라고 한대요. 그러니 적자 안 보려고 내국인 대신 외국인만 쓰는 거죠.

휴일수당도 사라졌습니다. 이런 상황을 되돌리려면 노동조합 활동이 보장되어야 해요. 노동조합 탄압으로 이렇게 돼버렸어요. 건설사가 노동조합과 대화에 나섰으면 좋겠어요. 서로 합당하게 일할 수 있는 조건을 만들고, 노동자가 정당한 요구를 할 수 있게 되면 나아질 겁니다.

3부

연대를 향한

한 걸음

¶

스물두 살에 비계 일을 시작한 김준영 님은 20년 차 건설 노동자로 살아가고 있다. 노동조합에 가입하고서 건설업체에 끌려다니며 살아왔던 삶을 깨닫게 된 그는 노조 활동에 앞장서게 된다. 윤석열 정부의 탄압 이후 덤핑과 경쟁이 난무하는 과거로 돌아간 건설 현장, 원청사와 맞짱 뜨지 않고서는 변화할 수 없는 건설 산업의 구조적 문제를 어떻게 풀어가야 할지를 고민하는 그를 통해 건설노조가 걸어온 길의 의미를 알 수 있었다. 탄압으로 더 단단해진 그는 모든 건설 노동자의 인간다운 삶을 위해 노조는 무엇을 해야 하는지 끊임없이 고민한다. 다른 이들이 안전하게 일할 수 있도록 통로와 안전 난간대를 설치하는 비계 일처럼 그는 모든 건설 노동자들이 인간답게 살아갈 길을 만들어가고 있다. 허공에 길을 내는 비계 일처럼 수없는 위험과 난관에 부딪혀도 함께하는 동지들이 있어 힘을 내며 가고 있지 않을까? 그와 건설 노동자들이 만들어가는 길에 작은 버팀목이라도 하나 보탤 수 있으면 하는 마음이 간절해진다.

(기록 이은주)

정직한 노동이
존중받는 사회

김준영(부울경건설지부 비계분회장)

제 어린 시절은 평범하지 않았던 거 같아요. 제가 어머니 얼굴을 모르거든요. 어렸을 때 여러 사람 손에 자랐어요. 할머니와 살다가 고모와도 좀 지냈고 할머니의 친동생 할아버지 집에서도 살았어요. 그 후 아버지와 같이 살다가 열일곱 살에 독립해서 혼자 살기 시작했어요. 그 후로는 집에 손 벌린 적이 한 번도 없어요.

낮에 일하며 야간 고등학교 다니다가 중퇴했어요. 그땐 고등학교 중퇴나 중졸이면 군대에 현역으로 가지 못하고 방위병으로 복무해야 했어요. 그런데 마침 고등학교 때 일했던 곳에서 "병역특례병 자리가 하나 났는데 올래?" 하고 연락이 왔더라고요. 그래서 스무 살부터 스물두 살까지 특례병으로 근무했죠. 그 뒤 알바 두 개를 뛰었어요. 커피집에서 6시부터 12시까지 일하고 1시부터 6시까지 5톤 화물차 보조 기사를 했어요. 그렇게 석 달을 하니까 사람이 미치겠더라고요. 당시 친구 아버지가 옛날 말로 오야지였는데 비계 일을 하셨어요. 제게 "일 좀 해보면 안 되겠나?" 하고 부탁해서 그렇게 일을 시작했어요.

'열정 페이' 청년 노동자로 시작한 비계 일

아침 7시에 출근하니 몸이 좀 힘들어서 그렇지 생각보다 괜찮더라고요. 오후 4시 되면 마치니까요. 아침, 점심을 주고 중간에 또 참을 먹잖아요. 편의점에서 파는 빵이나 우유 등 아무거나 먹는 건데도 좋았어요. 한창 잘 먹을 나이였으니까요. 수입도 투잡 뛰는 것보다 낫더라고요. 그분 밑에서만 8년 있었어요. 20대 청춘을 거기에 다 바쳤죠. 얼마나 열심히 했느냐면 새벽에 포터(트럭)를 끌고 가서 자재 실어놓고, 다른 형들 일 마치고 퇴근한 뒤에도 남아서 포터에 짐을 실었어요. 지금은 그렇게 하면 수당 달라고 하겠지만, 당시에는 안 그랬거든요. 총각이면 일 더 잘해도 돈 많이 안 줬어요. 형님들은 가정이 있으니 그런가 보다 하며 일했죠. 사무실 야적장 앞에 제 식당 장부가 있었어요. 일 끝나면 고기 먹고 가라고요. 그런 걸로 퉁친 거죠. 요즘에 그렇게 하면 바보 소리 듣죠. '열정 페이'라고 얘기하잖아요. 그렇게 일했어요.

어려서부터 고생해서 훈련이 됐는지, 긍정적으로 생각하려고 했던 것 같아요. 그렇게 열심히 일한 게 또 밑거름이 되더라고요. 불평한다고 해서 상황이 바뀌지 않으니 '버텨서 내가 살아남아야 된다'는 생각이 강했던 것 같아요. 지금도 똑같아요. 스물다섯 살 때 동료 소개로 아내를 만났어요. 1년 뒤 아내가 임신했는데, 가진 게 없었어요. 그동안 모아놓은 돈을 아버지한테 맡겼는데 그게 모두 날아간 상황이었거든요. 자취방에서 아기를 키우며 살려는데 장모님이 불러서 처가에 들어가서 살게 됐어요. 저는 좋더라고요. 진심으로 좋았던 게, 저녁에 일 마치고 가면 장모님이 밥을 엄청 맛있게 해주시는 거예요.

불편한 점도 있었지만 어머니라는 존재가 계시는 게 좋더라고요. 제가 다 낡은 아반떼 차를 얻어서 타고 다녔거든요. 현장에서 일하느라 차 안에 먼지가 가득한데도 사위를 부끄러워하지 않으셨어요. 어머니 모임 있거나 하면 "우리 사위다" 하고 자랑도 하시고요. 아껴 살아야 하다 보니 아내한테 하루에 담뱃값 5000원씩 용돈 받아 다녔거든요. 그러면 뒤에서 장모님이 5만 원을 주시는 거예요. 안 받는다고 하면 "받아라, 받아라" 하셨어요. 저희 아기 돌 때 장모님이 갑자기 심장마비로 돌아가셨어요. 제가 스물여덟 살 때였어요. 그땐 처갓집이 완전 암흑기였죠. 지금도 얹혀사는 셈인데 장인어른이 저랑 24년 차이 '띠띠 동갑'이에요. 저는 어른들이랑 잘 지내는 편인 것 같아요. 어렸을 때부터 그렇게 살아왔으니까요.

멋모르고 비계 일을 시작했지만 잘 지나온 거 같아요. 그래도 많이 힘들었죠. 옛날에는 더 위험하기도 했고요. 결혼하고 아기 낳고 나서는 겁이 나기도 했어요. 다른 꿈을 꿔보고 싶은데 늦은 나이라 그럴 수가 없더라고요. 대신 '한 직장에서 8년 동안 열심히 해왔으니 나도 한번 내 일을 해보자. 팀장 한번 해보자' 하고 마음먹었죠. 무작정 친구랑 둘이서 일당으로 막 다녔어요. 남들이 4시까지 일해주면 우리는 4시 반, 5시까지 일해주면서요. 그러다 원래 직장에서 일했던 형들이 나오면서 "야, 같이 일 좀 하자" 이렇게 됐어요.

건설업체에서는 일을 해도 임금이 바로바로 안 나올 때가 많잖아요. 팀을 책임지고 운영하는 자리이기에 그런 경우 팀원들에게 선지급을 해줘야 했어요. 농협에 가서 카드 대출을 받기도 했어요. 팀 식구가 많아지기 시작하면서 법인 등록까지 했거든요. 진짜 경쟁력이 있어야 되니까요. 일단은 질러봤죠. 그리고 나라에서 지원 받는 걸 하려 했는데 노조가 시작되면서 법인은 접었죠. 조합원은 노조를 통해 일자리에 들어가는 거라 개별 사업자나 법인을 유지하면 안 되거든요.

허공에 계단을 놓다

'비계(飛階)'는 다른 공정이 일할 수 있도록 준비하는 '선공정'이에요. 건물을 지을 때 외벽 같은 곳에 작업 통로, 발판, 안전 난간대 등을 설치하는 거예요. 다른 작업자들이 일할 수 있는 임시시설을 만들어주는 거죠. 비계의 '비'가 한문으로 날 비(飛) 자예요. 공중에 뜬 계단, 통로를 만든다는 뜻이겠죠. 아무것도 없는 허공에서 시작되는 작업이다 보니 위험을 무릅쓰고 해요. 후속 공정들이 안전하게 일할 수 있게 서포트해주는 공정이라고 할 수 있습니다.

비계 작업은 기본 3인 1조로 하거든요. 건물이 높아지면 사람들이 더 들어와야 되고요. 최고 많은 팀이 스물 몇 명 되는데 대부분 10명 안팎인 것 같아요. 비계는 원래 작은 조직이에요. 뼈대 역할을 하며 건축물을 지지하는 기둥, 보, 벽, 바닥 등을 만드는 것을 골조 공사라고 하는데 그중에서도 공사 금액이 제일 적게 들고요. 저희는 넓은 현장 한 군데 들어가도 상주하면서 일하지 못해요. 설치하고 빠졌다가 해체하러 다시 와야 되죠. 철근이랑 목수랑 타설은 건물 한 층이 올라갈 때마다 같이 하지만요.

타워크레인과 갱폼이 없었을 때는 10층 높이 건물도 일일이 사람이 비계를 설치해서 올라갔어요. 아파트처럼 외벽 구조가 똑같은 건축물에 계속해서 사용할 수 있게 제작된 철재 외벽 거푸집이 갱폼이에요. 발판과 난간, 사다리까지 일체형으로 만들죠. 지금은 3층 높이까지는 비계를 설치하고 그 위층은 타워크레인으로 갱폼을 옮겨서 사용해요.

저희는 지하에서부터 갱폼이 붙기 전까지만 일해요. 공법이 많이 바뀌어서 지하 1층에서 바로 갱폼 붙여서 올라가는 데가 있고요. 그래서 저희 일이 옛날보다 많이 줄었어요. 갱폼이 더 빠르고 돈도 아낄 수 있으니까요. 주차장이나 옥탑은 저희가 해요. 목수들이 작업할 수 있게끔 그 안에 비계를 설치해주는 거죠.

요즘에는 '시스템 비계'라는 조립형을 사용해요. 예전에는 강관 비계를 사용했는데, 강관 비계는 강관 파이프로 기둥을 세우고 사이사이에 보를 만들어요. 그 위에 발판을 깔고 옆으로 안전 난간대를 만들죠. 강관 파이프 6미터 무게가 13킬로그램 정도 돼요. 지금은 고층에 장비 올릴 때 사다리차나 엘리베이터를 사용해요. 예전에는 사람이 일일이 파이프를 올리고 내리고 했어요. 위층에서 내려준 파이프를 손으로 받아서 아래로 쳐주면 쭉쭉 내려가거든요. 20층 건물이면 맨 위층에서 바닥까지 열몇 명이 쭉 서서 파이프를 받아서 옮기는 거예요. 위로 올릴 때도 마찬가지고요.

강관 파이프를 조립하고 해체할 때는 래칫렌치라는 공구를 써요. 우리는 '깔깔이'라고 부르는데, 예전에는 이걸로 강관 연결 부분을 일일이 조이고 풀었죠. 요즘은 전동 임팩트 렌치를 써요. 그걸로 드륵드륵 긁고 쏘며 일하죠. 철근을 결속하거나 구조물을 고정할 때는 반생[15] 철사를 꼬거나, 안 들어가는 발판을 때려 넣는 두 가지 역할을 할 수 있는 시노(shino)[16]라는 공구를 써요. 강관이 시스템 비계보다 힘든 건 사실이죠. 강관 비계 하시는 분들이 점점 사라지고 있어요. 지금 일을 배우는 친구들은 강관을 배우고 싶어도 접할 기회가 많이 없어요. 나중에는 강관 하시는 분들이 더 귀하지 않을까, 더 대접받지 않을까 생각해요.

시스템 비계로 바뀐 게 7~8년 전이에요. 순식간에 바뀌었죠. 그래서 우리처럼 비계 일을 하는 사람들이 예전에는 기능공이었다면 지금은 조립공에 가까워요. '비계 기능사'라는 자격증이 있거든요. 시스템 비계 기능사는 파이프로 자격증 시험을 치더라고요. 제가 할 때는 나무로 했거든요. 나무를 겹쳐서 반생이로 육각 모양으로 묶었어요.

시스템 비계는 나라에서 조금씩 정착시켰어요. 사망 사고 예방 등 고위험 작업 환경을 개선하기 위해 정부가 중소 사업장에 보조금을 지원해주는 '클린 사업장 지원 사업'이라는 게 있어요. 여기서 시스템 비계 설치를 지원했죠. 건설 현장에서 발생하는 사고 중 추락 사고가 가장 많으니 이걸 줄이려고 한 거죠. 덕분에 자재 기술이

---

15 고온에서 구워 강도와 내구성이 강해진 철사로 건설 현장에서 필수적인 자재다. 반생은 번선(番線)의 일본식 발음이다.
16 끝이 굽은 철 막대로 시누 또는 시노로 불린다. 표준어는 '긴결 철물 갈고리'다.

나 안전이 많이 개선됐죠. 강관 파이프로 할 때는 고공에서도 발판 없이 가느다란 파이프 두 개를 밟고 다니면서, 그 위에서 6미터 파이프를 연결했어요. 조립식으로 된 시스템 비계는 튼튼하기도 하고 안전해요. 난간대도 설치하고, 발판은 무조건 다 깔아요. 현장에서도 그걸 권장합니다. 근데 결국엔 돈이죠. 규정대로 안전을 지키려면 품이 많이 들잖아요. 안전 비용을 원청 건설사가 책임져야 하는데, 하청에 주는 공사 금액 자체가 그렇지 않죠. 필요한 돈을 지급하지 않으면서 안전 수칙만 지키라고 하면 솔직히 힘들죠. 공사 대금에 제대로 반영이 되어야 안전도 지킬 수 있어요.

사고가 속출하는 고공 작업

제가 하는 일이 남들 안전하게 일할 수 있게끔 해주는 공정이라 난간대가 잘못됐네, 간격이나 폭이 안 맞네, 하며 지적 사항도 많이 나와요. 그런데 정작 우리 안전은 보장이 잘 안 됩니다. 고층에서 작업할 때 안전고리 안 걸면 뭐라고 하죠. 당연한 건데 저희는 그걸 만드는 사람이잖아요. 난간대가 없는 상황에서 작업하다 보니 위험할 수밖에 없어요.

옛날에는 참 먹을 시간에 소주 한 병 둘이 나눠 마시고 일하는 관행이 있었어요. 지금 생각하면 위험한 짓인데도 제가 배울 때는 그렇게 일했어요. 도로 상부 구조물 공사를 할 때였어요. 고공에서 다리를 벌려가며 구조물을 잡고 이동해야 했어요. 아래로 차가 쌩쌩 지나다니는 고속도로였어요. 비계도 설치 목적이나 기능에 따라 종류가 다양하거든요. 그때 제가 기능공이었는데도 그 일은 처음 해봤어요. "형님, 내 다리가 안 떨어진다. 왜 이리 안 움직이냐?" 하니까 "준영아, 점심시간에 삼겹살 먹으면서 소주 딱 석 잔만 마셔 봐" 하기에, 안 그래도 무서워 죽겠는데 내가 미쳤느냐고 했죠. 그러다 형님 말 믿고 딱 석 잔 마시고 올라갔더니 신기하게 몸이 움직이는 거예요. 긴장이 좀 풀리니까요. 그렇게 배웠어요. 지금은 절대 그럴 일 없죠. 정말 위험천만한 순간이었습니다.

예전에 같이 일하던 분이 감전되어 돌아가신 적이 있어요. 작업하다 보면 고층에서 파이프를 돌려야 할 때가 있거든요. 그러다가 고압 전선을 건드려버린 거죠. 또 고층에서 떨어지신 분도 봤고요. 그러다 보면 당연히 '이 일을 계속해야 하나' 그런 생각이 들죠. 근데 또 하게 되더라고요. 아직까지는 어쩔 수 없는 것 같아요. 저는 골절로 깁스를 하거나 크게 다친 적은 없어요. 비계 일 하는 사람들 직업병은 어깨랑 허리 쪽이 많아요. 저희가 무거운 자재 엄청 많이 메고 다니거든요. 물건을 계속 들어야 하니까 허리에 무리가 가요. 저도 병원에 다녔어요.

일반 사람들은 '비계'라는 단어 자체를 잘 몰라요. 말해주면 돼지비계인 줄 알죠. 일 자체는 위험해요. 위험 직업군에 속해서 보험료도 비싸고요. 옛날보다 나아졌다고는 해도 제 기준에서 그런 거고요. 저보다 20년 이상 된 선배들이 일할 때는 더 위험했죠. 지금 일하는 친구들도 마찬가지예요. 고층에 올라가서 외벽을 타기도 해야 하니까요. 젊은 친구들 일하러 왔다가 못 하고 가는 경우도 많아요. 무서우니까요.

노동조합이 바꿔놓은 삶의 질

2017년에 노동조합 비계분회가 부산에서 최초로 생겨서 2024년에 7년 차에 접어들었거든요. 제가 경기도 등지로 다니면서 일하고 있을 때였어요. 지금 노조 조직부장으로 있는 분이랑 비슷한 연배들끼리 모여 한창 뭐 해보겠다 나설 때였는데, 부산에서 노조 비계분회가 차려진다는 거예요. 솔직히 거부감이 있었죠. 노조가 뭔지 모르잖아요. 그런데 조직화되면서 노조의 힘이 커지기 시작했어요. 부산 비계팀만의 룰이 생기다 보니 일자리를 균등하게 나누어서 하게 됐어요. 노조의 회칙이나 규칙, 분회의 방침도 정해졌고요. 노조가 일자리, 노동 시간, 임금 등을 사측과 교섭해서 일자리를 나눠요.

그전에는 팀별로 경쟁해서 살아남는 구조였어요. 일단 노조에 들어온 이상 노조법을 따라야 했어요. 제가 원래 하던 거래처들을 다 버려야만 했죠. 처음에는 먹고살아야 하니까 노조 지도부랑 엄청 많이 싸웠거든요. 원래 하던 팀이 현장에 못 들어가면 대신 다른 먹고살 길을 열어주어야 한다고 요구했죠. 당시에 저는 일반 팀장이었는데 노조 조직부장들이나 지회장이랑 엄청 많이 대립했어요. 서로가 서툴렀던 거죠. 경쟁 속에서 사는 것을 당연하게 여겼고, '노조가 이런 것이다'라는 것을 모를 때였죠. 생각해보면 다수가 공평하게 하는 게 맞는 거지요. 반면 반발하는 입장도 일리가 있으니까 앞으로는 좀 더 성숙하게 운영해야 된다는 생각을 하죠. 노조가 업체랑 교섭해서 일 없는 팀에 돌아가면서 배정하는 게 우리 지회 규정이에요. 그런데 탄압 이후 업체에서 잘하는 팀만 골라서 쓰겠다고 하면서 문제가 생겼어요. 노조의 교섭력이 떨어지는 상황이 벌어지고 있는 거죠.

초창기에 마찰도 많았는데 지나고 보니, 노조가 없으니 제가 사측에 끌려다니면서 일했다는 걸 알게 된 거예요. 수입도 안 좋았죠. 이전에는 지역을 옮겨 다니면서 3~5개 팀을 운영해도 솔직히 빚만 졌거든요. 제가 서른다섯 살에 노조에 들어오고 나서는 예전처럼 일을 미친 듯이 안 해도 생활이 안정됐죠. 지역에서 한두 개 현장만 해도 저녁이 있는 삶이 보장되었습니다. 저희가 힘이 없다 보니까 그동안 당연한 권리를 보장받지 못했다는 걸 그전에는 몰랐던 거예요. 그래서 노조를 인정하게 되었고 그 뒤로는 활동을 열심히 했습니다.

삶의 질이 확실히 달라졌던 건 맞아요. 여기에는 원청이나 업체에서 반장님들이나 조합원들한테 대하는 태도나 말투뿐만 아니라 복지, 일 마치는 시간 그리고 임금 등이 포함되잖아요. 사람은 적응하는 동물이다 보니 익숙해져서 달라진 게 없다고 말하는 사람들도 많거든요. 근데 솔직히 노조가 없었을 때는 1년에 한 번 임금 인상도 힘들었거든요. 지금은 임단협을 통해서 꾸준하게, 적어도 1만 원 정도 올리고 있으니 엄청나게 좋아진 건 맞아요. 조합에 가입 안 하신 분들도 혜택을 받았죠. 자기들은 아니라고 하겠지만 노조가 단합해서 바꾸어나가면 낙수 효과라고 해야 되나 그들한테도 좋아요. 저는 그걸 분명히 봤죠. 다른 지부는 모르겠어요. 일단 부울경건설지부에는 형틀, 타설, 철근, 비계 등 많은 직종이 다 조직되어 있어요. 부산에서 비계 일 하시는 분들 90% 가까이 민주노총 소속이거든요. 저희 일당이 올라가면 나머지 10%인 비가입자들도 그렇게 될 수밖에 없는 거죠.

잘못된 관행들과의 싸움

처음 업체들 찾아다니면서 일자리 교섭할 때는 많이 쫓겨났어요. 잡상인보다 못한 취급을 했으니까요. 조그마한 중소 현장에 가서 명함 주고 인사하고 오기를 수도 없이 했어요. 싸우기도 많이 싸웠어요. 몸싸움하다가 우리 노조 간부 손가락이 부러지기도 했어요. 업체에서는 노조를 바라보는 시선이 좋지 않죠. 한평생 노동자 위에 군림하던 사람들인데 우리와 동등한 입장에 서려니 엄청 억울해하죠. 그동안 "시키면 시키는 대로 하지" 했잖아요. 자기들이 까라면 까는 시늉이라도 해야 했던 사람들의 요구를 들어줄 수밖에 없는 거잖아요. 노조를 통해 우리도 당당하게 교섭했으니까요.

그전에는 잘못된 관행이 엄청 많았어요. 예를 들어 '석비계'라는 게 있어요. 아파트 외벽에 돌을 붙이는 작업을 위해 비계를 설치하는데요. 이때 작업 통로, 돌이랑 자재를 올리는 자재 인양구, 안전한 이동을 위한 워킹타워 등을 설치하거든요. 그런데 업체에서 인양구나 워킹타워 몇 개는 서비스로 해달라고 하는 관행이 많았죠. 한 동에 세 개가 들어가면 두 개만 물량을 쳐주고 하나는 '서비스'로 치는 거예요. 그런데 말이 서비스지 몇 동이면 거의 아파트 한 동 설치 물량이랑 똑같아요. 그만큼 자기들 돈을 아끼겠단 말이죠. 우리는 서비스업이 아니지 않습니까? 교섭할 때 그런 것 때문에 많이 부딪혔어요. 노조가 생기면서는 하나하나 바꿔나갔죠. 당당하게 맞서 싸웠어요. 그 결과 나쁜 관례들이 사라질 때가 좋았죠. '아! 이게 되는구나' 이런 거 있잖아요. 투쟁으로 나쁜 관례들을 걷어치운 첫 현장이 개설되었을 때 제일 좋았어요. 처음 개선이 시작된 현장은 김해랑 양산에 있는 사송 지역이었어요. 그렇게 현장이 자리 잡아갈 때쯤 탄압을 세게 맞아서 지금은 그 사업을 진행 못 하고 있어요.

탄압 전 2년 동안 노조 일이 엄청 많았어요. 매일매일 바빴어요. 현장 조직화를 위해 연대 집회도 하고 투쟁도 했으니까요. 우리 분회 조직화할 때 다른 직종에서 힘을 많이 실어줬으니까 똑같이 서로 돕는 거죠. 그렇게 석공(石工) 분회도 조직됐어요. 현장에서 골조 들어서고 석공 작업 들어오려면 3년쯤 걸리는데, 그전에 제가 미리 찾아갔어요. 땅 파고 있을 때부터 연락 달라면서 홍보 다니고 그랬거든요. 원청 교섭단을 만들어서 마감 공정 업체들을 따로 찾아서 다녔어요. 거의 매일 그랬습니다. 가볼 만한 곳, 방문 일자, 교섭할 사람 등을 컴퓨터에 싹 정리해두고 그랬어요. 혹시나 빠뜨릴 수도 있고 시기를 놓쳐서 업체가 공사에 들어가 버리면 교섭이 힘드니까요. 석공 분회는 조직화하는 도중에 탄압이 시작되어 지금은 침체기예요. 열심히 하는 만큼 수사기관 조사를 많이 받았어요. 부울경건설지부 사람 중에서도 손에 꼽힐 정도였죠. 저는 노조에 들어오기 전에는 법원이나 경찰서도 가본 적이 없거든요. 이번 건설노조 탄압 때 영장도 받았어요.

밑도 끝도 없는 피의자 조사

2023년 봄, 경찰에게서 전화가 왔어요. 울산에서 출장을 왔는데 잠깐 만날 수 있냐는 식으로 얘기를 하더라고요. 시간이 없다고 했죠. 심상치 않다고 느껴서 제 나름대로 견제를 했거든요. 그러고 변호사한테 경찰이 지금 보자는데 어떻게 해야 하느냐고 물어봤어요. 저희 행위는 구속영장 청구나 압수수색 할 건이 아니니 상관없을 것 같다며 직접 전화하겠다 했는데, 보니까 경찰이 변호사한테도 거짓말한 거였어요.

그러고 난 뒤 집에 들어가서 딱 씻으려고 하는데 집 앞이래요. 영장도 없이 휴대폰을 압수하려 해서 처음에는 숨겼는데, 집에 들어와서 뒤지려는 기세였어요. 애한테 그런 모습 보여주기가 싫어서 그냥 줘버렸죠. 거기서부터 일이 번지기 시작한 거예요. 대수롭지 않게 생각했는데 경찰, 검찰 모두 상식 밖의 행동들을 해버리니까요. 그것 때문에 노조에는 좀 미안하죠. 가족들도 그렇고 모두 처음 겪는 일이었습니다.

수사기관에서는 단순히 집회에 참석했거나 명함만 내민 사람들도 형사법으로 엮어버렸어요. 집회 참여는 '업무방해', 교섭은 '강요'가 됐어요. 초기에는 이 정도까지 탄압할 거라고는 누구도 생각하지 못했거든요. 그런데 그때 대응을 했더라도 결과는 똑같았을 거라고 저는 생각해요. 작정하고 들어온 거니까요.

조사받을 때 하는 말들이 그냥 "너희는 범죄자야. 무조건 잘못된 거야" 하고 들렸어요. 노동법으로 저희를 조사한다면 어느 정도 이해가 되는데 형사법을 적용하는 건 이미 그쪽에서 작정한 거죠.

경찰들이 특진[17]에 눈이 멀어서 위에서 시키는 대로 하는 게 보이더라고요.

조사받을 때 황당한 게 뭐냐면요, 갑자기 전화가 와요. 조사를 많이 받다 보니 저도 조금 적응이 됐을 것 아니에요? "혐의가 뭐냐, 참고인으로 가야 되냐, 피의자로 가야 되냐?" 물으면 밑도 끝도 없이 피의자로 오래요. "나는 현장에 가본 적도 없고, 당시 와이프가 교통사고 나서 거기 갈 수도 없었는데 왜 피의자냐" 하며 바락바락 대응하니까 그때야 그냥 참고인 조사로 끝났어요. 증거고 뭐고 아무것도 없는 상태에서 일단 피의자로 불러놓고 시작하는 거죠. 소위 '기획 수사'가 그래요. 집회만 참여해도 송치를 시킵니다. 업체에서 노조 명함만 나와도 엮어서 구속영장을 치고 벌금을 때렸어요.

조사는 한번 가면 기본 3~4시간씩 받았던 것 같아요. 그때 수갑을 처음 차봤거든요. 경찰서에 가서 수갑 차고 병원으로 이동해 코로나 검사를 받고 영장 실질심사를 받으러 갔어요. 수갑은 계속 차고 있었죠. 다른 지역은 어떤지 몰라도 창원, 부산은 바로 법원으로 가서 실질심사를 받더라고요. 원래 그런 건지 궁금하기는 해요. 지나고 나서 생각해보니 우리를 압박하려고 일부러 그랬나 싶기도 하죠. 저희가 살면서 이런저런 일을 많이 겪었지만 그때는 너무 심했어요. 집에 와이프랑 애가 있는데도 압수수색이 들어오니까 '이게 뭐지? 이래도 되나?' 하는 생각을 했었죠.

---

17 2023년 윤석열 대통령과 원희룡 국토교통부 장관은 "건폭을 뿌리 뽑겠다"고 하는 등 연일 건설노조를 입에 올렸다. 그해 12월 경찰은 '200일 작전'을 선포하고 건설 현장을 '정상화'하겠다며 대대적인 특별 단속을 진행했다. 여기에 1계급 특진까지 내걸자 경찰은 전국의 건설 현장을 들쑤시고 다니면서 건설업계에 건설노조에 협박당했다는 신고를 하라고 종용했다.

건설 노동자들은 계속되는 정권의 탄압에 분노하고 있다.

영장 실질심사 받으러 갈 때 와이프에게는 만약 구속되더라도 오지 말라고 했어요. 함께 심사받은 동료는 구속되고 저는 유치장에서 빠져나오니 엄청 힘들었어요. 제 사건은 재판 끝나고 벌금 나온 게 두 건이고 앞으로 받아야 할 게 두 개인데요. 사건 하나하나를 일부러 기억하지 않으려 하는 것도 있어요. 너무 힘드니까요. 집에서는 "노조 일 안 했을 때도 먹고살았는데 굳이 할 필요 있냐?" 이런 얘기도 하죠. 가족들도 처음 겪는 일이다 보니까요. 지금도 솔직히 지쳐 있다고 생각해요. 그냥 속으로 '괜찮다, 괜찮다' 이러면서 버티는 거죠.

몇 번 조사받고 탄압받자 노조 나가는 분들도 있었죠. 섭섭하긴 해도 그분들 잘못은 아니라고 생각해요. 제가 비계 지회장으로 활동을 많이 했기 때문에 조사도 엄청 받았다고 생각해요. 그만큼 움직였으니까 탄압받은 게 자부심이면서도 한편으로는 억울하고 힘든 일들이 많다 보니 짜증도 나고, 마음이 왔다 갔다 하는 것 같아요. 밤에 잠도 잘 못 자요. 생각이 복잡해서 그런 것 같아요. 지금은 불안이나 긴장은 덜한데 정리할 것들이 많아요. 그래도 컨디션은 여전히 안 좋아요. 스트레스로 소화도 안 되고 위산이 역류하는 증상이 있어요. 탄압 사건 이후로 그랬던 것 같습니다.

덤핑이 판치던 과거로 회귀하다

최근에 경기가 안 좋아서 일도 많이 없을뿐더러, 탄압으로 노조가 약해지자 업체에서 지역민을 고용하기보다는 다른 지역에 있는 사람들을 공정별로 데려와서 쓰는 경우가 있어요. 그러면서 일자리 상태가 뒤죽박죽이 됐어요. 예전에는 조합원들이 다 들어갔거든요. 저희 부울경은 조직력이 아직도 좀 남아 있어서 그나마 나은 편이에요. 교섭을 해서 현장이 하나 나오면 어느 팀을 배정할지 설명을 잘해도 말들이 나오니까 힘들어요. 전체적으로 일이 없으니까요. 예전에 일이 많았을 때는 뒤에서는 몰라도 앞에서는 말을 못 했었죠. 아무리 배정을 공정하게 해도 100% 완벽할 수는 없었을 거로 생각해요. 게다가 일을 못하는 팀이 나오면 내부 분란이 날 수밖에 없잖아요. 건설 노동자들은 늘 일자리가 불안한 데다 먹고사는 문제이니 예민할 수밖에 없죠.

업체들은 결국 돈이거든요. 노동자끼리 계속 단가 경쟁을 시키는 거죠. 우리끼리 견적 싸움 하면서 덤핑 치고 일하던 시절로 되돌아가고 있어요. 저희 팀원 중에는 전라도 임실에 가 있는 친구가 있거든요. 거기서 숙박하면서 일하고 일주일에 한 번씩 집에 옵니다.

아마 다른 지역도 많이 갈 거예요. 원래는 우리 지역 안에서만 일했는데 지금은 그런 룰을 다 지킬 수 없어요. 대신 보고만 해달라고 해요.

이렇게 일이 없어서 한 지역에서 못 하고 여기저기 이동하면 단가가 낮아져도 할 수밖에 없어요. 팀장 입장에서는 일이 있으면 보내야 하는 거예요. 놀 수는 없으니까요. 원칙을 두고 내부적으로도 다른 말을 하는 분들도 있고 해서 시끄러운 상황이에요. 팀장들에 대한 불만도 언제 어떻게 터져 나올지 모르고요. 임금 체불도 늘었는데, 그나마 법적으로 보장되는 부분이 있기는 해요. 전체적으로 요즘은 모든 게 과거로 퇴보하고 있는 것 같습니다.

지회 간부들이 너무 힘들어서 단합도 할 겸 지난가을에 1박 2일간 거제도로 가서 모임을 가진 적이 있습니다. 그 자리에서 형들은 업체랑 교섭할 때 우리가 너무 강하게 했다고 했어요. 나는 아니라고 주장하면서 5 대 1로 논쟁이 오갔어요. "업체 측에서 우리한테 하는 갑질은 당연하고, 우리가 연대해서 시위하는 건 너무하는 거냐? 우리의 정당한 요구 아니냐. 그런 거 아니면 우리가 할 수 있는 게 없다. 탄압 자체가 잘못된 거다." 저는 그렇게 말했어요. 그러면서 각자 자기 얘기만 하다가 끝났죠. 업체들이 임금 체불하고, 일 없으면 맘대로 자르고 부당하게 일을 시키는 것이 잘못된 거잖아요. 우리가 노조 힘을 악용해서 잘못된 일을 한 것도 아니고, 집회나 시위는 우리가 할 수 있는 최후의 수단이죠. 상식이 통하는 현장이라면 굳이 투쟁할 일이 발생하지 않아야 하잖아요. 건설 노동자들은 오랫동안 무권리 상태로 살아왔어요. 노조 활동을 통해 우리가 떳떳하다는 사실을 알게 될 즈음에 탄압을 받아서 위축된 겁니다. 그런데도 이야기가 우리가 너무했다는 식으로 가더라고요. 업체들이 예전 태도로 돌아가고 탄압이 뇌리에 꽂히다 보니 주눅이 드는 거죠.

건설노조가 싸운 건 안전하게 일할 수 있는 환경, 복지, 정당한 임금과 임금 체불 없는 현장을 만들기 위해서죠. 탄압 이후 업체들은 노임 삭감을 요구하고, 노동자들은 인격 존중도 못 받고 일자리를 잃고 있어요. 기본적인 것조차 받지 못하던 시절로 돌아가는 거예요. 열심히 싸워서 권리를 찾아가고 있었는데 한순간에 무너진 거죠.

이대로 끝나지 않을 거예요

건설업체들이 현장 입구 공고문에 "세 명 이상 와서 강요하면 (…) 민법상 처벌 대상이 된다" 이렇게 써 붙여놓고 있어요. 노동자들이 노조를 만들어서 연대하는 걸 막겠다는 거예요. 이런 식으로 법으로 탄압하는 것부터 뜯어고쳤으면 좋겠어요. 연대가 합법이 되었으면 하는 바람이죠. 너무 정당한 건데 그걸 인정받지 못하고 있는 거예요.

어떻게든 저희끼리 버티자고 결의를 다지는데도 언제 어떻게 무너질지 모르는 상황입니다. 초기에 탄압받고 조사받을 때보다 요즘 더 많이 힘이 빠진 것 같아요. 과거로 되돌아가니까 열받죠. 솔직히 마음에 응어리가 집니다. 노조가 정상화되지 않는 이상 탄압 후유증이 계속될 거라고 생각해요. 지금은 버텨야 할 시기인 것 같아요. 조합원들한테도 그렇게 얘기하거든요. 노조 간부들도 업체 찾아가면 문전박대를 당하니까 주눅 들고 스트레스 받죠. 노조 설립 초기에도 그러지 않았느냐고들 하지만 지금이 그때보다 훨씬 심해요. 이제 교섭이 아니라 일자리 영업이라도 해야 될 지경이에요. 조합원들 먹고사는 일이 우선이니까요.

2024년 임단협 교섭이 잘 안 되어서 총파업도 했거든요. 업체들은 임금 삭감을 외치고 있어요. 솔직히 법을 바꿔야 되는데 그러기에는 시간이 오래 걸릴 것 같아요. 노조가 힘이 있다면 체불같이 부당한 일이 생겼을 때 대응할 수 있잖아요. 우리가 무엇을 할 수 있을지 수없이 생각해요. 전에 노조에서 교육을 받으며 느낀 게 뭐냐면요, 노동자가 자신의 권리를 지킬 방법이 집회나 시위 말고는 없더라고요. 맞잖아요? 이런 상황을 한 번에 바꾸지는 못해도 차근차근 처음부터 다시 시작한다는 생각으로 해야 되겠죠. 우리는 정당하니까 믿음을 갖고 어떻게든 돌파해서 앞으로 나아가야죠.

탄압받는 과정에서 있었던 노조 안의 안 좋은 부분도 나중에는 바로잡았으면 해요. 노조 이탈하신 분 중에는 예전 노조 명함을 이용해서 일자리 영업을 하시는 분들도 있어요. 또 탈퇴한 팀장님들이랑 현장에서 부딪힐 수도 있고요. 조합원 고용이 1순위로 되다 보니까 그럴 가능성이 있죠. 그분들도 먹고살려고 하는 거니까요. 그래도 진짜 묵묵히 노조를 지키고 계신 분들도 있어요. 노조 나간 분들도 상황이 바뀌면 돌아오지 않을까요? 저는 다들 돌아올 것 같아요. "노조가 해준 게 뭐가 있어?" 하는 사람들도 노조가 있었기에 체불 등의 문제가 해결되었다는 걸 분명히 알고 있으니까요. 저는 노조가 이대로는 끝나지 않을 거라고 확신해요. 탄압받기 전에 지부는 집회나 투쟁이 많아서 엄청 바빴고, 탄압 시기에는 탄압 때문에 어수선했고요. 지금은 내부를 정비하고 이후를 준비하는 단계라 좀 조용해요.

탄압 전에 일자리 교섭할 때는 비노조원들이 일하는 현장도 대상으로 해야 하나 고민했어요. 나는 할 일을 한다고 하지만 그들도 같은 노동자니까요. 그래도 일단 교섭을 해서 일자리가 생기면 조합원이 늘었어요. 그렇게 노조 조직을 확대했죠. 한편 조직화가 급격하게 진행되면서 빈틈도 있었던 거 같아요. 지금은 재정비할 시간이라고 생각해요.

불법과 편법을 양산하는 하도급 구조

2021년 전라도 광주 학동 4구역 재개발 철거 건물이 무너지면서 버스를 덮친 사고가 있었어요. 관행적인 불법과 편법 행위가 겹겹이 쌓여 발생한 인재(人災)였죠. 애초 평당 20만 원이던 공사 단가가 하청을 거듭하면서 마지막에는 3만 원까지 내려갔어요. 이런 건설 산업의 구조가 문제예요. 중간에서 모두 빼먹고 제일 약자가 3만 원을 받고 일하잖아요. 임금 체불 또한 건설 노동자가 자주 경험하는 일이죠. 제가 팀장이다 보니까 업체의 체불로 인한 빚이 1억 정도 있어요. 하청업체들은 돈을 제때 안 주고는 원청에서 받아서 준다고 얘기해요. 늦게 주고 떼먹는 걸 당연시하는 건 말이 안 되죠. 물론 하청업체들도 사정이 힘들긴 해요. 그런 의미에서 원청업체 책임이 가장 커요.

저희는 원청에서 하도급 받은 전문 건설업체인 '단종(單種)'에 소속되어 일합니다. 여기도 원청에서 받은 공사 대금이 많지는 않거든요. 부산에는 아파트를 지을 만한 규모의 전문 건설업체가 대략 50개 정도예요. 그중에 26개 정도가 부울경 철근·콘크리트 연합회(철콘연합) 소속이에요. 임금과 조합원 복지 관련 건은 부울경건설지부와 철콘연합회가 교섭하고 조합원 고용 관련 건은 업체들과 개별 교섭을 진행하는 구조예요. 철콘연합회 소속이 아닌 업체들도 현장 공사를 하면 임단협 교섭 때 개별적으로 교섭해서 도장을 찍어요. 전문 건설업체도 원청사에게 돈을 받아야지 지급하는 구조이기 때문에 교섭에 한계가 있을 수 밖에 없어요. 대부분 원청의 문턱을 못 넘고 노조랑 전문 건설업체가 싸우는 형국이 되는 거죠. 원청의 태도가 바뀌지 않는 한 여기서 벗어나기가 어려워요. 교섭 방식에 관한 고민도 커요. 저희도 원청업체를 대상으로 투쟁하는 게 맞거든요.

이런 구조에서 팀장의 역할도 고민이에요. 저는 지금의 팀장 구조가 없어져야 한다고 봐요. 현실적으로는 어려울 수 있어요. 어쩌면 희망 사항에 불과할지도 모릅니다. 그래도 말씀을 드리자면, 업체에서는 관리하기 편하니 팀장하고만 대화하거든요. 책임을 미루기도 해요. 팀장에게 돈을 줄 테니까 알아서 남겨 먹으라는 거죠. 팀장들도 기득권이 생기는 거예요. 업체 입장에서는 신경 쓸 게 별로 없어요. 노동자끼리 경쟁시키고 이득을 챙겨갑니다. 이 구조를 바꾸려고 지부 형틀 분회에서는 2022년도 임단협 부속 합의에서 '팀장 월급제'를 명시했어요. 그런데 탄압 이후 그 합의가 이행되지 않고 있어요.

팀장제는 양면성이 있습니다. 저희 부울경은 팀장 위주라 조직력이 강화된 측면이 있어요. 조직적으로 수월한데 부작용이나 단점도 있는 거죠. 한번은 제가 술 한잔 마시고 사무국장님한테 "노조 취지로 보면 팀장 구조가 없어져야 되는 거 아닙니까?" 하기도 했어요. 그렇게 되면 저도 먹고사는 데 지장이 있을 수 있지만, 크게 보면 필요한 지점이죠.

요즘은 젊은 사람들이 건설 일을 안 하려고 해요. 열악한 환경이 제일 큰 문제라고 생각해요. 이주 노동자 문제도 심각하죠. 업체들은 값싼 이주 노동력을 활용해 이윤을 높이려 해요. 현재 저희 비계분회에 이주 노동자는 없어요. 세월이 지나서 노동력이 부족해지면 그때는 어떻게 될지 모르죠. 물론 이주 노동자 잘못은 아니라고 생각해요. 노조의 주장은 내국인을 우선으로 하되, 인원이 부족하면 외국인을 고용하라는 거죠. 노동 환경 개선이 우선이어야 합니다. 저희의 투쟁은 미래 세대의 노동 환경 개선을 위한 것이기도 합니다.

20년 차 비계 노동자가 꾸는 꿈

저는 건설 노동자로서 자부심이 있어요. 어렸을 때도 부끄러워하지 않았어요. 땀 흘려 일하고 돈을 받는다고 생각했으니까요. 제가 친동생에게도 제안해서 함께 비계 일을 하고 있어요. 옛날 아저씨들이 무슨 건물 내가 지었다 말씀하시는 거 있잖아요. 그런데 뭘 자기가 지어요? 가서 일한 것뿐이죠. 그만큼 자부심이 있었던 거죠. 저도 예전에 그랬던 것 같아요. 어렸을 때 제게 일을 가르쳐준 사수는 지금까지도 같이 일해요. 함께 오랫동안 일하면서 자부심이 더 커지는 것 같아요. 돌아보면 사람들하고 일하고 어울렸을 때가 좋았던 것 같아요. 정해진 하루 일을 팀워크 맞춰 일사불란하게 움직여서 깔끔하게 마무리하고 인정받을 때는 뿌듯하죠. 저희 팀이 일을 잘한다고 다시 찾아줄 때도 그렇고요.

20년 차 건설 노동자의 눈으로 봤을 때, 과거보다 나아진 게 많아요. 건설노조가 바꿔놓은 건 사실이죠. 인정해야 돼요. 노조의 요구가 특별한 게 아니고 사람답게 살고 싶다는 거잖아요. 정작 불법이 난무하는 건설 회사나 업체들은 놔두고 노동자 죽이기를 한다는 게 지금도 이해가 안 되죠.

정치적으로도 많이 각성하게 됐어요. 그동안 안 보던 뉴스도 요즘에 많이 보거든요. 예전에는 선거 때 투표를 안 했어요. 2024년 총선 때는 주변 친한 사람들에게 농담 반으로 2번 찍으면 아는 척하지 말라고도 했어요. 노조를 시작하고 사회생활도 많이 바뀌었죠. 옛날에는 팀 식구들만 챙기고 친한 팀장들만 교류하며 지냈는데 지금은 사람들이랑 대화도 많이 하면서 전체를 생각하게 됐어요. 업체와 교섭하러 다니면서 배운 것도 많고요. 노조 가입 전에는 이렇게 깊게는 생각 안 해봤죠. 그동안 몰랐던 사실들을 듣고 배우면서 조금씩 바뀌는 거 같아요.

요즘 뭐가 그리 즐겁다고 웃고 다니느냐는 말을 많이 듣습니다. 상황은 어렵지만, 그렇다고 울기만 할 수는 없잖아요. 혼자 있을 때는 안 그러죠. 즐겁게 살려고 노력하는 거예요. 2023년에 할머니께서 돌아가셨어요. 제게는 어머니 같은 존재였습니다. 한창 탄압받고 있을 때여서 더 힘들었던 것 같아요. 그래도 예전에 힘들었던 거 생각하며 '이 정도면 아무것도 아니지' 하며 버티죠. 제 삶의 목표는 평범하게 사는 거예요. 그런데 그게 제일 힘든 것 같더라고요. 아이러니하게도 평범하게 살려고 할수록 평범하지 않은 사람이 되는 것 같아요.

예전부터 건설 노동자에 대한 인식이 안 좋잖아요. 현상 수배범 전단에 '노동자풍'이라고 쓸 정도였으니까요. 다른 나라에서는 작업복 입고 지하철 타고 다니는 게 일상인데 우리는 그러면 다 쳐다보지 않을까요? 사람들 인식이 아직도 그런 거죠. 우리 세대 때는 당장 바뀔 수 없다고 생각해요. 좋은 대학 가기 위해 죽어라 공부하고 성공해야 대접받는 세상이잖아요. 망치를 두드리나 펜대를 굴리나 똑같이 취급받았으면 해요. 그러려면 나라가 몇 번을 뒤집혀야 할지 모르겠어요. 만약에 제 아들이 자라서 건설 일을 한다고 했을 때는 건설 노동자가 존중받는 사회였으면 좋겠어요.

¶
김강락 님은 아버지를 따라 건설 노동자가 됐다. 건설 현장에서 보기 드문 30대 청년 노동자다. 그는 이 일이 너무 재밌다고 한다. 건설 현장은 북적이는 시장통처럼 활기가 넘치고, 사람 사는 걸 느낄 수 있어서 좋단다. 정당한 노동으로 돈을 벌기에 그 어떤 직업보다도 떳떳하다. 한마디로 일하는 맛이 있다. 그는 자신처럼 젊은 사람들이 건설 현장에 들어왔으면 좋겠다고 말한다. 건설 현장에 젊은 사람은커녕 한국 사람도 보기 힘들어지고 있다. 사람들은 건설 노동자라고 하면 노가다, 건폭이라며 색안경부터 끼고 본다. 김강락 님은 건설 노동자가 의사나 판사처럼 인식이 좋은 직업이면 어땠을까 생각한다. 그랬다면 많은 게 달라지지 않았을까.

(기록 김다솜)

92년생 청년 노동자가
사는 법

김강락(부울경건설지부 창원지대 조직부장)

　기계공고를 졸업하고 제조업체에서 일했어요. 자동차 기어 부품 만드는 곳이었죠. 용접도 하고, 선반 작업도 했어요. 그러다 군 복무를 산업체에서 했어요. 변속기를 만드는 중소기업 규모 공장에서요. 산업체 근무 끝나고 나서 친구끼리 놀러 가려는데 용돈벌이가 필요했어요. 친구들이랑 해외여행을 가보고 싶었거든요. 아버지한테 한 달만 일 시켜달라고 했죠. 아버지가 그때 철근 일을 하고 계셨거든요. 한 달 해보니까 외국에 여행 갈 게 아니라, 돈을 벌려면 일을 계속해야겠더라고요. 진짜 힘들긴 했어요. 집에 가서 씻고 밥 먹으면 저녁 6~7시였는데 바로 잠들었어요. 그래도 재미는 있어서 계속했죠. 공장 일은 레퍼토리가 똑같아요. 그런데 건설 현장은 매일 일이 달라지니까 지루하지는 않죠. 새벽같이 나가서 일했어요. 회사 생활할 때는 못 느꼈던 기분이 들었어요. 저는 사람들이랑 어울리는 걸 좋아했어요. 시장 가면 사람 붐비고 그렇잖아요. 건설 현장도 비슷한 거죠.

용돈벌이에서 직업이 된 철근 노동

용돈벌이로 시작한 일이었어요. 어린 나이에 그냥 돈 많이 버는 것 같아 시작했죠. 몸이 힘들었지만, 못하겠다 싶지는 않더라고요. 제가 그때 스물두 살이고, 다른 사람들은 50대였어요. 많이 도와주셨죠. 일 마치고 반장님들한테 가서 일 가르쳐달라고 부탁드렸어요. 반장님들께 밥도 사면서 도움을 구했고요. 그렇게 일을 배워갔죠. 지금도 같이 일하는 분들이 계세요. 그분들 없었으면 솔직히 일 계속 안 했을 거 같아요.

일을 빨리 배우고 싶었어요. 스물네 살에 결혼했거든요. 일요일도 없이 일했습니다. 저녁에 6, 7시면 무조건 잤어요. 아무것도 안 하고 일, 집, 일, 집 하면서 살았죠. 그러다 스물여덟 살에 팀장을 달게 됐죠. 다른 분들은 제가 고생 얼마 안 했다고 생각하실 수도 있고, 너무 어리다며 안 좋게 생각하실 수도 있지만요.

벌써 일한 지 10년이에요. 아버지가 말씀하셨어요. 회사 생활보다 낫다고, 여기서는 기술만 배워두면 된다고, 부지런하게 일하면 돈을 벌 수 있는 구조라고요. 일당은 정해져 있고, 하루만 나가도 돈을 버니까요. 당연히 농땡이 부리고 일 안 하면 일당도 없고요. 그냥 일할 수 있는 대로 하라고 하셨죠. 부지런하면 먹고사는 데는 지장 없다고요. 그래도 그만두고 싶을 때 있죠. 사람들이랑 부딪힐 때도 많으니까요. 하지만 애들 때문이라도…. 제가 지금 손 놓고 다른 일하기도 쉬운 일 아니지 않습니까? 그래서 계속하다 보니 팀장도 하고 있네요.

철근 일을 배우는 데는 시간이 걸립니다. 머리 좋은 젊은 사람이라고 해도 최소 1년은 걸려요. 물론 오래 배워도 잘 못 하는 사람이 많아요. 사실 알고 나면 아무것도 아니지만, 일이 너무 힘드니까 머리를 바로 못 쓰죠. 숙련공이 되려면 3년에서 5년은 지나야 합니다. 그래야 무언가 할 수 있어요. 숙련공이 아닌 사람들은 그전까지 간단한 심부름을 해요. 철근은 보통 2인 1조로 작업해요. 잘하는 사람이랑 못하는 사람끼리 짝을 지어주죠. 철근 길이가 5~6미터 사이면 그래도 혼자 멜 수 있는데, 8미터를 넘어가면 옆에서 같이 들어주죠.

철근은 사람 몸으로 따지면 뼈예요. 아파트 같은 건물을 지탱해줘요. 형틀 팀이 먼저 바닥에다가 그림을 그려놓으면 우리는 그 안에 들어가서 작업을 해요. 회사에서 주문한 철근이 들어오면 이걸 들고 가서 두께와 길이를 맞춰 한 가닥씩 엮죠. 철근 팀장이나 반장은 건물이 어떻게 생겼는지 도면으로 확인해요. 도면을 들고 다니면서 지시하죠. 여기는 철근을 이렇게 깔고, 여기는 이렇게 만들어 달라고요. 사각형 무늬를 반복해서 만든다고 생각하면 돼요. 철사로 만드는 거죠. 30센티미터짜리 조그마한 갈고리가 있거든요. 그걸 이용해서 철사로 철근을 묶어요. 형틀 팀에서 그린 그림 위에 철근을 세우고 조립합니다.

보통 무게가 10킬로그램은 나가는 철근을 한 번에 들어요. 온전히 사람의 힘으로만 들죠. 어깨에 철근을 메고 걸어가서 결 따라 놓고 조립해요. 일단 손힘이 좋아야 해요. 제일 처음에 힘이 들어가는 곳이 손이니까요. 팔이나 어깨도 많이 써요. 이렇게 일하다 보니 나이가 들면 말 그대로 고질병이 생겨버리죠. 그런데 일용직 노동자는 직업병으로 인정받기가 쉽지 않아요. 많이 개선됐다고 해도 철근 하는 사람들 보면 몸의 무게 중심이 한쪽으로 쏠려 있어요. 한쪽으로만 메고 다니다 보니까, 60세가 넘어가면 몸이 달라지죠. 어깨도 한쪽은 올라가고, 다른 쪽은 내려가 있고요. 반복해서 이 일을 하니까 어쩔 수 없이 생기는 증상이죠.

저도 일하다 다친 적이 있어요. 산재 처리 대신 공상 처리했어요. 철근 들다가 디스크가 나간 거예요. 그때는 어리니까 회사에서 하라는 데로 얼마 줄 테니 치료받으라고 해서 그렇게 해버렸어요. 알고 보니까 산재 처리하는 게 더 나았더라고요. 그랬으면 지금도 아프면 치료받을 수 있는 건데 짜증 나죠. 허리는 무척 중요하잖아요. 이 밖에도 발목 접질릴 때도 많고, 발에 못이 박힐 때도 있고, 이런저런 사고는 많지요. 한번은 손가락뼈가 부러져서 수술한 적도 있어요. 철근을 깔다가 손가락이 꺾여서 부러졌습니다.

공안탄압이 무너뜨린 꿈

예전에 한국노총에 있었어요. 다 가입해야 한다고 해서 그냥 했어요. 노동조합 활동에 관심은 없었거든요. 그러다 민주노총에 가입하고 나서 생각이 바뀌었어요. 조합원을 위한 활동이 많더라고요. 노동조합 덕분에 일요일은 쉬게 됐잖아요. 그날만큼은 가족들이랑 같이 있으려고 노력하죠. 현장에 가면 대부분 민주노총 조합원이 일하고 있으니까 일하기도 수월했죠.

그렇게 다 같이 바꿔가고 있었는데 갑자기 힘들어졌어요. 경찰 조사까지 받게 됐죠. 공동 공갈, 협박, 채용 강요 등 죄명이 다섯 가지는 되는 거 같아요. 내가 회사에다 돈을 요구했다고 하던데, 아니에요. 거기는 제가 들어가서 일하는 현장도 아니었어요. 창원시 명곡동 LH 공공주택은 아파트 두 동밖에 없었어요. 담당 부장이 찾아와서 물어보길래 답변해줬을 뿐인데 그걸 강요라고 한 거예요. 철근 직영으로 하면 밑에 반장 월급은 어떻게 되느냐고 묻고 답한 게 다예요.

경찰 조사를 받으러 다니면서 살도 많이 빠졌어요. 눈 뜨면 조사받을 생각밖에 안 나니까, 일도 손에 안 잡혔죠. 경찰 조사 받는 게 쉬운 일은 아니잖아요. 사업자 측과 대화한 것만으로도 무슨 큰 잘못이라도 저지른 것처럼 언론에 나오고, 원희룡 국토교통부 장관이 현장에 오고 그러더라고요. 이게 이렇게까지 될 문제인가 싶었죠. 억울하다기보다는 당황스러웠어요. 제 잘못이라 생각 안 했죠. 우리가 들어가서 협박한 게 아니잖아요. 조사받고 나서 알았다니까요. 이런 걸 협박이라 하는구나. 이런 걸 공갈이라고 하는구나. 사람을 때려서, 잘못을 저질러서 그랬다면 인정하겠어요. 그런데 그게 아니니까 마음이 힘들죠.

이후로는 임금 체불 해결하기가 너무 어려워졌어요. 문제가 생기면 앞장서기도 했는데 지금은 눈치가 많이 보여요. 임금 체불 때문에 왔다고 하면 회사에서는 그냥 가라고 해요. 아무것도 안 했는데도 노동조합이라는 이유로 색안경을 끼고 보는 거죠. 옛날에는 임금 체불이 생겨도 서로 대화로 해결했어요.

끊이지 않는 임금 체불의 이면

임금 체불이 너무 많아요. 저 회사 체불 터지겠는데, 하면 꼭 그렇게 되더라고요. 그런 데는 다음에 준다면서 자꾸 미루거든요. 진해의 한 아파트 현장도 그랬어요. 중소 규모 현장에서도 임금 체불이 일어납니다. 상가나 원룸 짓는 곳들이요. 일부는 몇 개월간 나눠서 돈을 준다고 하고요. 돈이 없으니 몇 달만 기다려달라는 곳도 있어요. 현장에서 발생한 전체 체불 금액을 알아야 하니까 사례를 취합하고 있죠.

1억이 넘게 체불한 회사도 있어요. 피해자가 몇 명이 아니라 몇십 명은 됩니다. 개인별 금액은 크지 않아도 사람이 많다 보니 액수가 그렇게 된 거예요. 2022년 5월부터 돈이 밀린 사례도 있어요. 줘야 할 돈이 100만 원인데, 몇십 만 원만 준다든지 이런 식으로 임금을 다 주지 않고, 조금만 주면서 계속 쌓인 거죠. 돈을 안 줘서 작업자들이 일 못하겠다고 나간 현장도 있어요. 사정이 그런데도 원청은 다른 사람들을 구해서 작업을 마무리하더라고요. 이러면 노동조합도 방법이 없어요. 돈 없다는 사람 붙잡고 달란다고 해서 쉽게 돈이 나오겠어요?

체불은 구조적인 문제입니다. 하청은 원청에 정산받으면 돈 준다고 해요. 원청에서는 하청에 이미 돈을 줬으니 거기 가서 받으라고 하고요. 이러면 중간에서 노동자만 손해죠. 임금은 원청에서 책임져야 해요. 일한 사람들 날짜 다 체크하고 있거든요. 원청이 나 몰라라 하니 돈 받는 데 시간이 엄청나게 걸려요. 우리는 일용직이니까 당장 한 달 벌어서 한 달을 살아야 하는데 그게 안 되는 거에요. 뼈 빠지게 일해서 건물 지어놓았더니 인제 와서 돈이 없다고 하면 할 말이 없죠. 정당하게 피땀 흘려서 일하는 사람들 노임 가지고 장난 좀 안 쳤으면 좋겠어요. 자기들이 원하는 건 가져가면서 우리가 원하는 건 안 해주는 부당함은 사라졌으면 해요. 임금 체불이 노동자한테는 가장 큰 문제죠. 한 가정을 파탄 낼 수도 있습니다. 이 문제만큼은 한국에서 없어야 해요. 그런데도 정부는 아무런 노력도 안 해요. 임금 체불 문제를 알면서도 내버려두잖아요.

예전에는 회사에서 이 사람들 없으면 일 못 하는 걸 아니까 함부로 못 했습니다. 지금은 외려 우리한테 큰소리를 쳐요. 우리가 먼저 조건을 제시하지 못해요. 예전에는 일을 서로 조율하면서 했는데, 지금은 무조건 하라는 식이죠. 우리로서는 시키는 대로 할 수밖에 없어요. 한국 노동자는 대부분 나이가 많으니까 취업이 힘들어요. 회사에서 시키는 대로 안 하면 일당이 싼 외국인 친구들을 쓸지도 모른다고 생각하죠. 현장이 만들어지면 기능은 떨어져도 일당이 싼 친구 먼저 쓰려고 해요.

요새는 노동조합 조끼 입고 있으면 나가라고 합니다. 우리한테는 자랑스러운 조끼인데, 사람들이 색안경을 끼고 보는 거죠. 우리도 안 입는 사람들이 많아요. 예전에는 현장에서 자연스럽게 노동조합 조끼를 다들 입고 다녔거든요. 분위기가 이렇다 보니 회사에서도 임금 체불해놓고 나 몰라라 합니다. 지금도 답답해요. 잘 지내던 회사들과도 틀어졌어요. 공식 석상에서는 대표님, 이사님, 전무님, 소장님, 이러다가도 밖에 나가면 형님, 동생 하면서 친하게 지냈던 사람들마저 한통속이 되어 우리를 탄압하니까요.

요즘은 언제 그랬느냐는 듯이 굳어요. 심지어 일당 자체를 낮추려고 합니다. 100원이라도 적게 주면서 일하는 시간은 늘리려고 하죠. 이 사람은 기능도가 높아서 일당 28만 원은 줘야 한다고 말하면 1만 원만이라도 깎자고 해요.

현장이 어려워지면서 일할 데 없느냐고 물어보는 사람들이 많아요. 없는 일자리를 만들어주려니 저로서도 난감하죠. 요새는 백세 시대라고 하잖아요. 건설 일용직 노동자는 잘해야 65세까지 일할 수 있습니다. 60세에서 끝나는 사람도 있어요. 100세 시대에 35년은 굶어야 하는데, 이 사람들이 돈을 모을 수 있는 구조가 아니잖아요. 연령 제한이라도 풀려야 하는데 절대로 안 해주죠. 건설 노동자들은 고정적인 수입이 없잖아요. 일이 있으면 일하고 없으면 놀아야 하니까요. 일반 회사처럼 월급제가 아니다 보니 어떻게든 일을 오래 해야 합니다.

탄압받기 전에는 그래도 회사에서 조합원을 많이 채용해줬어요. 지역민도 먹고살라고 해줬는데 지금은 그게 안 되다 보니까, 조합원들이 자꾸 떠나요. 우리 일이 어차피 사람이 하는 일이라서, 그때그때 다릅니다. 회사에서 공정 관리를 잘해야 하기도 하고요. 노동조합 조합원 써서 덕 보는 회사도 있지만 아귀가 안 맞다 보면 힘들 때도 있어요. 그런데도 모든 걸 조합원 탓으로 돌리는 경우도 많습니다. 회사가 자기들 잘못은 없는 것처럼 말해요.

탄압 이후로 노동조합 힘이 빠지니까 너희가 어쩔 건데? 하면서 낮춰 봅니다. 갑을 관계가 명백해졌죠. 예전에는 안 그랬거든요. 지금은 우리도 조심해요. 정부에서 우리더러 공동 협박했다고 해버리니까, 협상도 어려워요. 당장 사측에서 협박하러 왔느냐고 해 버리니까요. 그러니 혼자서 찾아가는 거죠. 그래도 대화가 안 됩니다. 예전에는 진짜로 면접 보러 가는 기분으로도 찾아갔는데, 지금은 서서 몇 마디 나누고 나옵니다. 회사 쪽에서 길게 대화를 안 하려고 해요.

회사 쪽에서 우리 조합원 일 잘한다고 소개해달라고 할 때는 뿌듯했죠. 탄압 이후로는 그런 적이 없어요. 고맙다는 말을 거의 안 해본 것 같아요. 그럴 일이 지금은 거의 없다고 봐야 해요. 공안탄압만 아니었으면 이렇게까지 되지는 않았을 거예요. 우리가 잘못했다면 처벌받는 게 당연하죠. 그런데 왜 노동조합 조합원만 이렇게 두드려 패는지 의문이에요. 회사 잘못은 그냥 두고 말이에요. 공기도 회사에서 앞당기는 거잖아요. 자기들 비용 아끼려고요. 그래야 돈이 많이 남으니까요. 그러다 사고 나거든요. 안전장치 대충 만들고 일 서두르다가는 큰일 생기죠. 회사도 알면서 작업을 시켜요. 건설 노동자들은 시키는 대로 할 수밖에 없고요. 돈 벌려면 해야지 어쩌겠습니까? 그들이 외국인 노동자 써서 이윤만 남기려는 것도 잘못이잖아요. 한국 사람들이 설 자리가 없어지니까요. 분명 잘못이 있는데 아무도 지적 안 합니다.

이게 너무 억울해요. 노동조합 탄압에만 열을 올리니까 임금체불만 계속 발생하잖아요. 힘없는 노동자들만 피해를 입어요. 그래도 저는 탄압에 굴복하고 싶지 않아요. 우리는 할 수 있거든요. 조합원들도 그런 말을 해요. 옛날로 돌아가고 싶지 않다고, 일하고 돈 못 받았던 시절로 돌아가고 싶지 않다고요. 우리는 정당해요.

그래도 해답은 노동조합뿐

싸움은 계속해야죠. 돈 받을 때까지는요. 그전에는 물러설 생각이 없어요. 매일 생각합니다. 어떻게 하면 체불된 임금을 받을 수 있을까, 어떻게 하면 다시 회사랑 끈끈하게 지낼 수 있을까. 요새는 하루 3시간도 못 자는 거 같아요. 오늘도 새벽 3시쯤 잠이 깼어요. 깊이 잠들 수가 없어요. 내일은 상황이 어떻게 될지 혼자 상상하고, 어떻게 대처해야 할지 고민하다 보면 머릿속이 복잡해지니까요. 그동안 움츠려 있다 보니 이런 일이 계속 생기는 것 같아요. 답은 간단합니다. 너희가 뭘 해도 우리는 우리 권리를 찾는다는 걸 보여줘야죠.

저는 노동조합 없어지면 건설 일 안 할 것 같아요. 차라리 다른 일을 알아보는 게 낫겠다 싶어요. 이런 환경 속에서는 일 안 해요. 회사들 하는 거 보면 진짜 나빠요. 일이 힘들어서가 아니라 사람이 더러워서 그만둘 것 같아요. 경찰 조사를 받으면서도 그런 생각 많이 했어요. 겁이 나기보다는 참 억울하고, 더럽고, 왜 우리만 피해를 봐야 하나 싶었어요. 우리는 말 그대로 일용직이에요. 일한 만큼 받아 가는 사람들입니다. 우리를 탄압하는 부당한 현실이 바뀌려면 한참 더 걸리겠죠.

아버지가 그런 말씀 많이 하셨어요. 일도 그렇고, 노동조합 활동도 같이하자고 해서 했는데 괜히 당신 때문에 아들 인생 잘못되는 거 아니냐고. 저도 이제는 애 둘 있는 아빠예요. 제 앞가림은 제가 해야죠. 경찰 조사받을 때 아버지도 있었어요. 아버지가 옆방에서 조사받을 줄은 몰랐죠. 그때 조금 울컥하더라고요. 아버지가 너무 미안하다고, 당신 아니었으면 이런 일도 없었을 거라고 말씀하셨어요. 저는 지금도 말합니다. 그런 게 아니라고요. 건설 일도, 노동조합 활동도 내가 좋아서 하는 거예요. 노동조합이 왜 있어야 하는지 이유를 잘 알고 자부심이 있어요. 노동조합이 절대 없어져서는 안 된다는 걸 알아요.

처음에는 잘 몰랐어요. 간부들 보면서 왜 이 사람들은 사서 고생하나 싶었죠. 지금 조합원들도 잘 모르는 사람 많을 거예요. 간부는 조합원을 대표하잖아요. 예전에 간부들과 한두 번 함께 일했을 때 뿌듯한 마음이 생겼어요. 그래서 "형님, 저도 일 계속 돕고 싶습니다" "지대장님 하는 일 돕고 싶습니다"라고 했죠. 그 뒤로 계속 같이하고 있어요. 그만큼 보람이 있습니다.

활동하면서 제 눈으로 변화를 지켜봤어요. 회사에서 노동자에게 욕하면 우리가 그러지 말라고 경고해요. 나이가 적든 많든 누군가의 자식이자 아버지니까 그러지 말라고. 다 똑같이 돈 버는 사람들이잖아요. 그러면 다음부터는 욕 함부로 못 합니다. 그렇게 현장이 바뀌고 있었는데 탄압이 모든 걸 무너뜨렸어요. 이제 회사는 시키는 대로 안 할 거면 나가라는 식으로 말해요. 팀장은 더 부담이죠. 같이 일하는 동료가 있잖아요. 내가 나가면 팀원들이 모두 나가야 하니까, 실업자가 되니까요. 한순간에 실업자가 몇십 명, 몇백 명이 될 수도 있는 거죠. 책임감 때문에 큰소리 못 칠 때가 있는 거죠.

다시 10년 앞을 내다보며

제가 1992년생입니다. 사람들이 그래요. 젊은 사람이 왜 이런 일 하느냐고, 하지 말라고. 저도 알아요, 힘들다는 거. 하지만 몸 버리는 건 둘째고 우선 일이 재밌어요. 그래도 젊은 사람들은 건설 일을 안 하려고 해요. 이러다가는 결국 한국 사람이 집 짓는 날이 없어질 것 같아요. 부모님들은 건설 일 한다고 하면 노가다라며 말리잖아요. 저는 그렇게 생각 안 하거든요. 자기만 열심히 하면 한 가정을 이끄는 데 문제가 없어요. 부유하게 살지는 못하더라도 내 새끼들 학교 보내고, 밥 먹이는 정도는 할 수 있다고 생각해요.

제 주변 친구들도 하루이틀 하고는 못 하겠다고 해요. 몸도 너무 힘들고, 사람들한테 욕을 많이 들어서 지친다고. 젊은 사람들 생각이 아예 바뀌어버린 것 같아요. 이 일이 가장 마지막에 선택할 일이 된 거예요. 진짜 갈 데 없을 때 하는 일이요. 그게 아닌데. 한 달에 25일 출근하면 500만 원은 벌어요. 그 얘기 들으면 친구들이 "와~" 하다가도 막상 자기는 안 하려고 하죠. 색안경을 끼고 봐서 그래요. 사람들이 뭐 하러 이런 일 하느냐고, 하지 말라고, 몸 상한다고 하지만 저는 이 일이 좋아요. 동료들과 함께하는 재미가 크고요.

현장에 나이 많은 분들이 많은데, 솔직히 나이는 속일 수 없어요. 내 몸이 이리 움직이는데, 머리는 그게 아닌 거예요. 외국 애들은 다 젊으니까, 달라요. 이 일은 젊은 사람이 많이 해야 해요. 건설업을 하려면 자기들이 힘이 들어도 이걸로 밥 먹고 살겠다는 마음가짐이 있어야 합니다. 그러려면 현장도 많이 바뀌어야 하고요. 요즘은 특별한 일이 아니면 주말에 쉬잖아요. 우리는 일이 바쁘면 일요일에도 나와서 일하고 수당 받거든요. 여럿이 움직이는 일이라 혼자 쉰다고 하기에는 눈치가 보일 수밖에 없죠.

젊은 사람들이 건설 현장에 들어오려면 직업에 대한 이미지도 달라져야 해요. 이 일이 의사나 판사처럼 이미지가 좋으면 '꿈의 직장'으로 불렸을 수도 있죠. 건설업이 원래도 이미지가 안 좋았는데, 정부가 건설노조를 탄압하면서 더 나빠졌어요. 이제는 사람들이 건설업에 들어올 생각을 아예 안 해요. 회사가 우리를 대하는 태도가 그래요. 노동조합이 생겨서 그나마 나아졌지만, 이제 다시 과거로 돌아갔어요.

지금은 업체가 시키는 대로 해요. 건설 노동자들 자부심이 너무 많이 내려앉았어요. 노동조합 선배들이 수십 년 동안 만들어온 건데 말이에요. 탄압받기 전에는 돈을 못 받는 경우도 거의 없었는데, 지금은 임금 체불 현장도 많이 생겼죠. 공안탄압 한 방으로 무너졌어요. 다시 끌어올리려면 또 10년은 더 걸리지 않겠습니까. 조합원들은 돈도 제대로 못 받던 시절로 돌아가고 싶지 않다고 말해요. 그러니 점차 나아지겠죠. 공안탄압에 더는 굴복하지는 않을 거예요. 우리는 다시 회사가 갑질 못 하게 만들 수 있거든요.

¶ 아웅은 미얀마 출신으로, 가족의 생계를 책임지기 위해 어린 시절부터 어머니와 장사하며 자랐다. 고등학교 시절 예기치 못한 사건으로 학업을 중단한 후 소방관으로 일했지만, 처가의 권유로 해외 노동자의 길을 선택하게 되었다. 2014년, 그는 한국의 고용허가제(EPS)를 통해 한국으로 건너와 건설업에 종사했다. 낯선 환경에서의 첫 직장은 그에게 많은 어려움을 안겨주었다. 건강 문제와 더불어 고된 노동은 그를 지치게 했고, 가족과의 관계마저도 악화시켰다. 이후 여러 도시를 옮겨 다니며 건설 현장에서 일했지만, 열악한 환경과 동료들로부터의 괴롭힘, 임금 체불 등으로 고통받았다. 더욱이 사업장 변경에 대한 법적 제약으로 인해 미등록 노동자로 전락했다.

현재는 아파트 건설 현장에서 갱폼(gang form) 설치 작업을 하고 있다. 건설업 일은 위험하고 신체적·정신적 피로가 크지만, 가족과 더 나은 미래를 위해 계속 노력하고 있다. 비록 노동 조건이 열악하고 여러 제약 때문에 어려움이 많지만, 그는 자신과 같은 이주 노동자들의 삶이 더 나아질 수 있기를 바란다. 그의 이야기는 한국에서 일하는 이주 노동자들이 처한 현실을 조명하며, 더 나은 노동 환경과 사회적 이해가 필요함을 시사한다.

(기록 또뚜야)

한국에서 건설 노동자로
10년 넘게 일했어요

아웅(가명)

제 이름은 아웅이에요. 미얀마 출신이고, 1989년 만달레이에서 태어났어요. 가족은 아버지, 어머니, 남동생 두 명, 여동생 한 명이 있고, 저는 장남이에요. 아버지는 소방관이었는데 경제적으로 매우 힘들었어요. 미얀마에서는 하급 공무원은 수입이 부족해서 남편이 직장에서 일하더라도 아내가 추가 수입을 위해 장사나 작은 일을 해야 해요. 제가 맏이라 가정에서 책임이 컸어요. 낮에는 시장에서 어머니와 함께 튀긴 음식, 빵, 꿀, 기름 등을 판매하고, 밤에는 영화관 옆 야시장에서 혼자 과일을 팔았어요. 저희 같은 하급 공무원 자녀들은 이주 노동자로 해외로 나가 돈을 버는 게 꿈이에요.

외국인 고용허가제로 한국에 오다

저는 미얀마에서 고등학교에 다녔어요. 3학년 때 시험을 앞두고 여자 친구와 함께 데이트를 했는데, 집에 데려다주기에는 밤이 너무 늦어버렸어요. 부모의 처벌이 두려워서 저희 둘은 도망쳤어요. 미얀마 일부 지역에서는 부모와 함께 사는 소녀가 남자 친구와 만난 뒤 어두워진 후에 집으로 돌아오는 것을 심각한 범죄로 간주해서, 부모로부터 엄한 처벌을 받는 전통이 남아 있거든요. 그래서 둘 다 시험을 보지 못하게 됐어요. 당시 저희는 열일곱 살이었어요. 아직 어려서 결혼은 못 하고 미얀마 전통문화에 따라 여자 친구를 돌려보냈어요. 저는 더 이상 학교 공부에 관심이 없었어요. 그래서 소방서에 들어갔어요. 여자 친구는 다시 시험공부를 했고, 1년 후에 우리는 결혼했어요.

처가는 소방관이라는 직업을 마음에 들지 않아 했고 제게 해외로 일하러 가라고 강요했어요. 그래서 소방관 일을 그만두고 싱가포르로 가기로 했어요. 양곤(미얀마에서 가장 큰 도시이자 옛 수도)에 있는 CITI(건설산업교육원)에서 훈련을 받았어요. CITI 인증서는 싱가포르에서 일하는 데 매우 중요해요. 일반인과 교육원 수료자는 급여는 물론 취업과 체류 조건이 다르거든요. 양곤에서 6개월 동안 훈련받았는데 공부에 집중하기 어려웠어요. 아내를 보고 싶은 마음이 커져서 계획을 취소하고 고향으로 돌아왔어요. 그러고 바나나와 코코넛 장사를 시작하게 되었는데, 휘발유 장사가 더 많은 돈을 벌 수 있다는 것을 알게 됐어요. 그래서 휘발유 장사를 시작했어요.

그때 주유소는 사람들에게 제한된 양의 휘발유만 판매했어요. 오토바이를 가진 친구들의 도움으로 휘발유를 사서 모은 후에 가격을 올려서 다시 판매하는 사업이에요. 휘발유 장사는 불법은 아니지만 정직하지는 않았어요. 경찰에게 뇌물을 주고 사업을 방해하지 않도록 협상해야 했어요. 휘발유를 옮길 때 펌프 대신 입으로 휘발유를 빨아야 했기 때문에 건강에 문제가 생겼어요. 결국 신장 질환 때문에 휘발유 장사를 그만두게 됐어요.

그때, 고용허가제 한국어 능력 시험(EPS-TOPIK)이 다섯 번째로 시행되고 있었어요. 고용허가제가 젊은이들 사이에서 퍼지고 있었고, 한국에 가는 사람들도 점점 많아졌어요. 동네에 이주 노동을 했던 형이 두 명 있었어요. 한국 다녀온 형님과 싱가포르 다녀온 형님 둘 다 10년 정도 해외에서 이주 노동자로 지냈어요. 한국 다녀온 형님은 식료품점 장사를 했어요. 원래 작은 가게였는데 한국에서 10년 동안 돈을 벌어서 도시에서 큰 가게를 차렸고, 가족 살림살이도 나아졌어요. 싱가포르에 다녀온 형님보다 한국 다녀온 형님이 말하는 방식이나 옷 입는 패션적인 면에서도 더 매력적이고 나아 보였어요. 그래서 싱가포르로 가는 대신 시험을 치고 한국으로 가기로 했어요. 2014년 5월에 고용허가제 E-9 건설 비자로 한국에 와서 지금까지 건설업에 종사하고 있어요. 한국에 온 이후로 한 번도 미얀마로 돌아가지 않았어요.

건강 문제로 그만둔 첫 직장

한국에 와서는 '큰 광주'에서 일을 시작했어요. 한국에는 광주가 두 군데 있는데, 미얀마어로 '큰 광주'는 전라도의 광주를, '작은 광주'는 경기도의 광주를 가리켜요. 큰 광주의 아파트 건설 현장이었는데 처음 1년 가까이는 주로 지하 주차장 건설 작업을 했어요. 적절한 크기와 형태의 나무틀을 설치한 후 거기에 콘크리트를 부어요. 그런 다음 콘크리트가 충분히 굳어서 강도를 갖추기까지 기다려요. 이 기간은 보통 며칠에서 몇 주 걸릴 수 있어요. 콘크리트가 충분히 굳으면, 나무틀을 제거해요. 이때 나무틀이 콘크리트에 밀착되어 있을 수 있기 때문에 조심스럽게 분해하고 제거해야 해요. 나무틀을 제거한 후, 크기에 따라 분류해서 기름을 바르고 포장해서 회사로 보냅니다. 나무틀 설치는 다른 팀이 하고, 제거와 포장 작업은 저희 팀이 맡았어요.

그 직장에서 일한 지 1년 만에 건강 문제로 그만두게 됐어요. 한국에 온 지 6개월쯤 지나서, 저는 아내가 다른 남자와 사귀었다는 소식을 들었어요. 페이스북에서 다른 남성들로부터 칭찬과 관심을 받은 아내가 저와의 관계를 저버렸다는 거예요. 큰 스트레스를 받은 저는 잠 못 이루는 밤들을 보냈어요. 아내가 다른 남자와 통화 중인지, 데이트 중인지 밤마다 페이스북에 있는 메시지를 읽으며 확인했어요. 아내와 논쟁하면서 술을 마시기 시작했어요.

건설업계에서는 새벽 5시 30분에 일어나 준비를 하는 것이 일반적이에요. 저는 수면 부족으로 건강이 나빠졌고 결국 이전에 앓았던 신장 질환이 재발했어요. 어느 날 출근 전 아침 운동을 하다가 쓰러졌어요. 나흘 동안 입원했다 퇴원하자, 회사에서 더 이상 일을 할 수 없다고 하더라고요. 본국으로 돌아가고 싶으면 회사에서 준비해주겠다고 했어요. 저는 미얀마로 돌아가고 싶지 않아서 회사를 떠나기로 했어요. 기한을 채우지 못하고 퇴직금이 생기기 2주 전에 직장을 그만두게 되어 아쉬웠어요.

계속된 비난과 괴롭힘

두 번째 직장은 경기도 파주에 있는 다리 건설 현장이었어요. 건설 방법에는 여러 가지가 있는데, 그중 미리 조립한 철골을 가져와서 설치하고 콘크리트를 타설하는 공법이었어요. 목재 골조가 준비된 후에는 철근 작업을 하고 난 뒤 콘크리트를 타설해요. 콘크리트가 굳으면 목재 골조를 제거하고 한 구간씩 앞으로 나아가죠. 목재 골조 조립 작업을 설명하자면, 콘크리트를 타설하기 위해 준비한 큰 나무 프레임 컵이라고 보면 돼요. 저는 그 작업과 인연이 있나 봐요. 한국에 와서 계속 같은 작업을 하게 됐어요. 이 작업은 다른 팀보다 더 피곤하고, 더 위험하고, 더 많은 보수를 받아요. 우리가 목재 골조를 조립하면 철근 작업 팀, 콘크리트 타설 팀이 들어와요.

그러던 어느 날, 미얀마 선배 형님과 저는 무전기에 대고 미얀마어로 소통하며 일하고 있었어요. 캄보디아와 필리핀 동료들이 볼트·너트 제거 작업을 하고 있었죠. 소장님이 그곳에 방문했어요. 캄보디아와 필리핀 동료들은 인사를 했지만, 저는 일을 하느라 못 봤어요. 그러자 소장님은 저를 무례하다고 비난하며 문제를 만들었어요. 저는 일부러 그런 게 아니라 일 때문이었다고 상황을 설명했어요. 하지만 소장님은 저를 계속 비난하면서 "씨발놈"이라고 욕했어요. 저는 약해지지 않았어요. 일을 제대로 하고 있었기 때문에 그런 비난을 받아들이기 어려웠어요.

저녁에 그룹 전체가 잔업 전에 식사하려고 하는데 소장님이 식당까지 따라와서 제가 인사를 제대로 하지 않았다고 꾸짖었어요.

하루 종일 힘들게 일했고 잔업도 해야 했기 때문에 배고프고 피곤했죠. 사람들 앞에서 그런 괴롭힘을 참을 수 없었어요. 식사를 준비하던 테이블 앞에서 계속되는 욕설을 듣고 나니 눈에 아무것도 보이지 않았어요. 너무 화가 나서 결국 테이블 위에 있는 밥 접시를 다 깨뜨려버렸어요. 너무 슬프고 괴로워서 울고 싶었어요.

다음 날 소장님이 저를 보고 나가라고 말했어요. 저는 "알았어요. 회사에서 일을 시킬 수 없으면 나갈게요"라고 답했어요. 다른 소장님은 저를 위로하며 직장을 그만둘 필요는 없다고 말했어요. 하지만 그 소장님은 여전히 화를 내고 있어서 저는 그만두기로 했어요. 이렇게 저는 사업장 변경을 한 번 더 했어요. 저는 모든 상황을 받아들이고 새로운 도전을 시작하기로 했어요. 일자리를 찾고 있을 때 저를 위로해주던 소장님이 계속 전화해서 다시 돌아와도 된다고 했어요. 당시에는 소장님 말만 믿고 괜찮을 거로 생각했어요. 그리고 고용센터를 통해서 그 회사에 다시 입사했어요. 그 후에도 저를 괴롭혔던 소장은 매일 아침 꾸짖었고, 다른 팀원들이 하기 싫은 일을 저에게 맡기는 등 차별을 했어요. 결국 저는 그 회사를 다시 떠나기로 했어요. 저는 고용허가제 이주 노동자에게 허용되는 사업장 변경 횟수를 모두 채웠어요. 고용허가제 이주 노동자는 3년 내 3회만 회사 이전이 허용되거든요.

불법 미등록 노동자로 내몰리다

그 후 포항 근처의 터널 공사 현장에서 6개월 정도 일했어요. 하청업체였어요. 터널을 건설할 때 먼저 암석 폭파 작업을 해요. 그런 다음 굴착기를 이용해서 흙을 파내요. 굴착 작업이 진행되는 동안, 터널 벽에 콘크리트 타설을 준비해요. 거푸집을 짤 때 나무틀을 고정하려고 빔(beam) 작업을 해요. 바로 제가 맡은 일이었어요. 나무틀이 고정된 후에도 필요에 따라 추가적인 보강 작업을 해야 했죠. 미얀마에서도 집을 지을 때 아치를 사용해서 아래에서 지지하고 받쳐주는 작업을 하죠. 빔 작업도 콘크리트를 부을 거푸집을 만드는 과정의 일부예요. 거푸집이 완성되면 마감 장비가 그 공간에 콘크리트를 부어요. 저는 빔 작업을 통해 건축과 건설 분야에 대한 지식과 경험을 쌓을 수 있었어요. 문제는 그 회사에서 월급을 정해진 날짜에 받지 못하는 거였어요. 항상 10~20일씩 늦어져서 스트레스를 받았어요. 월급날이 지났는데도 안 나와서 언제 주느냐고 물어보면 회사 담당자가 화를 냈어요. 묻지 않으면 모르는 척하고, 언제 지급할지 알려주지 않았어요.

기숙사는 좁았어요. 작은 방에서 미얀마 노동자들이 함께 생활했어요. 오랫동안 함께 지내면서 갈등이 생겼어요. 당시 미얀마 노동자는 다섯 명이었어요. 그중 제조업에서 건설업으로 이직한 친구가 있었는데 항상 반대 의견을 냈어요. 그 친구가 와서 기숙사가 더 혼잡해졌는데도 우리는 참을성을 가지고 지냈어요. 그 친구는 저희보다 한국어를 잘해서 한국인 노동자들과 소통하면서 많은 것을 배울 수 있었죠. 그래서 작업에 대해 잘 알았지만, 어느 날부터는 우리를 존중하지 않고 무례하게 대했어요.

하루는 정치적인 이슈에 관해 이야기하다가 그가 무례한 말을 시작했어요. 저와 말다툼하다가 주먹싸움까지 갔어요. 그 일로 회사 사무실에서 저에게 일을 그만두라고 했어요. 3년 비자 만료가 다가온 데다 회사 변경 횟수 제한에 걸려서 결국 미등록 노동자가 되기로 했어요. 쉽지 않은 결정이었지만, 다른 미등록 미얀마 친구들이 좋은 급여를 받는 것을 보고 힘을 얻었어요.

눈앞에서 목격한 대형 사고

제가 현재 하고 있는 일은 아파트 건설 공정에 있는 갱폼 작업이에요. 커다란 거푸집 같은 건데, 한 번에 넓은 면적을 시공할 수 있어요. 한국에 온 후 첫 회사에서는 콘크리트 타설 작업에서 나무틀을 안쪽에서 설치하는 방식을 사용했어요. 콘크리트가 굳으면 떼어내서 분류해야 했죠. 다음 층에서 다시 사용하려면 나무틀을 위층에 올려둬야 했어요. 하지만 지금 하는 방식은 달라요. 철판 액자처럼 만들어진 외부 거푸집을 바깥쪽에서 붙이는 작업을 하고 있어요. 이 거대한 철판을 플레이트(plate)라고 불러요. 철판을 아파트 벽이 될 곳에 알맞게 배치하고 볼트로 조립한 뒤 그 안에 콘크리트를 부어요. 그런 다음 다른 장소로 옮겨요. 예를 들어 3층에 타설된 콘크리트가 굳으면, 볼트를 제거한 후 철판을 타워크레인에 묶은 다음 망치로 치고, 쇠막대기를 사이에 넣고 흔들어서 벽에서 떼어냅니다. 그리고 타워크레인 운전자에게 4층으로 끌어 올리라고 하면 돼요. 철판은 아파트 벽 너비만큼 거대해요. 다음 층으로 옮겨서 다시 사용합니다.

이 일에 대해 잘 모르는 사람들 눈에는 가볍고 쉬워 보일 수 있지만, 사실은 생명을 위협할 정도로 매우 힘든 일이에요. 가끔 크레인 케이블이 끊어져서 그 아래서 일하던 노동자들이 철판에 깔려 죽었다는 소식이 들리곤 했어요. 한국에 함께 온 미얀마 친구 중 한 사람은 건설 작업장에서 타워크레인이 추락하는 사고를 목격하고 정신적으로 힘들어졌어요. 눈앞에서 사람이 죽고 다치는 걸 보았으니까요. 하지만 그는 고용허가제 노동자여서 회사를 그만둘 수 없었고, 결국에는 그 회사를 이탈해서 미등록 노동자가 됐어요. 한국에 와서 제조업에 종사해본 적은 없지만 건설업에서 일하는 것이 더 위험하고, 힘들고, 어렵다고 생각해요. 건설 일은 근무 시간 동안 주의를 집중해야 해요. 기술을 배우면서 위험을 예측해야 하는 부담이 몸의 피로뿐만 아니라 정신적 피로도 발생시켜요.

저는 회사 밖의 주택가에 집을 임대했고, 아침 5시에 사장님 차를 타고 직장으로 이동해요. 때로는 1시간에서 1시간 반 정도 걸리는 먼 데서도 일해요. 아침 6시쯤 현장에 도착해서 10분 동안 국수를 먹고 커피를 마신 후 작업을 시작해요. 11시나 12시쯤 작업을 마치고, 사장님 차를 타고 집으로 돌아와요. 집에 도착해서 요리하고 점심을 먹어요. 반나절만 일하는 거예요. 2024년에 건설 관련 일이 줄었고 한 달에 열흘 정도만 일이 있어요. 다른 사람들에게 물어봐도 모두 상황이 안 좋다고 해서 그대로 머물러야 했어요. 지금 회사는 일이 많지 않아서 월급이 적지만, 다른 곳으로 옮기면 상황이 더 악화할까 봐 가만히 있었어요. 지난해 건설 노동자들이 힘들었어요. 어떤 친구들은 더 좋은 회사로 이직하려고 다니던 직장을 그만두었지만, 아직 새로운 직장을 찾지 못해서 생활이 어려워졌어요.

노동법 사각지대에서 살아가기

이주 노동자로서 일자리 찾는 게 정말 어려워요. 건설업에 종사하는 미얀마 친구들에게 물어봐서 일자리를 찾아요. 현재 일하고 있는 곳이 마음에 들지 않으면, 다른 미얀마 친구들에게 물어봐서 괜찮은 곳이면 함께 일하려고 해요. 미등록 이주 노동자들이 일자리를 찾으려면 이런 연결 고리가 있어야 해요.

저도 예전에 1년 정도 일자리를 갖지 못해 어려움을 겪었던 경험이 있어요. 수입이 없어서 아침에 친구와 라면 한 그릇 나눠 먹고, 하루 종일 물만 마시면서 일자리를 구했어요. 그래서 지금은 더 나은 일자리를 찾을 용기가 나지 않아요. 소득이 낮더라도 확신 없이는 직장을 옮길 엄두가 나지 않아요. 특히 우리와 같은 미등록 노동자들은 사업주와 근로 계약을 맺을 수 없거든요. 그래서 일주일이나 한 달간 일해보고, 하기 싫으면 직업을 바꿀 수는 있지만, 선택할 직업이 많지 않아서 고민이에요.

합법적으로 고용허가제 E-9 비자로 들어온 노동자들도 마찬가지예요. 마음대로 직장을 바꿀 수 없어요. 사실 많은 이주 노동자가 비자가 있건 없건 모두 어려움을 겪고 있어요. 제가 이전에 E-9 비자로 여기 있을 때, 한국인 브로커들을 통해 일자리를 구하려고 했어요. 소개비로 10만 원을 내야 했지만, 그래도 그 브로커는 나쁘지 않았어요. 첫 번째 소개받은 회사가 마음에 들지 않으면 다른 회사 주소를 알려주고, 세 번째 회사도 마음에 들지 않으면 소개비를 환급해줬어요. 그런데 이제는 돈을 돌려주지 않는다고 하더라고요.

미등록 노동자의 임금은 정해져 있지 않고 능력에 따라 달라져요. 비자 없이 일하는 사람들은 선택의 폭이 제한적이기 때문에, 주어진 조건에서 최선을 다해야 해요. 비자가 있을 때는 고용센터를 통해서 새로운 직장을 찾을 수 있지만, 비자가 없어지면 그렇게 할 수 없어요. 제가 처음 갱폼 일을 시작할 때는 일당 13만 원이었지만, 지금은 23만 원 받아요. 현재 상사와는 5년 넘게 함께 일하고 있어요. 더 받으려면 일을 잘할 수 있다는 것을 보여주고, 점진적으로 임금 인상을 요구해야 해요.

제가 알기로 미등록 노동자들은 일당을 받는데, 시간당 임금으로 계산하면 최저임금보다 높은 경우가 많아요. 일을 빨리 끝내야 하기 때문이에요. 미등록 노동자들은 직장에서 일할 때 규칙이나 규정이 따로 없어요. 사업주들은 그들에게 빨리 일하라고 강제로 시켜요. E-9 노동자들과 달리, 미등록 노동자들은 노동법에 따른 보호가 없어요. 특히 건설업 사업주들은 미등록 노동자를 더 힘들게 일하게 하는 경향이 있어요.

노동자에게 꼭 필요한 노동조합

한국인 일자리를 이주 노동자들이 빼앗고 있다는 말을 들었어요. 그건 사실이 아니지만, 그렇게 생각될 수 있는 상황들이 있어요. 사업주는 이주 노동자에게 강제로 일을 시키듯이 한국인 노동자를 대우할 수 없죠. 한국인 노동자들은 이러한 행위를 용납하지 않아요. 그래서 일부 사업주들은 한국인 노동자보다는 노예처럼 대우해도 되는 이주 노동자를 선호하기도 해요. 저도 그런 경험을 했어요. 사업주들이 이주 노동자에게 일만 시키고, 인권이나 노동권을 전혀 고려하지 않아요.

한국에 오기 전에 싱가포르로 가기 위해 양곤의 흘라잉따야(Hlaing Thar Yar) 공업 지대에 있는 건설산업교육원에 다녔어요. 교육원 근처에 있는 기숙사에서 생활하면서 노동조합 활동가 형님들과 친구가 됐어요. 2012년 흘라잉따야의 의류 공장 노동자들이 회사와 노동권 관련 문제가 생겼어요. 처음에 노동자들은 직접 원하는 조건을 요구했지만, 회사로부터 어떠한 답도 받지 못했어요. 그 후 노동조합과 함께 교섭을 진행하면서 회사는 이를 수용했어요. 이를 통해 저는 노동조합이 개인보다 강하고, 노동자들이 어려움을 표현하고 권리를 요구하는 데 도움이 된다는 것을 알게 됐어요.

한국에 온 지 5개월 정도 지났을 때였죠. 제가 일하던 건설 회사에서 외국인 노동자를 고용한다는 이유로 한국인 노동자들이 항의했어요. 이 회사는 이주 노동자를 많이 고용했는데, 미얀마 직원만 200명 정도 있었어요. 한국인 노동자들은 외국인 노동자들의 출입을 막았어요. 한 스리랑카 노동자가 출근을 시도하다가 한국인 노동자에게 폭행당해 이가 빠졌어요. 이 사건은 전라도 광주와 인접한 나주시 건설 현장에서 발생했고, 2주 동안 지속됐어요. 경찰차와 경찰 버스가 현장에 가득 찼어요. 이주 노동자들은 비자 확인과 안전카드 발급을 거쳐야 출근할 수 있었어요.

그때부터 노동조합에 가입하고 싶었어요. 그랬다면 스리랑카 노동자 폭행 같은 문제가 발생할 때 노동조합의 힘을 빌려 함께 싸울 수 있었을 거예요. 저는 대부분 노동자가 노동조합에 가입해야 한다고 생각해요. 민주주의 국가인 한국의 노동조합이 미얀마에 있는 노동조합보다 더 강력할 거라고 생각했어요. 그래서 가입하고 싶었지만 지금까지 기회가 없었어요.

한국에 와서 처음 어려움과 차별을 당했을 때는 어디로 연락해야 할지, 어떻게 해결해야 할지 몰랐어요. 이제는 지원센터, 공동체와 인권 단체들이 이주 노동자들과 연대하고 있어요. 노동권 수첩 책자도 여러 언어로 번역해서 출판되었고요. 이주 노동자들이 자기 권리에 대해 더 많이 알게 된다는 것은 놀라운 변화예요. 퇴직금과 연차를 받을 수 있다는 것도요. 비자가 있으면 노동법에 명시된 권리를 누릴 수 있어요. 빨간 날에는 쉴 수 있고, 일하면 특근 수당을 받아요. 미등록인 우리는 아직 그런 혜택을 받을 수는 없지만요.

고용허가제 E-9 비자 이주 노동자의 경우, 사업장의 변경 허용 횟수가 제한되고 있어요. 똑같은 노동자지만 한국의 노동법과 고용허가제 법규가 달라서 이주 노동자들은 차별받아요. 일부 사업주들은 이주 노동자들의 취약한 법적 지위를 악용하여 권리를 침해하고 있어요. 이주 노동자들은 여전히 노동 착취와 억압에 직면하고 있어요. 이를 해결하기 위해 더 큰 노력이 필요해요. 이주 노동자들에게 더 많은 정보와 지원을 제공해야 하고, 이들을 착취하는 사업주들에 엄격한 규제와 처벌이 필요하다고 생각해요.

대부분 사업장에 해당 국가의 대표자가 있는 것은 좋은 전통이에요. 이들이 노동자들을 조직하고 노동 관련 교육과 그룹 상담 같은 프로그램들을 함께 진행할 수 있으면 좋겠어요. 이주 노동자들이 자신의 어려움과 문제를 공유하고, 집단적인 힘을 갖게 되면 노동 문제를 더 효과적으로 해결할 수 있을 거예요. 자신의 문제뿐만 아니라 다른 노동자들의 어려움도 이해하게 되고, 이를 통해 다른 문제 발생을 예방할 수 있어요.

삶을 위협하는 출입국 단속

고용허가제 이주 노동자들은 회사를 자유롭게 옮길 수 없어요. 또 미등록 노동자가 되면 출입국 단속으로 추방당해요. 특히 건설 현장에서 단속이 빈번하게 이루어지고 있어요. 제조업 쪽은 잘 모르겠지만, 건설 현장에서는 점심시간을 가장 조심해야 해요. 마음 편히 밥을 먹을 수 없어요. 그래서 단속 기간에는 아예 점심을 먹지 않을 때도 있어요. 아침 일찍 일을 시작해서 점심시간에 밥도 안 먹고, 오후 2~3시까지 계속 일했어요. 대부분 건설 노동자들이 점심 먹다가 걸리기 때문이에요. 출입국 사람들이 식당 근처에서 기다리다가 단속하는 경우가 많아요. 건설 현장 안에서 잡히는 경우는 거의 없어요. 이주민들이 쇠고랑을 찬 채로 찍힌 사진과 동영상을 자주 봤어요. 정말 가슴 아파요.

밥 먹다가 잡히는 건 정말 안 좋아요. 다른 나라의 문화는 모르겠지만, 미얀마에서 밥을 먹는 사람에게 그러는 건 매우 무례한 행동이에요. 먹는 것은 인간의 생존에 중요한 일이거든요. 그래서 사람은 평화롭게 먹을 권리를 가져야 해요. 심지어 먹는 동안은 동물을 잡아 죽여서는 안 된다는 사냥법이 적용되는 지역도 있어요. 한국 같은 민주주의 국가에서 밥 다 먹기도 전에 쇠고랑을 채우고 체포하는 건 매우 저속한 행위이고 정말 슬픈 이야기예요. 저도 밥 먹다가 잡히고 싶지 않아요. 여기저기서 친구들을 통해 단속 소식을 들으면 회사 식당에서는 밥을 먹지 않고, 김밥과 빵을 사서 공사 현장에서 먹어요. 공사장 식당은 대개 작업장 근처에 있고, 주변에는 땅을 다지다 생긴 구덩이와 고랑이 있어요. 출입국에서 단속하러 왔을 때 도망가다가 빠지고, 다치거나 죽기도 해요. 저도 그럴 수 있는 거죠.

저는 비자만 없을 뿐, 범죄자는 아니잖아요. 그래도 항상 조심해야 하고 자유가 없어요. 매일의 생활이 까마귀가 먹이를 먹는 모습[18]과 비슷해요. 언제 단속될지 모른다는 스트레스와 불안감 때문에 너무 힘들어요. 비자가 없는 이주 노동자도 일할 수 있는 시스템이 만들어지면 좋겠어요. 미등록 신분은 사회적으로 배제된 느낌을 받아요. 평등한 권리까지 기대하지는 않지만, 기본적인 권리와 소통할 수 있는 권리는 가지고 싶어요.

미등록 노동자 단속을 일시적으로 중단한 적이 있어요. 그때 비자가 만료된 사람들도 연장할 수 있게 됐어요. 코로나19로 인해 신규 노동자가 들어오지 못하는 상황에서 체류 기간이 만료된 이주 노동자와 미등록 노동자를 단속하면 한국의 작업 현장이 멈추니까 이를 방지하려는 것이었죠. 그러나 코로나가 끝나니까 다시 미등록 이주 노동자를 단속하고 강제로 출국시켰어요. 필요에 따라 단속했다가 안 했다가 하는 게 정말 충격적이고 놀라웠어요.

비자 없는 미등록 이주 노동자가 건강보험에 가입할 수 없는 것도 차별이에요. 저는 취업 비자로 한국에 와서 한동안 매월 건강보험료를 냈어요. 그때와 지금의 차이점은 비자가 없다는 것뿐이

---

18 까마귀가 먹이를 먹다가 갑자기 주위를 둘러보는 행동에서 유래한 미얀마 전통 표현.

죠. 우리도 한국 사회와 국가 경제를 지탱하는 노동자예요. 노동자라면 노동법에 규정된 4대 보험에 가입할 수 있어야 하죠. 7년 전에 신장병 재발로 6000만 원 이상의 치료비가 발생했어요. 건강보험이 없어서 치료비를 전액 부담해야 했어요. 미얀마 공동체의 도움으로 적십자병원에서 50% 지원을 받아 치료비를 3000만 원으로 줄일 수 있었어요. 언제 건강이 나빠질지, 의료비는 얼마나 나올지, 비자가 없어서 언제 단속될지 모른다는 걱정을 매일 안고 살아가는 것이 가장 힘들었어요.

차별과 배제의 일상 속에서

가장 큰 차별은 임금 격차예요. 처음 한국에 왔을 때는 기본급만 받았어요. 당시는 내국인과 외국인 노동자의 임금이 나뉘어 있었죠. 지금도 그래요. 예전에 비하면 임금은 올랐다고 할 수 있지만, 더 많은 자격과 경험을 가지고 있어도 함께 일하는 한국 노동자들보다 제 임금이 낮아요. 게다가 전문성이 있어도 시키는 모든 일에 순종해야 해요. 일이 없을 때는 무급으로 쉬고, 일이 생길 때 다시 와서 일하죠. 이주 노동자의 처지가 한국인 노동자와 임금, 권리 등이 동등하지 못한 것은 흔한 일이죠.

이주 노동자들은 심각한 주거 문제를 겪고 있어요. 사촌 동생이 일하는 회사 숙소는 목욕하려면 플라스틱 욕조에 물을 채우고 히터봉(순간 전기 온수기)으로 물을 데워야 했어요. 샤워 중에 감전될까 봐 걱정됐어요. 문이 없는 화장실에서 대변을 보고, 세면대가 없는 기숙사에는 바퀴벌레로 가득했어요. 회사가 법적 기준을 지키지 않고, 불만 있으면 신고하라는 태도를 보였어요.

전에 한 회사에 있을 때, 작업 리더인 한국 사람이 우리에게 빨리 일하라고 강요했어요. 그 결과 파이프를 삽입하는 과정에서 사고가 발생했어요. 파이프가 제 친구의 다리를 짓눌렀고 넘어진 친구는 더 이상 일어서지 못했어요. 책임은 작업 리더에게 있었죠. 그가 작업을 서둘렀고, 파이프를 삽입한 것도 그 사람이에요. 그러나 사고가 발생하자 책임을 회피하며, "외국인 새끼들 때문에 사고가 생겼다"면서 우리를 비난했어요.

이주 노동자를 탄압하는 한국 정부의 법 제도와 사업주의 차별에 대응하지 못하는 이주 노동자들의 취약성은 문제를 일으켜요. 일부 한국인 노동자들은 차별적이고 모욕적인 행동을 우리에게 해요. 이주 노동자에게는 그렇게 해도 된다고 알고 있기 때문에 그러는 거죠. 한국인끼리 이러한 행동을 하는 것이 가능한지는 의문이에요.

이주 노동자는 건강 보험금이나 세금을 납부하지 않으면 비자를 연장할 수 없어요. 비자 연장은 하루만 늦어도 벌금을 내야 해요. 그 내용이 출입국 기록에 남으면 비자 변경에 큰 문제가 생길 수 있어요. 그러나 한국인 사업주는 근로 계약서의 조건을 위반하고, 기숙사 설치 규정을 어기며, 임금을 체불하고 급여에서 보험금을 공제하고는 납부하지 않고 자기가 가져갔어요. 또한 이주 노동자에게 욕설, 폭행, 직장 내 괴롭힘 등을 해도 아무도 기소되지 않고, 지금도 계속 그렇게 해오고 있어요.

이주 노동자로 이런 일을 모든 직장에서 보고, 듣고, 겪어왔어요. 현재 직장은 예전보다는 좋아졌지만, 함께 일하는 한국인 노동자들은 저를 차별하려고 해요. 상사와 친하지 않으면, 더욱 심해져요. 저는 현재 직장에서 근속 연수도 길고 업무 경험이 많아 일이 능숙한데도 제 다음에 입사한 한국인 동료들은 외국인이라는 이유로 저를 함부로 대했어요. 특히 제가 맡은 팀장 직무를 인정하지 않고 고의적인 경멸을 보였어요.

계속 건설 일을 하고 싶어요
2016년에 저는 이혼했고, 2020년에 현재의 아내와 재혼했어요. 우리는 같은 고향 도시 출신이어서 서로를 알고 있었어요. 2019년쯤에 아내는 한국에 유학 왔고, 다시 만나 서로 사랑을 나누게 됐어요. 아내는 졸업 후에 취업도 못 하고 미얀마로 돌아갈 수도 없어서 임시 체류가 가능한 인도적 비자(Humanitarian Visa)로 변경했어요. 결혼 후에는 아이를 낳고 가정생활을 꾸려나가고 싶었죠. 하지만 정식 비자 없이 한국 사회의 구성원이 되는 것은 불가능해요. 미래를 생각하면, 아이를 가질지 말지는 결정하기 어려워요. 하지만 우리는 서로 이해하고, 행복한 결혼 생활을 꾸려나가고 있어요.
저는 한국에 온 것에 대해 후회하지 않아요. 어떤 친구들은, 만약 미얀마가 발전하고 민주주의 국가가 된다면, 한국에서 겪었던 어려움 때문에 후회하게 될지도 모른다고 해요. 미얀마는 발전하지 못하고 군사 쿠데타가 일어났어요. 많은 문제에 직면하더라도 한국에 있는 것은 행운이라고 생각해요. 제가 지금 한국에서 일하고 있기 때문에 미얀마에 있는 가족들을 도울 수 있다고 생각해요.

미얀마에 있으면 군부에 붙잡혀 내전에 참여하거나, 시위를 했다는 이유로 경찰에 체포되고 투옥될 수도 있어요. 제 동생도 고용허가제 시험에 합격해서 한국으로 오려고 기다리고 있는데, 그전에 군부에 끌려가거나 경찰에 체포될까 봐 두렵다고 해요.

저는 건설업을 좋아하고 건설 일만 할 거예요. 한국에 처음 왔을 때부터 건설 분야에 흥미를 느꼈어요. 한국에 오기 전, 싱가포르에 갈 계획을 세웠을 때, 교육원 선생님께서 제 취미가 무엇인지 물으셨어요. 저는 건축을 좋아한다고 대답했어요. 고등학교를 졸업하지 못해 공과 대학에 갈 수는 없었지만, 집을 디자인하고 내부 인테리어를 꾸미는 것을 좋아했어요. 그래서 건축 교육을 선택했어요. 한국에 온 지 10년 동안 많은 아파트 건설에 참여해왔고요.

현재 사는 동네 근처에는 제가 공사에 참여해서 완성한 아파트가 다섯 군데 정도 있어요. 가끔 그 건물 앞을 지나칠 때면 흐뭇한 기분이 들어요. 제조업에서는 자신이 만든 물건들을 다시 보기는 어려울 거예요. 건설 일은 힘들고 위험하지만, 언제든 두 눈으로 직접 볼 수 있죠. 항상 아름답고 튼튼하다는 것을 느끼기 때문에 건설 일을 좋아해요. 앞으로도 건설 일만 계속할 거예요.

¶

정연창 님은 레미콘 노동자로 38년을 살아왔다. 1986년부터 회사에 고용된 기사로 일하던 그는 1989년경 '지입차주'가 되었다. 경제 성장기 기업들의 부담을 줄이기 위해 도입된 것이 바로 지입(持入)제도다. 지입차주가 된 레미콘 노동자들은 새벽이고 휴일 없이 회사의 지시에 따라 노예처럼 일해야 했다. 그는 인간답게 살기 위해 동료들과 경남레미콘연합회를 만들었고 2019년 민주노총에 가입한다. 인터뷰하는 내내 낮에는 일하고 밤에는 동료를 조직하기 위해 활동했던 그의 인생이 파노라마처럼 그려졌다. 조직하고 투쟁하며 권리를 찾던 시기를 떠올릴 때는 눈빛이 빛났다. 탄압 이후 위축된 현장을 말할 땐 눈가가 촉촉해졌다. 그는 2023년 건설노조 탄압 시기, 덤프와 굴착기 조합원들이 못 받은 임금을 지급하라며 연대 투쟁을 하다가 업무방해로 고소당했다. 한국 사회 건설 산업 역사의 산증인인 그가 전하는 이야기가 묵직하게 맴돈다.

(기록 이은주)

세상을 바꿀
우리의 연대

정연창(경남건설기계지부 레미콘지회 전 지회장)

저는 경상남도 합천군 초계면에서 태어났어요. 제대하고 자동차 학원에서 강사로 일하면서 트레일러와 대형차 면허증 등을 땄어요. 당시 트레일러 면허증은 귀한 편에 속했어요. 덕분에 취직도 하고 먹고살게 된 거죠. 스물여섯 살 때인 1986년부터 레미콘 일을 시작해서 지금까지 하고 있어요. 레미콘 하다가 2~3년은 트레일러 하다가 다시 레미콘을 하는 식으로 일했어요.

그때 우리는 자영업자가 아니라 회사에 소속된 기사였어요. 일하는 시간과 관계없이 월급을 받았죠. 초봉이 27만 원이었어요. 1988년쯤 한국노총 진주 일반노조에 가입했는데 그러고 나서 1년에 한 번씩 임금이 100%씩 올랐어요. 1989년에는 월 80만 원이 되었죠. 그즈음 회사가 경영이 어렵다며 고용하던 기사를 지입(持入) 방식으로 바꾸기 시작했어요. 회사 차를 넘겨주면서 건당 임금을 지급하는 시스템이 도입된 거죠.

기사에서 특수고용 노동자로

기사로 일할 때 수당 포함해서 월 80~90만 원 받던 사람이 지입차주가 되면서 수입이 월 200~300만 원으로 올랐어요. 일한 건 수대로 받다 보니 월급에 세 배 이상 뛰었던 거죠. 그 당시에 우리가 170탕, 200탕씩 뛰었거든요. 옛날에는 현금을 봉투에 담아서 줬기 때문에 두둑한 액수가 실감이 났습니다. 당장 눈앞에 보이는 수입이 많아지자 너도나도 지입에 나서면서 몇 년 되지 않아 모두 지입차주가 됐어요. 하지만 그때는 몰랐습니다. 좋은 점만 있는 게 아니라는 걸요. 손해도 컸습니다. 그때 전환하지 않고 직원으로 남았으면 지금 퇴직금만 해도 어마어마했겠죠.

특수고용 노동자는 퇴직금이나 기타 복지가 아무것도 없어요. 차량 정비나 수리비 등 모든 걸 자기가 부담해요. 차량 할부금도 크죠. 새 차 가격이 대당 2억 원 정도 하는데, 저도 지금까지 네 번 바꾸었어요. 사고 많이 낸 사람들은 보험료만 해도 1년에 600만 원 가까이 되거든요. 한 달에 50만 원이 유지비로 들어가는 거예요. 앞으로는 많이 벌어도 뒤로 다 까먹습니다. 한마디로 지입으로 전환하면서 빛 좋은 개살구가 된 거죠.

지입차주가 되고 노예 생활이 시작됐어요. 정말 열악한 상황에서 짐승처럼 일했어요. 회사에서 새벽 3시든 4시든 출근하라고 하면 해야 돼요. 일이 있든 없든 밤 12시라도 대기해야 했어요. 말 안 들으면 회사에서 가만히 둡니까? 집에서 쉬라고, 나오지 말라고 해버리죠. 하루 벌어 하루 먹고사는 사람인데 방법이 없었죠. 비나 눈이 오는 날은 말도 못 해요. 하루는 눈이 엄청 내려서 앞에서 받고 뒤에서 받고 한 적도 있어요. 비 오는 날은 길도 미끄럽고 시야가 가려서 굉장히 힘들어요. 대형 차량이라 안전사고 위험이 커요. 지금은 비 오는 날에는 타설을 안 하지만 옛날에는 소나기가 쏟아져도 했거든요. 관리자가 "오늘 타설을 안 하면 한 달 뒤로 밀립니다" 하면 일해야 해요.

밤을 새울 때도 많았어요. 창원시청 로터리에 있는 롯데마트 공사 때도 24시간을 쉬지 않고 일했어요. 한번은 우리끼리 단결해서 철야 근무 다음 날은 쉬자고 요구했어요. 작업자 모두가 그러면 회사 문을 닫아야 하니 반은 퇴근하고 나머지 반은 철야를 하는 식이 됐죠. 그때 그렇게 안 했으면 과로로 다들 쓰러졌을 거예요. 레미콘 하시는 분들은 함께 찍은 가족사진이 없다는 이야기를 많이들 해요. 그만큼 서로 얼굴 볼 일이 없는 거예요. 토·일요일도 없이 일했거든요. 자식들 결혼할 때는 또 모르지만, 웬만한 가족 행사에는 갈 수가 없었습니다.

지금은 산재보험이 적용되지만, 몇 년 전까지만 해도 본인이 전적으로 치료비를 부담했어요. 현장에서 콘크리트 타설할 때는 펌프카 하나에 레미콘 차량 두 대가 붙어요. 하나가 부으면 이어서 다른 하나가 붓는 식이죠. 그런데 먼저 작업 마친 레미콘이 후진으로 차를 빼다가 사람이 깔리는 사고가 많아요. 또 펌프카로 콘크리트를 붓다가 압력 조절을 못 해서 시멘트랑 자갈이 폭발하듯이 튀어 나가는 사고도 있어요. 거기 맞아서 눈이고 뭐고 다치는 거죠. 일하다 보면 굉장히 위험한 상황을 많이 만나요. 요즘은 큰 현장 같으면 안전 요원과 신호수를 배치하지만 예전에는 그런 일이 드물

건설 공정에서 빠질 수 없는 레미콘 작업.

었습니다. 일단 사고가 나면 불이익을 많이 받았어요. 지금은 노동조합이 있어서 함께 처리해나갑니다.

골조를 완성하는 레미콘 작업

레미콘 차량은 콘크리트 반제품을 실어 현장에 전달하는 역할을 합니다. '레미콘(remicon)'이라는 말 자체가 레디 믹스드 콘크리트(ready-mixed concrete)의 약자예요. 미리 시멘트, 자갈, 모래, 물, 화학약품을 섞은 콘크리트를 탱크에 담아서 운반하는 거예요. 반제품을 운반해 가면 그걸로 현장에서 타설합니다. 레미콘은 살아 있는 생물이에요. 레미콘이 믹스된 지 90분이 넘어가면 품질에 문제가 생겨요. 그래서 믹스된 레미콘을 타설하는 시간을 하절기에는 90분, 동절기에는 120분을 기준으로 하고 있어요.

레미콘 차가 현장에 도착하면 펌프카를 연결해서 철근공과 목수들이 짜놓은 형틀에 붓습니다. 보통 아파트 한 층을 올리는데 평균 40~45대의 레미콘 차량이 들어가요. 요즘은 고층도 펌프카로 타설하지만, 예전에는 직접 사람이 고층까지 계단에 철판을 깔고 그 위로 밀고 다니면서 했어요. 윈치라고 하는 미니 크레인도 썼습니다. 모터로 움직이는 거기다 믹스 콘크리트 용기를 매달아서 고층으로 올렸죠. 그러면 작업자들이 리어카에 받아다가 형틀에 쏟아부었어요. 굉장히 고된 작업이었습니다. 펌프카가 보급되면서 굉장히 수월해졌죠.

건설 작업에서 모든 공정이 중요하겠지만, 특히 레미콘이 빠지면 일이 안 됩니다. 레미콘이 믹스된 콘크리트를 가져다주어야만 한 층씩 완성해서 건물을 올릴 수 있으니까요. 골조 작업의 핵심이라고 할 수 있습니다. 레미콘이 멈추면 모든 공정에서 손을 놔야 합니다. 그래서 건설업자들은 레미콘 파업을 굉장히 두려워해요.

레미콘 차량의 종류에는 마당차와 용차가 있어요. 제조사 마당에 주차되어 있다고 해서 '마당차'라고 하는데요. 여기에는 제조사가 보유한 자가용 차가 있고 지입차가 있어요. '용차'는 제조사가 물량에 따라 부정기적으로 불러다 쓰는 차예요. 마당차는 90분 이내 거리만 움직여요. 우리 같으면 서울은 물론 울산도 못 갑니다. 딱 창원 관내 현장만 가는 거죠. 건설사와 콘크리트 믹스 제조사가 그렇게 계약을 맺고 일해요.

레미콘 차량의 절대다수는 지입차예요. 지입차는 개인 소유지만 회사와 계약해서 움직입니다. '회전수'를 계산해서 돈을 받아요. 여기서 회전수는 현장에 몇 번 왔느냐로 계산합니다. 한 번 현장에 콘크리트를 배달했다면 그게 1회전입니다. 지금 회전수당 임금이 6만 5000~6000원 하거든요. 100회전을 했다면 650만 원을 받습니다. 결국 지입차들은 회전수가 높아야 돈을 버는 구조예요. 우리가 특수고용직이기는 하지만 엄연히 회사의 지시를 받습니다. 회사 직원과 똑같아요. "몇 시에 출근하세요" 하면 그때까지 출근해야 합니다. 퇴근도 마찬가지죠. "나는 개인 사업자로 등록되어 있으니 내 마음대로 일하다 집에 갈 거야" 할 수 없습니다. 사정이 그런데도 노동법으로 보호가 안 되니 제약이 많죠.

일부 제조사가 직접 고용하는 '자가용'도 있습니다. 기사에게 250만 원 정도 월급을 주고 시간 외로 일하면 수당을 지급해요. 레미콘 중에 자가용은 드문데, 간혹 도시 외곽에 있는 제조사에서는 단가 맞추기가 어렵다며 자가용 차를 늘리기도 해요. 도시는 모두 지입차예요. 자가용 차 고용 기사는 노동자입니다. 퇴직금도 있고 고용보험이나 국민연금도 회사에서 지원하죠. 사고가 나든 고장이 나든 100% 회사에서 책임집니다. 그런데 지입차는 모두 개인이 알아서 해결해야 해요. 회사마다 다르긴 한데 기름값 일부를 지원하기는 해요. 부담률은 0.5에서 0.55쯤 돼요. 200킬로미터를 운행했다면 그중 절반인 100킬로미터분 기름값을 주는 거죠.

마당차 외에 필요에 따라 불러 쓰는 용차가 있다고 했잖아요. 이건 사람으로 치면 일용직입니다. 만약 회사 보유 차가 30대인데 오늘 물량이 많아서 20대가 더 필요하다면 용차 회사에 연락해서 20대를 보내달라고 해요. 용차는 하루 8시간 35만 원에 시간 외 수당을 포함합니다. 용차는 따로 운용하는 회사가 있어요. 레미콘 개인 사업자 차량 수십 대를 한 사장이 관리하면서 알선료를 떼어갑니다. 한 대당 월 25만 원씩 가져가요. 대신 콘크리트 제조사를 찾아가서 '우리 차 좀 써주세요' 하면서 일거리를 만들죠. 용차는 지역 구분 없이 어디든 갑니다.

용차는 단가가 좀 셀 때도 있지만 그만큼 일이 많지는 않아요. 제가 아는 어떤 분은 지난달에 5일 정도 일했더라고요. 그래서 월 소득이 200만 원도 안 되는 경우가 많아요. 경기도 안 좋고 비수기다 보니 일이 없어요. 용차도 노조에 가입되어 있어요. 경남 지역은 가입을 받은 지가 몇 년 안 됩니다. 같은 일을 하니까 서로 뭉쳐야 힘이 된다고 해서 함께하기로 했습니다. 이건 지역마다 사정이 다르기는 해요.

이렇게 살아서 되겠나?

저는 2019년 8월에 민주노총에 가입했어요. 노조 가입 전부터 활동은 했어요. 밤낮없이 일하면서 이렇게는 안 되겠다 싶어 경남 지역 레미콘연합회 창설을 주도했습니다. 밤늦도록 사람을 만나러 다녔죠. 제조회사 상조회장들 만나서 "우리가 노예로 살아도 되겠나. 하루 8시간 일하면서 살자. 우리 권리를 찾자"고 이야기했어요.

정부의 탄압이 심했습니다. 경찰 정보과 사람이 따라다니고는 했어요. 사측에서 편법도 썼어요. 우리가 공급을 중단하니까 김해 쪽에서 물량이 넘어오는 거예요. 그래서 한번은 들어오는 레미콘 차 30대를 막아서 회차시키는 투쟁도 했어요. "이렇게 들어오는 것은 불법이다. 레미콘 이동 시간이 지났다. 품질에 문제가 있을 테니 감리 불러라" 하면서 싸웠습니다. 창원 회사 중 절반 정도를 레미콘연합회로 조직했습니다. 그렇게 8시에 출근해서 5시에 퇴근하는 8·5제를 쟁취했어요. 경신계열이라는 창원의 대기업이 빠진 상태라서 불완전했습니다. 우리가 하나가 되어 똘똘 뭉쳐도 힘이 부족할 판에 반은 파업하고 반은 일을 하니, 협상에 어려움을 겪었어요.

 1년 정도 활동하다가 힘에 부쳐서 잠시 쉬고 있을 때 부산에서 연락이 왔어요. 자기들은 민주노총에 가입했다면서 저희에게도 함께하자는 이야기였습니다. 제가 경남레미콘연합 조직하러 다닐 때 부산에도 자주 갔거든요. 당시 부산에서 레미콘 하시던 분들 상조회가 있었어요. 상조회 회장들 만나서 같이하자고 설득도 했었죠. 그분들이 연락한 거였어요.

 그래서 창원의 분회장들 모아놓고 이야기했죠. 민주노총에 가입하자고요. 부산 쪽은 잘되고 있으니 우리도 힘을 내자고 했습니다. 과거에 한번 실패한 경험이 있어서인지 사람들이 두려워했어요. 마지막이라는 심정으로 겨우 설득해서 하나하나 모이게 됐어요. 그렇게 창원 지역 조직하는 데만 5개월가량 걸렸고 거제, 통영하고 진주는 1년 뒤에 가입했어요. 초기에는 노조에 대한 개념이 없는 사람도 많았어요. 회사에 가서 사람들을 만날 수는 없으니 저녁마다 간부들을 불러서 교육했습니다.

 반발도 많았어요. 하루 8시간 일하면 좋긴 하지만 그 돈으로 어찌 먹고살겠느냐는 거죠. 그런 분들을 일일이 만나서 1년 5개월을 설득했습니다. 그렇게 건설노조 경남건설기계지부 레미콘지회가 설립된 거예요. 제가 초대 지회장이에요. 그때는 사무실도 없어서 일과가 끝나면 제 농장에 있는 컨테이너에 모여서 회의하고 결과를 회사에 전달도 하면서 활동했죠. 그러면서 점점 체계가 잡혀갔어요. 이제는 분회장 회의가 있다고 하면 회사도 그 시간을 인정하고 보내줘요.

민주노총에 가입하고 나서는 7시 출근해서 4시 되면 일을 마쳤습니다. 부산은 이미 7·4제를 실시하고 있었고요. 제조사들도 부산과 경남이 연계해서 작업하는 곳이 많았으니 저희도 회사로 공문을 보냈어요. "8월 1일부로 우리도 7·4제를 하니 회사에서 참고하시고 물량을 잡으시오"라고요. 이후 해마다 파업을 했어요. 저희의 주요 요구는 운반비 인상이었어요. 2019년도에 운반비가 회당 3만 얼마였어요. 지금은 평균 6만 4000원입니다. 임단협을 거치면서 인상된 거예요. 조합원들은 다 느끼죠. 노조가 있으니 임금도 오르고 권리도 주장할 수 있다는 것을요. 2023년 임단협 때에 8000원을 인상했어요. 노조원들은 당연히 부족하다고 했지만 탄압 시기라서 그나마 쉽지는 않았습니다. 그럴 때면 안타깝고 답답한 마음이 들죠.

민주노총 건설노조 차원에서 레미콘 수급 조절 투쟁도 하고 있어요. 국토부에서 전국의 레미콘 차량의 수량을 조절하거든요. 그런데 그 수를 확 늘리면 가치가 떨어질 가능성이 있잖아요. 저희로서는 먹고살 길이 막막해지는 상황을 피하자는 겁니다. 레미콘 차량 번호판 값이 지금 3500~4000만 원 정도 합니다. 개인택시처럼 일종의 권리금 같은 거죠. 그런데 수급 제한이 풀려버리면 그 돈 주고 산 게 종잇조각이 되어버립니다. 수급 조정 기한이 끝나갈 때는 서울에 상경 투쟁 하러 가야 해요. 가만히 있으면 안 됩니다. 정부는 우리 실정을 몰라요. 어떻게 먹고사는지 신경도 안 씁니다. 그러니까 우리가 한목소리를 내고 투쟁하는 거예요.

건설사에 직접 요구하는 투쟁은 없어요. 저희와 계약을 맺는 제조사와 협상하죠. 다만 협상이 안 되어 파업에 들어가면 건설사에서 제조사에 압박을 하기는 합니다. 빨리 해결하라고 하는 거죠. 우리가 노조에 가입한 뒤로 제조사가 건설사에서 받는 레미콘 단가도 올랐어요. 제조사도 좋은 거죠. 그전에는 50%, 60% 받다가 지금 92%씩 받고 있거든요. 옛날에는 제조사끼리 납품 경쟁 하면서 덤핑 치고 했거든요. 덤핑은 부실 공사의 원인이 됩니다. 가격을 낮춘 만큼 시멘트를 빼든 어떻게 하든 수익을 맞추려고 하지 않겠습니까? 그러다 부실시공이 생기는 거죠. 언론에도 아파트 건설 현장에서 철근을 규정보다 적게 사용했다는 이야기 나오잖아요. 노조가 이런 부조리를 근절시키는 역할을 하는 겁니다. 제조사들도 민주노총 덕을 보는 거예요. 자기들도 알아요. 협상하면서도 우리 덕분에 잘됐다고 합니다. 정부가 할 일을 노조가 하는 셈이에요. 그런데도 정부는 무조건 건설노조를 죽이려고 해요. 언론이 왜곡 보도를 자꾸 하니까 일반인들도 건설노조를 굉장히 나쁜 단체로 간주해요.

체불금 해결 요구가 불법인가

2023년 초부터 윤석열 정권의 탄압이 시작됐어요. 건설 현장에

"공갈 협박 고발하라"는 플래카드가 많이 붙어 있었거든요. 석현수 지부장을 구속시켰고 김용기 타설분회장도 아무 죄 없이 구속시켰어요. 저도 고소 세 건으로 조사를 받았어요. 한 건은 무혐의 처리되었다고 연락이 왔고 두 건은 2023년도에 조사받고 불구속 송치가 되었는데 지금까지 연락이 없어요. 그 둘은 한국토지주택공사 건이에요. 창원시 명곡동 LH 행복주택 건설 현장에서 덤프와 굴착기 하시는 분들이 임금이 체불되어 레미콘 공급을 중단했어요.

당시 우리가 건설사 소장을 만나러 갔습니다. 함께 사무실에 올라가서 따지니까 돈이 없다고 하더라고요. 일을 시켰으면 돈을 주는 게 당연하다고 했죠. 터 파기 공사 끝난 지가 언제인데 아직도 지급을 안 하느냐며, 언제까지 줄지 각서로 써달라고 했어요. 그런데 소장이 이것도 거부하면서 자기는 실세가 아니라며 책임을 회피하는 거예요. 일주일 여유를 줄 테니 지급하라고 하고 나왔죠. 그런데 회사는 여전히 지급하지 않았어요. 그리고 일주일 뒤에 레미콘 조합원들의 공급이 중단되었어요. 우리 조합원들이 뼈 빠지게 일했는데 돈을 안 주는 건 말이 안 되죠. 덤프, 굴착기 사정이 그렇다면 다른 조합원들도 제대로 돈을 못 받을 수도 있고요. 당연히 연대를 해야잖아요. 그런데 정작 임금을 체불한 그 업체에서 저를 업무방해로 고소한 거예요.

2023년 1월 12일 원희룡 국토부장관이 명곡동 LH 행복주택 건설 현장에 왔어요. 그러면서 "무법지대에 있는 조폭들이 노조라는 탈을 쓰고 설치는 것을 후손들에게 물려줄 수는 없다"면서 노조가 일방적으로 정한 돈을 지급하라면서 레미콘 공급을 중단시켜

공사가 상당 기간 지연되었다는 말도 안 되는 소리를 했어요. 국토부와 관계 부처, 경찰 합동팀을 만들어 이런 행위를 뿌리 뽑겠다고 협박합니다.

원희룡 국토부 장관이고 관계 기관이고 뭐고 현장 실정을 모릅니다. 소장 이야기만 듣다 가는 거죠. 엄연히 우리가 있는데도 만나지 않고 쥐새끼처럼 몰래 들어갔다가 몰래 나가버리는 식이에요. 제대로 된 정부라면 건설사나 제조사 잘못을 밝혀서 벌을 줘야 되는데 그런 건 아예 없어요. 임금 체불이나 산재는 건설 산업의 고질적인 문제잖아요. 그걸 해결하려고 노조가 투쟁한 것인데도 외려 불법 단체니, 공갈 협박이니 하며 죄를 뒤집어씌우고 구속시킵니다. 정작 돈 안 준 건설사는 조사도 안 합니다. 건설 현장 체불 금액이 1조 1400억 원으로 나오던데 말입니다.

법 자체가 전부 사측 편이에요. 체불이 1억이면 법적으로 고소해도 벌금 200만 원으로 끝나는 게 현실입니다. 처벌이 너무 약하죠. 이러면 누가 체불을 두려워하겠습니까? 그러니 1000만 원 체불한 업체가 노동자 불러다 500만 원 줄 테니 고소 취하하라는 얘기가 나오죠. 노동자는 울며 겨자 먹기로 받아들일 수밖에 없습니다. 법적 처벌은 돈 안 준 쪽이 받아야 하는 게 맞죠. 그런데도 현실에서는 노동자만 처벌합니다.

노동자는 그 돈으로 가족과 생계를 꾸려야 합니다. 체불되면 굶어야 해요. 우리 요구는 정확하게 일한 만큼 주라는 겁니다. 더 달라는 얘기가 아니에요. 정부는 노조 탄압할 시간에 이런 부조리부터 해결해야 합니다. 정부 관료들이 책상머리에 앉아서 정책을 펴니 이런 사정을 모르는 거죠. 아니, 알면서도 묵인하는지도 모르겠어요.

계속되는 압박과 긴장

탄압받을 때 한번 조사받는 데 최소 3시간이 걸렸어요. 질문이 몇 개 되지도 않는데 말입니다. 수사관이 같은 걸 계속 반복해서 물어봐요. 그러다 보면 답하는 사람도 아까 뭐라고 했는지 헷갈려요. 행여 조금이라도 다른 답변이 나오면 신빙성이 없다는 식으로 사람을 몰아갑니다. 사실만 확인하면 끝인데도 다른 질문을 유도해서 진술을 헷갈리도록 하는 게 그 사람들 목적이라는 생각이 들 정도였죠. 그러니 조사받으러 오라는 말만 들어도 걱정이 됩니다. 무슨 말을 어떻게 해야 할지 막막해요. 언제 재판받고 구속될지 모르는 상황이니 항상 긴장됐죠. 죄가 없다고 해서 무죄가 나오는 게 아니잖아요. 판결이야 판사 마음이잖아요. 그런 식으로 정부와 수사기관, 법원이 총동원되어 압박합니다. 그렇게라도 해서 노조 활동을 막으려는 거였겠죠.

가족들도 걱정 많이 했어요. 법원에서 자꾸 뭐가 날아오니까요. 아내뿐만 아니라 아이들도 불안해하더라고요. 가족들에게 설명하기도 참 어려워요. 속속들이 이야기하면 그만두라고 하겠지만, 책임감 때문에 그럴 수도 없고요. 얼마 전 창원지방검찰청 진주지청에서 또 조사받으러 오라고 연락이 왔어요. 2023년도 파업 때 일로 한국노총 타워 위원장이 고소한 사건이었습니다.

탄압 이후에는 제조사 사장들 태도가 돌변했어요. 임단협 협상할 때 "민주노총이 이제는 힘이 없지 않습니까" 하고 대놓고 이야기해요. 2023년 임단협 진행 중에 통영의 삼성레미콘에서 파업이 있었는데요. 우리 노조원이 80명이 갔는데, 경찰 병력만 500여 명이 왔어요. 경찰 버스 12대가 둘러쌌습니다. 여차하면 잡아가겠다고 위협해요. 사업장 내에서 파업하는데 경찰이 오는 일이 드물거든요. 제조사는 제조사대로 곤란합니다. 노조에 협조하면 일이 끊어지니까요. 그쪽도 건설사에서 물량을 받잖아요. 건설사 편을 들어야 돈을 벌죠.

　탄압 이후 노조 활동에 제약과 제재가 많아요. 지금은 회사에 휘둘리는 상황입니다. 조합원들이 불이익을 당하고 있지만 해결해 줄 수 없는 실정이에요. 현장에서 타이어가 터지든지 문제가 있어서 회사에 이야기하려고 해도 아예 듣지를 않아요. 전에는 그런 일이 생기면 회사가 부담했어요. 과거에는 노조 방송차 타고 현장에 가면 소장이 직접 나와서 인사했다면, 지금은 정문에서 제지당하는 실정이에요. 이런 식으로 점점 입지가 좁아지는 거예요. 현장에 10번을 가도 못 만납니다. 명함 한 장 못 주고 오는 거죠. 서로 좋게 이야기 나누고 합의하던 것을 공갈, 협박, 강요라는 죄명을 붙여서 구속까지 시켰잖아요. 경찰관들에게 특진을 걸고 수사하라고 하니 없는 죄를 만들어서 우리를 잡아 가둬요.

　조합원들에게는 정부가 아무리 탄압해도 우리가 똘똘 뭉치면 살 수 있다고 말하지만 실제 역량이 약해지다 보니 탈퇴자도 나와요. 조합비도 줄어들어 상근자 다섯 명 중에 세 명은 감원해야 하는 상황이에요. 경남 지역이 제조사만 약 60군데가 돼요. 그만큼 광범

위합니다. 경남 전체를 다니면서 활동하려면 두 명만으로는 부족해요.

상생기금이라고 해서 회사와 임단협을 통해 정한 돈이 있습니다. 그런데 이것도 끊겼어요. 정부에서 상생기금 지급하는 회사를 조사하겠다고 협박했거든요. 털어서 먼지 안 나는 회사가 없으니까요. 노조 활동을 막기 위해 상생기금을 막으려는 거예요. 탄압은 건설노조 간부들에 집중되어 있어요. 핵심 간부들을 쥐고 흔들면 건설노조가 힘을 못 쓸 거로 보고 밀어붙이는 거죠. 제가 2023년에 건설노조 레미콘 활동 관련해서 일본에 갔다 왔거든요. 일본도 정부 탄압이 굉장하다고 하더군요. 조합원 50% 이상이 탈퇴해서 사정이 어렵다고 합니다. 그런데 윤석열이 일본에 가서 학습을 받았는지, 저희한테 똑같이 했어요.

노동자도 당당하게 목소리 낼 수 있는 사회

일반인들은 이런 사정을 잘 모릅니다. 건설노조와 민주노총이 뭘 하는지 몰라요. 언론에 나오는 것만 보고 간첩이니 빨갱이니 합니다. 도로에 레미콘이 지나가면 아이들이 "저게 뭐야?" 하고 묻죠. 관심이 많습니다. 하지만 어른들도 레미콘이 어떤 일을 하는지는 몰라요. 사람들이 레미콘 없이는 건물이 지어질 수 없다는 걸 알았으면 좋겠어요. 우리가 사는 집이 레미콘 노동자의 노동으로 만들어졌다는 것도요. 저는 언론이 이런 진실을 제대로 알려야 한다고 생각해요. 현장에서 아무리 소리쳐도 한계가 있습니다. 우리가 불법을 저지른 것도 아니고, 혼자서만 잘 먹고 잘살겠다는 것도 아니거든요. 저희는 큰 걸 바라지 않아요. 건설 현장의 부조리를 하나씩 바꾸어가던 노조 활동이 지속되는 걸로 만족합니다.

제가 올해 나이가 예순여섯이에요. 지난 38년간 레미콘 일을 하면서 정말 열심히 살았습니다. 새벽같이 나와서 밤늦게까지 일하고 그다음 날도 그렇게 일했어요. 그러다 보니 인간다운 삶을 살지를 못했어요. 그게 한이 맺혀서 레미콘연합회를 설립했어요. 이대로는 안 되겠다는 마음으로 민주노총에 가입했고, 저는 그게 제 인생에서 가장 기억에 남아요. 아이들은 벌써 40대가 되었죠. 잠 안 자가며 일해서 키웠습니다. 애들은 제가 어떻게 살아왔는지 잘 모르죠. 아내도 고생 많이 했습니다. 새벽 2~3시에 일어나서 저를 챙겨주어야 했으니까요. 같이 고생했지요. 노조가 없었다면 지금도 여전히 그렇게 살고 있을 거예요.

윤석열 정권이 들어서고 노조를 탄압하면서 많이 위축됐습니다. 경남 지역은 아직도 법정 공휴일에도 쉬지 못해요. 수도권은 법정 공휴일이면 다 쉬거든요. 탄압 이후 회사는 토요일도 격주제로 하자고 요구합니다. 이대로라면 진짜 예전처럼 잠도 못 자고 일할 판이에요. 윤석열 정권을 빨리 끝내야 합니다. 노동자들이 당당하게 목소리 내고 살 수 있는 나라가 되면 좋겠다는 바람밖에 없어요. 노조가 없으면 우리는 옛날처럼 노예로 돌아갈 수밖에 없어요. 노동자들이 주눅 들지 않고 일할 수 있는 현장이 되어야 합니다.

후기

당신에게 우리 이야기를 들려주고 싶습니다

아물지 않은 상처를 드러내는 일은 고통스럽다. 우리가 만난 건설 노동자들이 그 고통 속에 있었다. 건설 노동자에게 가해진 탄압은 노동자의 일상을 파괴하고, 건설 현장을 30여 년 전으로 되돌렸다. 2023년 시작된 탄압의 여파는 계속되고 있다. 자신의 삶과 투쟁과 노동 이야기를 들려준 김부생, 김용기, 김준영, 김태훈, 정정길 님과 건설노조 조은석 정책국장, 부울경건설지부 안준용 대외협력위원장님이 모여 이야기를 나누었다. 못다한 이야기를 나누려던 간담회는 서로의 아픔을 위로하고 응원하는 시간이 되었다. 상처가 아물고 새살이 돋는 건 상처를 돌보는 일에서 시작될 것이다. 노동자의 상처와 고통에 귀 기울여주기가 시작되길 희망한다.

(기록 정리 이은주)

일시: 2025년 1월 10일 오후 1시

장소: 부울경건설지부 사무실 4층

참석자: 김부생(형틀), 김용기(타설), 김준영(비계), 김태훈(내장), 정정길(굴착기), 안준용(건설노조 부울경건설지부), 조은석(건설노조 정책국장)

기록자: 이은주, 김영숙, 최석환, 박신

나, 너, 우리들의 이야기

이은주 내 글과 다른 노동자들의 일과 살아온 이야기를 읽고서 어떤 마음이 드셨는지요?

김준영 제가 어떤 말을 했는지 솔직히 기억이 잘 안 나더라고요. 막상 글로 풀어놓으니 부끄럽기도 하고 제 얘기를 다른 사람들이 읽는다고 생각하니 부담스럽기도 해요. 사람들에게는 거창하지는 않지만 색다른 이야기로 느껴질 수도 있겠다는 생각도 들고요. 다른 분들의 글을 읽었을 때 한 가지 공통점이 보였어요. 다들 어려운 환경 속에서 먹고살려다 보니 순탄하지 않은 세월을 보낸 것 같아요. 우여곡절을 겪었지만 그래도 좀 더 버티며 긍정적으로 살고자 하는 의지를 느꼈습니다.

김태훈 지금 우리가 처한 상황 자체가 모순이 아닌가 싶어요. 그동안 목숨 걸고 불합리한 현장을 바꾸는 일을 해왔는데, 지금은 잘했나 못했나를 따지고 있으니까요. 지금은 마음이 좀 달라진 것 같아요. 한편으론 반성하는 마음도 생겼습니다. 열심히 사는 게 도대체 무엇일까 하는 고민도 들고요.

김부생 생각을 깊게 해서 이야기를 더 잘할 걸 하는 후회와 함께 내 이야기를 남들이 잘 들어줄까 싶어 부끄러운 마음도 생기더라고요.

정정길 우리가 그동안 도둑질하지 않았다, 강도질하지 않았다, 어디 가서 나쁜 짓을 하지 않았다는 마음이 담겨 있었어요. 우리 건설노동자들은 현장을 개선해나가는 과정에서 탄압받았습니다. 경찰과 검찰, 법원이 우리 노동자의 얘기를 하나도 들어주지 않고 위에서 지시한 대로 프레임을 짜서 구속하려 했지만, 그런다고 진실이 변하지는 않아요. 우리는 떳떳합니다.

안준용 늘 같이 활동해도 개인사는 잘 몰라요. 과거 각자의 삶과 건설 현장에 들어오게 된 과정들은 알기 어렵거든요. 그래서 이 작업이 새롭게 보이고 솔직히 대단하다고 생각했어요. 다들 건설 현장에 들어와서 일하다가 노조를 만났고, 그 안에서 의미를 찾으며 자부심을 느끼다가 탄압을 받고 이후로 힘든 시간들을 보냈죠. 그래도 이겨내려고 애쓰는 모습들이 공통적으로 담겨 있더라고요. 객관적인 상황은 좋지 않습니다. 노조 자체가 힘든 상황이에요. 인터뷰할 때보다 더 나빠진 측면도 있고요. 그러다 보니 그때 마음을 지키고 있는지 스스로 고민이 되죠.

다들 노조 간부도 하고, 조합원들을 위해서 투쟁했던 분들의 이야기에서 앞으로 좋은 날이 올 거라는 희망을 확인하면서 같은 동료로서 고마운 생각이 들었어요. 그 마음들이 모여서 하나둘씩 제자리를 찾아가기 위해 지부나 노동조합이 앞으로 어떻게 해야 할지 고민하는 계기가 되었다고 봅니다.

조은석 저는 현장에서 발생하는 문제를 계량화하는 일을 합니다. 일의 특성상 국회의원이나 공공기관 사람들을 만나는데, 그중에 현장에 대해서 아는 사람들이 별로 없습니다. 심지어 담당 부처인 국토부도 몰라요. 관련 법이 있겠지만, 현장에서 일어나는 모든 일을 규정할 수는 없거든요. 그래서 우리나라 건설 현장은 오랫동안 사측과 노동자 중심으로 돌아갔어요. 그럼에도 윤석열 정부는 이를 완전히 무시하고 노동자를 탄압했습니다. 수사기관을 동원해 극단적으로 밀어붙였어요. 그 과정에서 생긴 상처들과 고통이 이야기에 담겨 있다고 생각합니다.

오욕의 시간을 견디는 마음

이은주 힘든 과정을 계속 겪고 계신 거 같아서 저희가 이야기들을 충분히 담아냈는지 계속 되돌아보게 되는 것 같아요. 인터뷰를 어떤 마음으로 하셨는지 그리고 지금 심정은 어떠하신지 말씀 듣고 싶네요.

정정길 좀 더 나은 삶을 살아보려고 노동조합을 한 거지요. 엄청 크게 바꾸려던 것도 아니에요. 현실이 워낙 열악하니 조금이라도 낫게 만들어보자는 거였어요. 그걸 가지고 윤석열, 원희룡이 없는 법을 만들어서라도 건설노조를 해산시키겠다고 했던 거죠. 어찌 됐든 우리는 정부의 공권력을 이기지 못하고 구치소에 들어갔죠. 나오고 나서 저는 사는 날까지 한번 싸워보자는 각오를 하고 있었고 그래서 인터뷰에 응했어요. 조합원 문제를 포함하여 현장의 불합리한 점에 대해 전반적인 해결을 요구하고 있고 앞으로도 그렇게 할 것입니다. 건설노조를 탄압한 윤석열의 행태와 지금의 말도 안 되는 상황을 보면서 우리 삶이 틀리지 않았구나, 오히려 생각하게 됩니다.

김태훈 마음을 한결같이 하고 싶지만 주위가 변하다 보니…. 간부들이나 저 역시도 조사받고 할 때는 그래도 우리 조직을 위해서 희생해야지 하는 마음이었습니다. 지금은 현장 상황이 안 좋다 보니 모두들 개인 이익을 우선하는 쪽으로 가다 보니 이게 잘되는 건지 못 되는 건지 혼란스러워요. 물론 그 사람들이 틀렸다고 말할 수는 없어요. 조직 운영이 민주적이어야 하고 개인적인 생각을 존중해야 하지만, 그런 식으로 변질되는 모습을 보면 이게 맞는 건지, 내가 무엇을 위해 활동해왔는지, 그런 회의가 드는 시점에 와 있는 것 같아요. 그래서 저 스스로 화가 나요. 현장에 나가서도 그걸 느끼고 있어요.

김용기 제가 노동조합을 하게 된 계기와도 맞물리는 내용을 우선 말씀드리고 싶은데요. 우리나라 건설 현장은 일용직 노동자들이 인맥이나 알음알음이 아니면 현장에 취업 자체가 불가능한 구조입니다. 자본과 기득권, 그러니까 불법 하도급을 하는 사람들한테 잘 보여야만 일할 수 있다는 거죠. 노동자들끼리 경쟁하고 임금을 낮추고 제 살을 깎으면서 오랜 시간 뼈 빠지게 일해야 겨우 일자리를 보전할 수 있어요. 이런 게 싫어서 노동조합을 시작했고, 노동조합 힘이 세졌을 때 일시적으로 나아졌을 뿐이지만 이제 다시 과거로 돌아가고 있는 상황입니다.

저희 연령대는 살아온 과정이 비슷할 겁니다. 생계를 위해 대부분 맞벌이하면서 하루 벌어 하루 먹고사는 상황이었습니다. 저도 일찍이 돈을 벌기 시작해서 세상일에 눈을 뜨다 보니까 현장 구조를 일찌감치 파악했어요. 돈을 주는 사람이 시키는 대로 할 수밖에 없다는 것을 알게 되었죠. 이견을 달고 불만을 표현한다는 거는 그 일을 그만두고 나오겠다는 말이나 다름없었습니다. 그렇게 일하다가 노동조합에서 손을 내밀 때 정말 신선했어요. 노동자가 이렇게 해도 되는구나, 이런 말도 할 수 있구나, 하고요.

탄압 이후 수사와 재판 등을 받는 모든 과정에서 억울하다는 생각밖에 들지 않았어요. 내가 잘못했다고 생각하지 않습니다. 노조는 가급적 노동자끼리 경쟁을 안 하게 하려고 우리만의 룰을 만들었던 게 아닌가 생각합니다. 사측에서는 쓰려는 사람을 미리 정해놓고도 임금을 깎으려고 경쟁을 시켜요. 우리는 노조를 통해 그런 불공정한 경쟁을 피하고 저임금으로 가는 길을 막기 위해서 내부 룰을 만들었어요. 물론 경험이 부족하다 보니까 많이 부딪히고 주저했던 부분들도 있습니다.

이은주 건설 산업의 구조적인 문제, 불안정한 고용과 다단계 하도급 구조를 바꿔보고자 활동을 시작했다는 말씀이네요.

김준영 저는 인터뷰 요청을 받았을 때 솔직히 제정신이 아니었어요. 아직도 버티는 중이기는 한데 그때는 조사받는다고 이리저리 불려 다니느라 정신이 없었습니다. 저뿐만 아니라 주위에 힘든 사람들이 많았어요. 먹고살려면 일을 해야 하는데 현장이 없어져서 그러지도 못하는 상황이에요.

김부생 인터뷰할 당시는 한창 탄압받고 조사받고 그럴 때였는데 그때는 오기가 생겼었어요. 근데 시간이 지나면서 의욕을 상실해서 아무것도 하기 싫고, 무슨 소용이 있나 싶고, 혼자 발버둥 치는 것 같아서 멘탈이 나간 적이 중간에 한 번 있었어요. 그래도 지금은 마음을 다잡고 다시 시작해야겠다는 생각을 가지고 있어요.

경쟁이 부르는 우리 안의 차별

이은주 모든 분이 우리를 부정적으로 보지 않았으면 좋겠다, 차별하거나 무시하지 않았으면 좋겠다고 말씀하시잖아요. 이주 노동자, 여성 노동자의 목소리가 책에 담겨 있어요. 우리 안의 차별 문제에 대한 고민을 어떻게 해소할 수 있을까요?

김부생 일감이 없다 보니까 이주 노동자들하고 비교 대상이 돼요. 내국인을 쓰면 퇴직금이나 휴일수당이 나가지만, 외국인을 쓰면 안 줘도 되거든요. 내국인이 우선이고 안 됐을 때 외국인으로 대체해야 하는데, 지금 현장은 그 반대라서 많이 아쉬워요. 이게 쉽게 바뀌겠나 싶어요. 일자리가 워낙 부족하니까요.

김준영 조합원들이 배척당하고 싼 단가로 이주 노동자들이 고용돼서 일하는 현실이 우리로선 힘들어요. 지금은 내국인보다 이주 노동자를 고용하는 경우가 훨씬 더 많으니까요.

김용기 사측에서 노동자들끼리 경쟁시켜 갈등을 유발하는 게 큰 문제입니다. 건설 현장에서는 기능공 임금이든 직종별 단가든 국가 공시된 노임 단가가 있습니다. 저희 하루 임금이 타설 기능공은 얼마, 또 어디는 얼마, 이렇게 정해졌는데도 지켜지지 않아요. 예를 들어 타설공이 네 명 있으면 이들을 경쟁시키면서 돈을 깎습니다. A, B, C, D가 있으면 일은 이미 A에게 주려고 내정해놓고서는 다른 사람들에게 그보다 낮은 임금으로 일을 제안합니다. 그런 다음 적은 돈으로도 일할 사람이 많다면서 A와 단가를 협상하는 거예요. 우리들끼리 경쟁시키면서 사측 입맛에 맞는 임금으로 사람을 고용하는 겁니다. 또 사측에서는 이주 노동자는 연장 근로를 시켜도, 돈을 적게 줘도 불만을 제기할 수 없다는 점을 악용합니다.

저희는 소멸성 사업장에서 일해요. 언제 생겨서 언제 끝날지 모를 사업장에서 먼저 온 사람에게 일을 시키는 구조입니다. 노동자로서는 현장이 하나 개설되면 쫓아가서 일해야 먹고사는 상황이다 보니까, 솔직히 주변을 돌아볼 여유가 없습니다. 내 가족, 내 팀, 내 동료를 우선하게 되는 거죠. 이주 노동자들까지 안을 정도로 여유 있는 상황이 못 될 뿐 인간으로서 존중되어야 한다는 걸 부정하지는 않아요.

조은석 미얀마 아웅 님이 출입국 단속 얘기를 하면서 밥 먹을 때는 안 건드린다는 말을 하잖아요. 우리나라도 비슷한 속담이 있습니다. 그만큼 그분들 사정이 힘든 것도 이해합니다. 이분들 현실이 저희와 관련이 없는 것도 아니고요. 저희 요구는 분명합니다. 이주 노동자에게 일을 주지 말라는 게 아니에요. 불법 고용을 하지 말고 투명하게 진행하자는 거거든요. 사용자들이 법을 지키도록 강제하는 것이 필요하다고 생각해요. 회사는 법을 위반하면서까지 단가를 낮추고, 이주 노동자들은 불안한 지위 때문에 힘들고, 저희는 일자리가 줄어드는 악순환이 이어집니다. 딱히 답이 없을 수도 있지만, 조합원들이 이런 내용을 읽고 서로 얘기를 많이 했으면 좋겠습니다.

윤석열 탄핵 사태 이후의 변화와 대응

이은주 윤석열 정부의 건설노조 탄압 국면에서 직격탄을 맞으신 당사자로서 현재 계엄령, 탄핵 정국에 대해 남다른 마음이실 것 같아요.

김용기 말로는 법치주의니 민주주의니 해도 힘 있고 권력 있는 사람들은 잘 안 지킵니다. 우리가 탄핵을 처음 겪어본 것도 아니잖아요. 촛불 들어서 박근혜 탄핵시키고 문재인 정부 출범했을 때 솔직히 기대 얼마나 많이 했습니까? 물론 노동조합 활동하기에 조금 나아졌다는 표현도 하십니다마는, 크게 바뀐 건 없었어요. 윤석열이 탄핵되어서 정권이 바뀌면 세상이 달라질까요? 썩은 뿌리를 뽑지 않고 바꿀 수 있을까요? 아무리 가지치기를 한다고 해도 말입니다.

정정길 저도 윤석열과 그 일당들의 행태를 보면서 대한민국이 많이 발전했지만, 과거 청산을 제대로 하지 못해서 항상 그 뿌리가 남아 있다고 생각했어요. 윤석열이 물러나고 다음 정부가 들어선다 해서 우리한테 당신들 정말 고생했어, 하지는 않을 거예요. 가진 자들이 정권 바뀌었다고 순순히 양보할 리도 없고요. 결국은 우리가 만들어가야죠. 처음 건설노조를 만들 때, 그 열정에는 못 미치더라도 옛날에 힘들었던 과정을 생각하면서 다시 뭉쳐서 우리 위치를 되찾아야 한다고 생각합니다. 우리가 받는 대우는 우리 하기 나름입니다. 다시 시작하면 돼요.

김태훈 저도 동감이에요. 탄압은 우리에게 트라우마를 남길 정도로 충격이 컸습니다. 같이 열심히 일했던 동료들, 조합원들이 설 자리가 없어지니까 노동조합 일하기가 힘들어졌어요. 길이 안 보이고 해법을 못 찾으니까 그게 좀 답답해요. 다들 비슷하실 거로 생각합니다. 함께 으쌰으쌰 하고 싶어도 조합원들이 힘들어하니까 저도 힘이 빠지는 상황이에요. 이걸 긍정적으로 풀어나갈 방법을 찾아야 하는데 쉽지 않네요. 그렇지만 누가 해준 게 아니라 스스로 만들어온 노동조합인데, 그냥 무너지지는 않을 겁니다. 노동 탄압, 여태까지 다 겪어오셨던 거 아닙니까? 민주노총이 그냥 만들어진 건 아니잖아요. 마음은 똑같습니다. 변하지는 않아요. 다만 하소연을 할 데가 없으니까 이런 자리에서라도 털어놓는 거죠.

김부생 같은 생각이에요. 정권이 바뀐다고 금방 탄압 이전으로 돌아가지는 않을 것 같다고 선배님들도 말하고 있습니다. 쉽게 바뀌지는 않겠지만, 여기에 대응해서 우리가 할 일이 있을 거라고 생각해요. 그 방법을 모색해야 할 시기라고 봅니다.

조은석 건설노조 탄압의 시발점이 된 '건설현장 불법행위 근절 TF'가 생긴 게 문재인 정부 말이에요. 그걸 그대로 윤석열이 사용한 겁니다. 그런데 윤석열식 탄압은 이명박이나 그전 대통령들과 차이가 있어요. 과거에는 지침이나 법을 새로 만들어서 탄압했는데, 윤석열 정부는 수사기관을 활용합니다. 경찰한테 특진을 거는 방식으로 했어요. 윤석열 정부가 노동조합을 때리고 나서는, 민망했는지 다음으로 사측 불법 행위를 단속해요. 100일 동안 특별 단속을 벌여서 700건 적발했다고 홍보합니다. 그런데 내역을 보면 그중 500건이 부실시공 같은 거예요. 실제로 현장에서 노동자들에게 가장 큰 피해를 주는 불법 하도급이나 임금 체불은 겨우 30건 정도였습니다. 우리는 거의 2000명을 소환 조사하고 40여 명을 구속했어요. 수사 자체가 아주 불합리하고 부조리했죠. 판결이 거의 2심까지 나왔는데 벌금이나 징역형에 집행유예가 대부분이었어요. 최근 일부 판결에서는 무죄가 선고되거나 불기소되는 사건들이 있기는 해요.

윤석열 정권 아래서 조합원을 가장 많이 잃고 고통받은 집단이 건설노조인데 탄핵 집회할 때 나가서 발언을 잘 못 하겠어요. 주위에서는 하라고 해도 왠지 모르게 못 하겠어요. 번아웃이라고 해야 하나 약간 그런 상태거든요. 윤석열 파면 때까지 기운을 내야 되는데 쉽지 않습니다.

안준용 탄압으로 형성된 전반적인 분위기를 한 번에 바꾸기는 상당히 힘들 거라고 생각해요. 윤석열이 파면된다고 해도 현장의 구조까지 바뀌지는 않을 것으로 보는데요. 그건 노동조합의 몫이라고 생각합니다. 탄압에다 경기 불황까지 겹치면서 건설 현장 자체가 어려운 상황이고, 이게 한꺼번에 몰려오다 보니까 조합원 이탈도 늘고 조직력이 약해진 상황입니다. 여러 요인이 겹쳐 있다 보니 벅찬 상황이고요. 현장 활동과 교섭력 확보를 위한 투쟁력 복원이 올해 목표입니다. 일자리가 늘어나야 조합원이 모이면서 지부 힘이 커질 건데 건설 경기가 안 좋으니 금방 되지는 않을 거예요. 시간이 필요합니다. 우리가 노동조합을 시작해서 2000명, 3000명, 5000명, 6000명 되던 그 과정을 다시 밟으려면 초심으로 돌아가야 합니다. 헌신적으로 할 수밖에 없어요. 또 조직 운영 등 여러 부분을 투명하게 가져가야 한다고 생각합니다.

차별의 시선 거두기

이은주 모든 분이 건설 노동자에 대한 일반인들의 인식에 대해 이야기해주셨어요. 건설 노동자에 대한 부정적인 인식들 '노가다꾼, 막노동꾼, 못 배워서 험한 일 하는 사람' 같은 부정적 인식들이 바뀌길 바라고 있습니다. '기술자, 책임감 있는 일꾼, 동료, 가장, 남편, 아빠, 함께 연대할 줄 아는 시민' 같은 긍정적 인식으로요. 그러려면 노동자 본인, 산업 현장, 일반 시민은 각각 어떤 노력이 필요할까요?

김태훈 사회적 인식이 안 좋다는 이야기와 달리, 요즘 제 주변에 계시는 분들은 건설 일에 부정적이지 않아요. 예전에는 어른들이 인생 막장이 노가다라고 했는데 지금은 그 생각이 잘못됐다는 쪽으로 바뀌고 있다고 생각해요. 지금 저희도 현장에서 받는 임금이 적은 금액은 아니거든요. 금속노조에서 조합원 평균 월급이 300~350만 원이라고 하는데 저희는 최소 400만 원에서 시작해서 500~600만 원쯤 받아 가니까요.
건설업에 있는 사람들을 옛날처럼 막노동꾼, 노다가꾼으로 보는 대신 기술자로 인식하는 경우가 많아졌어요. 건설 일을 배우려는 사람도 늘고 있어요. 저는 이 일에 자부심을 갖고 있습니다. 떳떳하게 자기가 열심히 일해서 돈을 버는 직업이니까요.

김준영 저는 그런 인식이 긍정적이라서 좋긴 한데, 현실은 아직 아니라고 생각합니다. 일단 젊은 친구들이 건설 일을 안 하고 있습니다. 인식이 바뀌었다면 젊은 친구들이 일하러 와서 세대교체가 돼야 하는데 실제로는 400, 500만 원을 준다고 해도 안 와요. 젊은 친구들이 봤을 때는 노동 강도에 비해 적다고 생각하는 것 같거든요. 예전에 현장 식구들을 받으려고 팀을 꾸린다는 광고를 낸 적이 있습니다. 근데 문의 전화가 새벽에도 오고 밤 11시, 12시에도 오더라고요. 일반적인 회사라면 근무 시간대에 문의하잖아요. 제가 느끼기로 전화만 하면 일을 시켜주는 곳으로 알고 있구나 싶더라고요. 오래된 선입견이 있는 거죠. 여기에는 구조적 문제가 가장 큰 것 같고요. 현장 일이 힘든 것도 있겠죠. 그나마 노동조합이 있었기에 이 정도 바뀐 거지 아니었으면 더 열악했을 거라고 생각해요.

김부생 처음에 이 일을 접했을 때와 비교하자면 근무 환경이나 인식이 많이 바뀐 건 사실이에요. 물론 저도 외부 시선이 아직 긍정적이지는 않다고 봐요. 젊은 세대들이 안 들어오는 이유도 그렇고요. 최저 시급이 많이 올랐지만 힘든 일 하고 몇만 원 더 받느니 다른 일 알아보는 게 낫다는 여론이 많더라고요. 이런 구조가 바뀌어야겠죠. 힘든 일만큼 단가가 높게 책정되면 젊은이들 생각이 달라지지 않을까요? 도전해볼 계기가 생길 거로 봅니다. 일단 시작해서 일하다 보면 적응할 수도 있고, 절박한 마음이 있다면 헤쳐 나가게 되니까요. 저는 그런 마음으로 건설업에 뛰어들었기에, 지금 이 자리에 오지 않았겠나 싶거든요.

참 절박했습니다. 결혼도 하고 애들도 먹여 살려야 하는 상황이라 물러설 데가 없었어요. 한 푼이라도 더 벌어야 했기에 열심히 일했는데, 당시 다들 힘들게 일하시는 분들이라, 술도 한잔하시고 안전사고도 많이 일어나고 그랬어요. 그때는 주변에서 건설 일 한다고 하면 술 많이 마시고 담배 많이 피우는 사람쯤으로 인식했습니다. 근데 지금은 현장 자체가 많이 바뀌었어요. 그래서 항상 주변에 이야기합니다. 요즘은 옛날처럼 노가다판이 아니다. 다들 기술자다. 일 마치고 평상복으로 갈아입으면 누가 누군지 모를 정도로 깔끔하게 다닌다고요. 물론 아직 바뀌어야 하는 게 많기는 합니다.

김용기 제가 구속돼 있을 때 신문을 구독했습니다. 〈경남도민일보〉하고 전국지, 이렇게 두 개를 읽었어요. '건설' 자만 들어가면 그 기사는 다 읽어봤고, 출소해서는 인터넷에 민주노총 욕하고 건설노조 욕하는 댓글들도 찾아서 읽었어요. 저는 그분들한테 여쭤보고 싶습니다. 건설노조 억압받아서 현장에서 노동자 목소리가 사라지면 정말 일하기 좋아질까요? 지금 하다못해 화장실에 물이 안 나온다든지 하는, 불합리한 부분에 대해 사측에 이야기하면 "너 아니어도 일할 사람 많으니까 나가라"는 말을 서슴지 않아요. 건설노조 탄압해서 일자리 사정이 나아졌는지도 묻고 싶습니다.

  건설노조나 민주노총 그리고 시민단체 분들한테 정말 부탁드리고 싶은 게 언론 사업을 좀 했으면 좋겠어요. 우리가 조그마한 집회를 하더라도 우리 주장을 알리잖아요. 뭐 때문에 나왔는지 피켓에 문구를 만들어서 외치잖습니까? 그런데 외부 사람들은 사정을 잘 몰라요. 피켓 내용 자체가 아는 사람들만 이해하게끔 함축돼 있어요. 지금 범국민적으로 윤석열 탄핵을 외치고 언론에서 보도하니까, 무슨 말을 외쳐도 다 알아요. 피켓에 짤막하게 적어놔도 뭐 때문에 그랬는지 다 떠올라요. 그런데 건설 현장에서 "우리도 사람답게 살고 싶다"고 외치면 도대체 어떤 대우를 받길래 저런 이야기를 하는지 아무도 몰라요. 건설 노동자가 공안탄압을 받아 구속됐다고 하면 "그럴 만한 죄를 지었겠지" 합니다. 왜 우리가 구속됐는지, 수사가 얼마나 부당했는지 관계자들 외에는 모릅니다. 심지어 같은 조합원도 몰라요. '업무방해라고? 저놈들 돈 받아먹었나? 회사 사무실 가서 책상이라도 때려 부수었나?' 막연하게 이렇게 생각합니다. 왜 우리가 조사받고 구속되었는지, 진실은 모르는 거예요.

우리를 잘 모르는 이웃들은 이번 탄압을 어떻게 볼까요? '저 사람 새벽 일찍 막노동 나가던 사람인데, 업무방해에 공갈 협박을 했다고? 언젠가는 길거리에서 집회한다고 도로 막아서 차 밀리게 하던 사람인데 역시 문제가 있겠군' 이런 시각인 거죠. 우리가 집회를 하고 탄압을 받는 이유를 알려야 합니다. 개인의 이익을 위한 행위가 아니라 현장의 잘못된 환경을 바꾸려는 노력이라는 걸 사람들이 알게 해야 해요. 우리 스스로가 당당했음에도 고립되다 보니 갈수록 힘들어집니다. 탄압으로 입은 상처가 조금이라도 치유되어야 하는데, 갈수록 누적되고 노동조합 활동은 더 어려워져요.

정정길 건설노조가 6기에 접어들던 때부터 공동 투쟁을 진행했습니다. 타 업종과 소통하면서 각자의 위치와 여건을 많이 알게 됐죠. 그러면서 내 생각과 사회 인식에 차이가 있다는 걸 많이 느꼈어요.

제가 노조 활동하는 모습을 지켜본 처나 가족 형제들은 인식이 좀 바뀌었어요. 그래도 더 많은 사람이 바뀌려면 시간이 필요하고, 그만큼 우리 활동이 중요하다는 걸 느꼈습니다. 세월이 지나면서 서서히 바뀌겠죠. 가족들이나 자식들도 뉴스를 보면서 약간은 이해하고 넘어가더라고요. 우리가 좀 더 노력해야죠. 하고 싶은 말이 많은데 얘기하다 보면 자꾸 막혀요. 마음이 답답합니다. 그래도 이제껏 살아왔듯이 계속 살아갈 겁니다.

양회동 열사 분신 때는 참 안타까웠죠. 다들 구치소에 있을 때라 교도관한테 부탁했습니다. 우리가 수갑 차고 나가서라도 부산시청에 마련된 빈소에 국화꽃 한 송이 올리면 안 되겠느냐고 하니까, 씩 웃고 말아요. 그때 눈물이 팍 나더라고요.

이은주 인터뷰할 때마다 울었던 기억이 나는데 오늘 간담회 자리에서도 울컥해지네요.

노동조합은 내게 무엇인가

이은주 인터뷰 중에 만났던 한 분이 '내가 곧 노동조합이다'라는 생각으로 활동한다는 말씀을 하셨어요. 오래도록 기억에 남아 있습니다. 건설 노동자, 건설노조 조합원으로 살아오면서 느낀 뿌듯함은 무엇이었나요?

정정길 여러 가지 많습니다. 지금까지 많이 변화시켰고 후퇴는 했지만 이 흐름이 언젠가는 다시 이어질 거라는 믿음이 있습니다. 일반 건설 쪽과 달리 건설기계 쪽은 그동안 청년들이 굉장히 많이 유입되었습니다. 청년 모임을 만들어서 지원해주고 하니 생각이 빨리 깨더라고요. 청년들에게 살 수 있는 길을 만들고 현장에서 자리를 잡을 여건을 만들려고 같이 고민하며 활동하다 보니 노조 바람이 불었어요. 나이 드신 분들도 여기에 합세하는 모습을 보며 무척 뿌듯했습니다. 그 하나에 내가 정말 열정을 쏟았구나 하는 생각이 들었습니다.

김준영 건설 노동자의 삶으로 보면 저는 그냥 단순한데요. 돈 받아서 집에 돈 갖다줄 때 제일 뿌듯했습니다. 저희 일은 생계와 직접 연결되잖아요. 내가 벌어가야 가족들이 밥을 먹고 옷도 사고 어디 놀러도 가지요. 나쁜 짓을 해서 번 게 아니고 정당하게 땀 흘려서 일한 대가라는 데 자부심을 느껴요. 신성한 노동으로 번 돈이니까요. 한 달 내내 정말 열심히 일해서 그 돈으로 생활하는 가족을 봤을 때 제일 뿌듯했고 지금도 그렇습니다.

김태훈 우리 습식분회를 처음으로 만들었을 때 제일 뿌듯했죠. 지금도 그 인원과 팀장님들을 유지하고 있는 상태니까 더 이상 바랄 거는 없어요. 땀 흘려서 열심히 일해서 돈 벌어가는 것도 물론 중요하고요.

김용기 개인적으로는 일당과 상관없이, 일할 수 있다는 것 자체에 만족해서 살았습니다. 그러다 노동조합을 만났죠. 내 목소리를 내고 이를 인정받고 현장이 바뀌는 걸 지켜봤어요. 그 달콤한 과실을 저희가 먹어보지 않았습니까? 다시 노동조합 없는 세계로 가라고 하면 저는 못 할 것 같아요. 그냥 건설 현장을 등질 것 같아요.

노동삼권에 대해 이야기를 많이 합니다. 저희처럼 옥외에서 일하는 사람들만 해당하는 게 아니에요. 사무실에서 일하는 사람들, 세금으로 월급 받는 공무원들 모두 해당합니다. 노동삼권에는 예외가 없잖아요. 일용직은 포함 안 된다, 건설 일용직은 안 된다는 조항 있어요? 아니잖아요. 그런데도 탄압 국면에서 재판을 받으면서 저희 권리를 제대로 인정받지 못했습니다. 언제쯤 건설 노동자의 정당한 노동조합 활동을 보장받을 수 있을까요? 누구는 되고 누구는 안 된다면 그건 공정하지 않죠. 그러면 저희는 가축이 되는 거나 마찬가지예요. 주는 대로 먹고 주는 대로 살찌우는 거죠. 저희 건설 노동자가 그런 존재는 아니지 않습니까? 우리가 나서야죠. 저희는 한번 해봤거든요. 세상을 바꿀 수 있다는 걸 확인했습니다. 시행착오 겪었다고 생각하고 그 달콤한 열매 다시 한번 만들어봤으면 좋겠습니다. 다행히 우리 상황을 알아주는 분들이 계세요. 한 분 두 분 지지해주시고 저희 하소연도 들어주시니까 너무 고맙고 힘이 납니다. 앞으로 누가 봐도 정말 대단하구나 할 만큼의 건설노조가 됐으면 좋겠어요.

김부생 저는 솔직히 노동조합을 하기 전에는 자신감이 부족한 사람이었어요. 내성적이라 현장에서 부당한 일을 당해도 잘 따지지 못

했는데, 노동조합 일을 하면서 달라졌죠. 부당한 대우를 단체행동으로 맞서면서 바꿔나가는 걸 봤기 때문이에요. 소신이 생겼고 잘못된 것 잘못됐다고 말할 수 있게 됐거든요. 노동조합이 제게 자신감을 심어줬다고 생각합니다.

우리의 이야기가 되어줄 사람들

이은주 이 책을 누구에게 추천하고 싶으신가요? 그들이 이 책을 읽으면 무엇을 얻을 수 있을까요? 우리 이야기를 어떤 마음으로 읽어주면 좋겠다고 생각하시는지요?

김부생 제가 인터뷰를 하고서도 좀 부끄러워서 집에다 말을 안 했습니다. 책으로 나오면 꼼꼼히 한번 읽어보려고요. 가족들한테 이야기할 수 있을지는 모르겠는데, 일단은 동종 업계에서 일하시는 분들이나 이제 막 사회생활 시작한 젊은이들이 읽었으면 좋겠습니다. 그래도 사회생활 선배들이 겪었던 인생사니까요. 삶이 절박한 분들도 읽어봤으면 좋겠어요.

김준영 우리 이야기를 어떻게 받아들일지는 그분들의 판단에 달렸겠죠. 제 마음이랑 같지는 않은 거고요. 그냥 제가 겪은 일에 대해 읽었을 때 이런 사람도 있구나, 이렇게 살아왔구나, 정도만 느껴도 좋겠습니다.

안준용 건설 노동자의 노동, 삶, 투쟁이 담겨 있더라고요. 노조 활동을 했던 분들의 삶이랄까 고민 등을 느낄 수 있기 때문에 노조 간부들은 꼭 읽어봤으면 좋겠어요. 이 책을 가지고 다른 사람들과도 이야기해보고 활용하면 좋겠다는 생각이 듭니다. 건설노조 조합원들이나 노동 활동하시는 분들뿐만 아니라 가족들도 보았으면 좋겠어요. 우리가 정당한 일을 해왔구나 하는 자부심을 느끼고 다시 용기를 내는 데 도움이 됐으면 좋겠습니다.

정정길 건설 노동자가 이걸 읽으면 다 자기 이야기 같을 거예요. 건설 노동자들이 정말 힘들게 살았구나, 그 와중에도 투쟁하며 현장을 바꾸고 있구나 하는 걸 많은 사람이 알아봤으면 좋겠습니다. 특히 우리 조합원들이 봤으면 좋겠어요. 제가 구속되었을 때도 조합원 일부가 그런 말을 했었어요. 현장을 얼마나 부수었기에 구속까지 되느냐고요. 내용을 모르는 거죠. 건설 회사 직원들도 읽었으면 좋겠어요. 일부 건설 회사에서 우리를 고소하고 경찰이 유도 신문을 했지만 다들 잘 몰랐죠. 이 책을 보고 진실이 무언지 알아줬으면 좋겠어요.

김용기 저는 학생들이 좀 봤으면 좋겠어요. 학생들끼리 이 책을 읽어보고 무엇이 옳은지 토론도 좀 했으면 좋겠어요. 여기 나오는 이야기들은 거창한 게 아니에요. 그냥 우리 삶이거든요. 보통 사람의 삶을 우리가 살아오다, 노동조합을 만난 겁니다. 함께 뭉치니 힘이 세지고 그 힘으로 부당한 관행들을 하나하나 고쳐나갔어요. 노동조합이 힘이 세지면 안 좋은가? 뭐가 문제지? 정부에서 얘기하듯 불법적인 일을 노조에서 한 건가? 이런 이야기도 해봤으면 좋겠고요. 건설 노동자들의 삶도 알아보는 계기가 될 수 있겠죠.

바람이라면 탄압 국면에서 잘못된 재판을 바로잡을 수 있었으면 합니다. 얼마 전에 친부 살해죄로 24년을 감옥에서 지내던 분이 재심에서 무죄 판결을 받았잖아요. 그 과정에 경찰의 강압 수사가 있었다는 사실이 밝혀졌습니다. 노동의 가치가 존중받는 세상이 되면, 우리도 그럴 수 있다고 생각합니다.

김태훈 저는 아들한테 주고 싶어요. 아들도 직장생활을 하는데, 회사에 노조가 생긴 상황이거든요. 노동조합 선배로서 아들에게 해줄 이야기가 있겠다 싶어요. 다행히 요즘 젊은 친구들은 노조에 대한 인식이 예전과는 조금 다르더라고요. 이 책을 보면 선배들이 왜 이렇게 살아왔는지, 어떻게 현실을 바꿔나갔는지 알게 되지 않을까요? 그러면 부정적인 면보다는 긍정적인 면을 더 알게 되지 않겠나 싶어요. 우리 이야기는 현실이잖아요. 우리가 살아온 걸 있는 그대로 보아주었으면 하는 그런 마음입니다.

이은주 우리가 아는 만큼 세상이 보인다고 하지만 거꾸로, 보면서 알게 되는 것도 있는 것 같아요. 이 책이 그런 역할을 했으면 좋겠어요. 우리가 세상 살아가면서 모르면서도 안다고 생각하고 있는 것, 놓치고 있었던 것들을 고민하는 계기가 되었으면 좋겠습니다. 소중한 이야기 들려주셔서 고맙습니다.